Инна Чувычкина (ред.)

ЭКСПОРТНЫЕ НЕФТЕ- И ГАЗОПРОВОДЫ НА ПОСТСОВЕТСКОМ ПРОСТРАНСТВЕ

Анализ трубопроводной политики в свете теории международных отношений

ibidem-Verlag
Stuttgart

Bibliografische Information der Deutschen Nationalbibliothek
Die Deutsche Nationalbibliothek verzeichnet diese Publikation in der Deutschen Nationalbibliografie; detaillierte bibliografische Daten sind im Internet über http://dnb.d-nb.de abrufbar.

Bibliographic information published by the Deutsche Nationalbibliothek
Die Deutsche Nationalbibliothek lists this publication in the Deutsche Nationalbibliografie; detailed bibliographic data are available in the Internet at http://dnb.d-nb.de.

∞

Gedruckt auf alterungsbeständigem, säurefreien Papier
Printed on acid-free paper

ISSN: 1614-3515

ISBN-13: 978-3-8382-0822-0

Printed in Germany

Содержание

Часть 3
Конфликтный потенциал трубопроводной политики

Список сокращений

БДТ	трубопровод Баку – Тбилиси – Джейхан
БТС	Балтийская трубопроводная система
ВИНК	Вертикально-интегрированная компания
ВИЭ	Возобновляемые источники энергии
ВСТО	трубопровод Восточная Сибирь – Тихий Океан
ГТС	Газотранспортная система
ГЭС	Гидроэлектростанция
ЕЭС	Европейское экономическое сообщество
КНР	Китайская Народная Республика
КТК	Каспийский трубопроводный консорциум
НАТО	Организация Североатлантического договора (англ.: North Atlantic Treaty Organization, NATO)
НДПИ	Налог на добычу полезных ископаемых
ОПЕК	Организация стран – экспортеров нефти (англ.: Organization of the Petroleum Exporting Countries)
ПХГ	Подземное хранилище газа
СНГ	Содружество Независимых Государств
СП	Совместное предприятие
СПГ	Сжиженный природный газ
ТАПИ	проектируемый трубопровод из Туркмении в Афганистан, Пакистан и Индию
ТЭК	Топливно-энергетический комплекс
ШОС	Шанхайская организация сотрудничества

Предисловие

Энергетический фактор играет значительную роль в международных отношениях, определяя во многом их вектор развития. Трубопроводы при этом выступают в качестве инструмента выстраивания долгосрочных взаимоотношений и реализации политики диверсификации. Строительство новых трубопроводных проектов, также как и эксплуатация уже существующих экспортных трубопроводов выявляют противоречивые интересы производителей и потребителей энергоресурсов, а также транзитных стран. Трубопроводная политика затрагивает не только сферу экономических интересов, но и является в значительной степени определяющим фактором в процессе политизации энергетического партнерства.

Транспортировка нефти и газа из стран-экспортеров на энергетические рынки сбыта имеет определенную специфику. Для транспортировки нефти в основном используются морские перевозки. На них приходится «свыше 90% всех внешнеэкономических операций (...) Это объясняется тем, что издержки при осуществлении морских перевозок существенно ниже по сравнению с трубопроводной транспортировкой нефти. Обычно нефть по местным трубопроводам доставляется с разрабатываемых месторождений до порта отгрузки, а затем танкерами доставляется до портов разгрузки».[1] В отличие от мирового рынка нефти, рынок газа является региональным и поставки газа осуществляются в основном посредством магистральных газопроводов. Однако развитие отрасли сжиженного природного газа (СПГ) указывает на то, что поставки СПГ являются одним из ключевых факторов формирования мирового газового рынка. По прогнозу энергетического концерна BP доля СПГ в торговле газом в 2035 году будет составлять свыше 46% по сравнению с 32% в 2012 году, а его доля потребления также увеличится с 10% до 15%.[2]

Конкурентоспособность СПГ-проектов определяется удешевлением СПГ-технологий, строительством мощностей по регазификации и тан-

1 Жизнин, Станислав: Энергетическая дипломатия России: экономика, политика, практика, ООО «Ист Брук», Москва, 2005, стр.460.

2 BP Energy Outlook 2035, p. 57, http://www.bp. com/content/dam/bp/pdf/Energy-economics/Energy-Outlook/Energy_Outlook_2035_booklet.pdf

керного флота, увеличением числа поставщиков, что оказывает влияние на расширение географии СПГ-поставок и обострение конкуренции с трубопроводным газом. Данные факторы обуславливают неопределенность в области трубопроводных поставок газа, разработки новых трубопроводных проектов и газовой политики акторов.

Реализация трубопроводных проектов происходит, как правило, в трех случаях: когда существуют большие запасы газа, которые необходимо продать на энергетическом рынке; когда существует достаточно большой рынок, обладающий значительным спросом на энергоресурсы; и когда значительные запасы газа и большой рынок сбыта находятся вблизи друг от друга, что делает строительство трубопроводов оправданным и выгодным.[3] Помимо этого, Жером Гийе отмечает, что экономика трубопроводных проектов определяется как покупателем (определяющими факторами являются себестоимость продукции, транспортные расходы, потенциальная себестоимость поставок), так и поставщиком (здесь принимаются в расчет вероятная рыночная цена на газ, а также нетбэк цена или экспортная цена за вычетом расходов на транспортировку и пошлин).[4] Таким образом, экономическая составляющая трубопроводных поставок газа определяется текущими ценами на нефть, себестоимостью и прибыльностью проекта, наличием кредитных ресурсов и объемами будущего потребления энергоресурсов, а также наличием ресурсной базы и темпами и масштабами добычи.

Однако экономическая составляющая проекта не всегда оказывает решающее влияние на разработку проектов трубопроводов. Сфера поставок нефти и газа также относится к политическим вопросам. Константин Симонов отмечает политизацию трубопроводной тематики и утверждает, что большинство трубопроводных проектов

> «имеют политическую природу, они мотивированы именно политическими решениями. Россия расширяет транзит нефти и газа через Балтийское и Черные моря, чтобы обойти территорию Украины. Европа лоббирует строительство трубопроводов из Центральной Азии и Каспия в обход России с очевидной политической целью. Да и сама идея диверсификации прежде

---

3 Guillet, Jérôme: How to get a pipeline built. Myth and reality, in: Dellecker, Adrian/Gomart, thomas (eds.): Russian energy security and foreign policy, London: Routledge, 2011, pp. 58–73, here p. 58.

4 Ibid, p. 66.

всего политическая – ведь ее философия простая. Монопоставщик подозревается в намерении использовать трубу как способ политического давления. Не прямо, так косвенно».[5]

Строительство трубопроводов из Центральной Азии и Каспийского региона приводит к удлинению трубопроводных проектов. При этом трубопроводы проходят через большое количество стран, что «означает неизбежный рост политических согласований одновременно с ростом политических рисков».[6] Сергей Жильцов также замечает, что «увеличение количества стран, вовлеченных в переговоры о проектах строительства новых трубопроводов, идущих из Каспийского региона, свидетельствует о том, что географическая удаленность перестает быть сдерживающим фактором».[7]

Реализация конкурирующих трубопроводных проектов (например, проектируемый Россией «Южный поток» и трубопроводные проекты ЕС в рамках программы Южного Коридора) усиливает региональную напряженность и также осложняется межгосударственными отношениями стран региона, что является к тому же сдерживающим фактором при разработке региональных проектов трубопроводов. Олег Никифоров констатирует противоречивые интересы главных игроков Каспийского региона и внешних акторов и отмечает, что «инструментом реализации полярных политических и экономических интересов главных игроков становятся инвестиции в разработку месторождений и строительство трубопроводов. Вместо военных атрибутов классической холодной войны на сцене появляется инфраструктура. Именно господство над ней и определяет сегодня прохождение фронтов современной холодной войны».[8]

Несмотря на то, что развитие трубопроводной инфраструктуры вызвано необходимостью поставок энергоресурсов с новых нефтяных и газовых месторождений, трубопроводная политика может также служить интересам политической элиты. Так, например, в России инвестиции в строительство новых нефте- и газопроводов связаны с преследовани-

---

5 Симонов, Константин: Трубопровод – понятие политическое, http://www.energystate.ru/news/886.html

6 Ibid.

7 Жильцов, Сергей: Каспийский трубобилдинг, Независимая газета, 08.06.2010, http://www.ng.ru/energy/2010-06-08/11_trubobilding.html

8 Никифоров, Олег: Турецкий регулятор, Независимая Газета, 14.09.2010, http://www.ng.ru/ng_energiya/2010-09-14/9_turkey.html

ем геополитических целей и с политической коррупцией. В данном случае экономические соображения трубопроводных проектов игнорируются политическими и экономическими акторами. На строительство трубопроводных проектов оказывают влияние материальные факторы и возможность извлечения прибыли заинтересованными лицами. Нефтяные и газовые компании, трубостроительные компании, производители труб и трейдинговые компании лоббируют строительство трубопроводной инфраструктуры. Данные акторы заинтересованы в развитии инфраструктуры поставок энергоресурсов, так как это позволяет им получать взятки и откаты.[9]

Таким образом, трубопроводная тематика является актуальной и оказывает значительное влияние на международные отношения не только в сфере энергетики, но и воздействует на другие сферы взаимоотношений между акторами. Трубопроводы и необходимость обеспечения поставок энергоресурсов обуславливают долгосрочное взаимодействие между акторами, при котором они стремятся реализовать свои внутренние, а также внешнеэкономические и внешнеполитические национальные интересы. При этом цель кооперации также направлена на достижение их баланса интересов. Однако трубопроводная инфраструктура определяет не только основные элементы и условия сотрудничества, но и также может выступать объектом конфликта. К тому же трубопроводные проекты предопределяют процессы конкуренции. В данном случае проявляются не только стремления поставщиков увеличить свою долю на энергетическом рынке и интересы покупателей диверсифицировать импорт энергоносителей, но и также соперничество между транзитными странами в борьбе за экспортные маршруты транспортировки.

В целом, трубопроводные вопросы представляют собой многогранную проблему. В данной коллективной монографии мы предприняли попытку проанализировать трубопроводную политику различных акторов с применением различных теоретических и методологических инструментов. Нашей целью является также показать практическое применение теорий международных отношений на примере политики трубо-

---

9 Chuvychkina, Inna: An actor-centred institutionalist approach to Russia's pipeline policies,in: Andreas Heinrich/Heiko Pleines (eds): Export pipelines from the CIS region. Geopolitics, securitization and political decision-making. Changing Europe book series, vol. 10. IbidemPublishers (Stuttgart). 2014, p. 91.

проводов на постсоветском пространстве. При этом особый акцент делается на теоретических и методологических вопросах. Теоретическая часть каждой главы включает в себя основные положения теории, выбранной каждым автором, а также описание понятий и категорий и взаимосвязей между ними, теоретические рассуждения. Помимо этого, делается попытка концептуализации теории и представления дискуссионности объекта исследования. Кроме этого, главы коллективной монографии представляют собой материал научного содержания, включающий результаты оригинальных исследований авторов. К тому же каждый автор приводит в своей главе рассуждения о возможностях и пределах теорий международных отношений в отношении исследования политики трубопроводов.

Структура данной коллективной монографии состоит из трех тематических блоков. Первый тематический блок посвящен вопросам формирования энергетической и трубопроводной политики различных акторов, где также определяются их стратегические задачи и цели. Нильс Смеетс и Ирина Петрова, используя теорию конструктивизма, анализируют формирование идентичности России как страны-производителя энергоресурсов, транзитной страны и страны-потребителя. Авторы исходят из того, что в зависимости от интеракции и энергетического диалога России со странами ЕС, Центральной Азии и во внутреннем политическом диалоге формируются данные различные идентичности. Юлия Кушнир в своей главе рассматривает основные позиции игроков (США, Россия, ЕС, Китай) в Каспийском регионе и их стратегии с точки зрения теории геополитики. Помимо этого она также анализирует зоны взаимодействия акторов и их последствия для стабильности региона. Автором делается предположение, что «новая большая игра» в регионе Каспийского моря приведет к многополярности и ослабеванию позиций Запада в целом. Ирина Кустова рассматривает процесс передачи компетенций в энергетической сфере ЕС с национального на наднациональный уровень, который при этом влияет на взаимоотношения ЕС с другими акторами на международной арене. В своей главе она использует две основные теории интеграции – либеральный межправительственный подход (либеральный интерговерментализм) и наднациональное регулирование (англ.: supranational governance). Применимость данных теорий рассматривается на примере формирования политики Южного газового коридора и принятия Третьего энергетического пакета.

Второй тематический блок посвящен вопросам и проблемам сотрудничества между акторами. Инна Чувычкина в своей главе показывает взаимодействие России и ЕС в энергетической сфере через призму теории взаимозависимости. При этом рассматриваются вопросы несимметричной взаимозависимости, степень восприимчивости и уязвимости обоих акторов, а также анализируются механизмы интеракции и дилемма кооперации с использованием теории игр. С точки зрения теории нормативной силы Европейского Союза Лусинэ Бадалян анализирует согласованность между риторикой ЕС в отношении своей нормативной идеи продвижения демократии в странах Восточного партнерства (Армения, Азербайджан, Грузия, Молдова и Украина) и оценкой фактического прогресса демократического развития в данных странах. Автором делается предположение, что уровень отклонения ЕС от его последовательной политики связан с его преследуемыми стратегическими интересами в определенной стране Восточного партнерства, которые в основном связаны с энергетической безопасностью.

Третий тематический блок направлен на исследование конфликтного потенциала, связанного с эксплуатацией существующих экспортных трубопроводов. Катерина Боско анализирует взаимоотношения между Россией и Украиной относительно украинской газотранспортной системы через призму теории секьюритизации. В своей главе она рассматривает вопрос, каким образом Украине удалось противостоять давлению со стороны России, нацеленной на получение контроля над украинской газотранспортной системой, несмотря на значительную энергетическую зависимость Украины от России. Андреас Хайнрих рассматривает механизмы эскалации конфликта в контексте отношений Газпрома с транзитными странами в период российско-украинского газового конфликта в 2006 году. Теоретической основой данного анализа является подход Хайнца Месмера, который подразумевает понимание конфликта как форму социальной коммуникации и рассматривает внутренние структуры и динамики конфликта.

Представленная коллективная монография является частью международного научно-исследовательского проекта «Национальные дебаты и внешняя политика в Каспийском регионе». Данный проект был организован и осуществлен Исследовательским Центром Восточной Европы при университете г. Бремена при финансовой поддержке Фонда Фольксвагена, ФРГ (Volkswagen Stiftung, Germany). В данную коллективную монографию также вошли результаты исследования некоторых авторов, которые были представлены на восьмой международной конференции Changing Europe Summer School на тему «Экспортные трубопроводы СНГ: национальные дебаты, принятие политических решений и геополитика» (Алматы, 11-18 августа 2013 г.).

Авторы выражают глубокую признательность и благодарность Лине Пляйнес и Екатерине Ильющене за перевод отдельных глав данной монографии с английского на русский язык.

Часть 1

Формирование энергетической и трубопроводной политики акторов

Разные партнеры, различные энергоидентичности: дискурс-анализ в рамках конструктивизма как путь к объяснению поляризации энергоотношений между РФ и ЕС[1]

Нильс Смеетс (Niels Smeets)
Ирина Петрова (Irina Petrova)

1. Введение

Россия является одним из важнейших поставщиков углеводородов в Европейский Союз (ЕС). ЕС в свою очередь выступает в качестве главного импортера российских углеводородов, что во многом формирует энергоидентичности сторон. Представители России и ЕС часто ссылаются на взаимозависимость между Российской Федерацией (РФ) и Европейским Союзом. Так, например, Ж. Баррозу, подчеркивает: «конечно, Европейскому Союзу необходимы российские энергоносители, а России необходимы хорошие клиенты, такие как Европейский Союз».[2] Несмотря на политическую риторику о взаимозависимости и общих интересах, многие спорные вопросы до сих пор остаются нерешенными (Третий Энергический Пакет, Энергическая Хартия и т.д.).

Принято считать, что у каждой страны существуют определенные внешнеполитические интересы, основанные на той или иной идентичности. Так, во внешнеэнергетических отношениях принято разделять страны на поставщиков, потребителей и транзитные страны. В данной главе мы предпринимаем попытку показать, что такое понятие является упрощенным и в реальности один и тот же актор вполне может сочетать в себе несколько ролей. Например, российская элита в своем политическом дискурсе одновременно подчеркивает роль России не только как поставщика природных ресурсов в страны Запада, но и как страны-потребителя, которая сталкивается с такими же проблемами обеспечения стабильных поставок, как и европейские потребители. Во внутренней политике приоритетом являются стабильные поставки газа

---

1 Данное исследование было подготовлено в рамках програмы FP7 „The EU in Depth: European Identity, Cultural Diversity and Political change“, 2014 – 2018, PIRSES-GA-2013-612619, финансируемое Европейской Комиссией.

2 Баррозу, Ж.: Пресс-конференция по итогам саммита Россия–Евросоюз, 22.05.2009, http://www.kremlin.ru/transcripts/4172

и нефти конечным потребителям, а значительная часть плана развития Дальнего Востока включает в себя доступ к энергоресурсам. В этом контексте Россия также воспринимается как страна-потребитель энергоресурсов.

Напротив, в отношениях с Центральной Азией российские политики позиционирует страну единственным транзитным коридором в Европу и прикладывают усилия, чтобы не допустить строительство альтернативных трубопроводов в обход России. В этом случае Россия представлена как транзитная страна.

В Европейский Союз также входят страны–поставщики энергоресурсов со своими определенными интересами (Великобритания, Дания и Нидерланды). В будущем их роль может расти, принимая во внимание развитие сланцевого газа. Более того, значительная часть членов ЕС также имеет транзитные интересы: например, такие страны, как Польша, страны Балтии, Венгрия, Греция и Болгария.

Как формируются такие противоречивые идентичности страны-поставщика, транзитной страны и страны-потребителя в энергоотношениях ЕС-Россия? Какая идентичность превалирует над остальными? Конструктивизм позволяет выяснить, как формируются различные идентичности во взаимоотношениях разных акторов. В отличие от представителей неореализма и неолиберализма, конструктивисты считают идентичность эндогенным свойством, т.е. не существующим объективно, а являющимся результатом определенного процесса. Этим процессом, по мнению А. Вендта, является взаимодействие между акторами.[3] Данное исследование будет посвящено анализу российско-европейских отношений и рассмотрению формирования их энергетической идентичности в процессе энергетического диалога. Процесс взаимодействия отражен в политическом дискурсе. Чтобы измерить изменения в политическом дискурсе и сравнить разные дискурсы между различными государствами с целью объяснить «конструирование» расходящейся идентичности, применяется методология «дискурс-анализа». Саммиты Россия-ЕС демонстрируют процесс диалога, который позволяет объяснить различные идентичности России и ЕС в их взаимоотношениях.

---

3 Wendt, A.: Anarchy is what states make of it: the social construction of power politics, in: International Organization, 1992 (vol. 46), no. 2, pp. 391–425.

Таким образом, в данной главе будет показано, как дискурс-анализ позволяет проанализировать «конструирование» расходящейся энергоидентичности во взаимоотношениях Европейского Союза и России, проявляющихся в политическом дискурсе, и какая идентичность доминирует на саммитах ЕС-Россия в области энергобезопасности.

2. Теоретическая основа исследования: конструктивизм

В современной теории международных отношений конструктивизм наряду с реализмом и либерализмом является одной из трех основных теорий международных отношений. Более того, конструктивизм относительно молодая теория, возникшая лишь в конце 1980-х гг. как реакция на доминирование реализма и либерализма в международных отношениях и на изменения в международной обстановке. В качестве теории международных отношений конструктивизм был разработан А. Вендтом в его знаменитой работе «Анархия - это то, что из нее делают государства: социальное конструирование политики с позиции силы».[4] Теория стала широко популярна на протяжении 1990-х годов, что объясняет наличие нескольких течений внутри конструктивизма. Поэтому важно отметить, что существует скорее несколько основных подходов, объединенных общей идеей, нежели единая теория конструктивизма.

В отличие от реализма, в котором национальные интересы существуют объективно, конструктивизм исходит из того, что национальные интересы «социально конструированы» (англ.: socially constructed). Национальные интересы зависят от общественного контекста (англ.: social context). В целом, сторонники конструктивизма полагают, что международные отношения, как и все политические отношения, являются «социально конструированными». Не только такие материальные факторы, как объем торговли или количество вооруженных сил, влияют на политику государства, но идеациональные и перцептивные (англ.: ideational and perceptional) факторы, проявляющиеся во взаимодействии с другими акторами (государствами, международными организациями и т.д.).

Особой категорией национальных интересов являются энергетические интересы, на которых будет сосредоточена данная глава. Например, применяя теорию Вендта, как можно объяснить, что отношения между

4 Ibid.

ЕС и Норвегией, с одной стороны, и между ЕС и Россией с другой, так сильно отличаются в вопросе безопасности энергоснабжения? Обе страны, Норвегия и Россия, являются двумя важнейшими экспортерами газа в ЕС: Европейский Союз импортировал 31,8% газа из России и 28,2% газа из Норвегии в 2010 г.[5] Однако ЕС воспринимает энергозависимость от внешних поставок газа проблематичной лишь в отношениях с Россией. Можно сделать вывод, что представления Евросоюза о политическом режиме страны-партнера (Норвегия – страна с демократическим режимом, а Россия является так называемым полуавторитарным государством[6]) влияют на сотрудничество в энергетическом секторе.

А. Вендт критикует и реализм, и либерализм за их рационализм и тот факт, что согласно этим теориям, интересы являются «экзогенными» по отношению к системе. В результате, либералы и реалисты не поднимают вопросов о том, как формируются эти национальные интересы. Вендт, напротив, заинтересован в исследовании структур, объясняющих формирование интересов.

Наряду с интересами, он также обращает внимание на идентичность актора. Идентичность при этом является относительно стабильной и зависит от восприятия своей роли и ожидания относительно себя.[7] Это самовосприятие актора (идентичность) также определяется восприятием его партнерами. Возвращаясь к примеру об энергоотношениях между Европейским Союзом и Россией, идентичность ЕС основывается на таких базовых принципах, как защита прав человека, демократия, нормативная сила. Данные ценности отражены в основных документах Союза и регулярно декларируются европейскими лидерами. Они также влияют на восприятие Норвегии как близкой и дружелюбной страны, в то время как Россия воспринимается как значительно отличающаяся, недемократичная страна.

А. Вендт объясняет формирование этих идентичностей и интересов на основе межакторного взаимодействия. В дискуссии о проблеме «агент-

5 Eurostat, http://epp. eurostat.ec.europa.eu/statistics_explained/index.php/Energy_production_and_imports

6 Levitsky, S./Way, L. A.: Competitive authoritarianism: hybrid regimes after the Cold War. New York: Cambridge university press, 2010.

7 Wendt, A.: Anarchy is what states make of it: the social construction of power politics, in: International Organization, 1992 (vol. 46), no. 2, pp. 391–425, here p. 397.

структура» Вендт обращает в большей степени внимание на последний компонент. Таким образом, он задается вопросом, какая структура формирует идентичности и интересы агентов? Этот вопрос позволяет объяснить, что предопределяет действия агентов на международной арене. До сих пор огромное внимание уделялось вопросам формирования идентичности Европейского Союза в силу его особенной природы (лат.: sui generis).[8] Однако стоит отметить, что в международных отношениях разные агенты взаимодействуют друг с другом, поэтому идентичности и национальные интересы стран формируются в процессе взаимодействия между странами и взаимно влияют друг на друга (англ.: intersubjectively constituted). Так, у России также формируются своя идентичность и свои национальные интересы, а в последнее время прослеживается также тенденция к преобладанию традиционных ценностей. В итоге, Вендт считает что «само взаимодействие государств (как независимая переменная) составляет идентичности и интересы (как зависимая переменная), т. е. отношения между тем, что агенты делают и какие они есть».[9]

Вследствие этого данные идентичности постоянно изменяются в зависимости от идентичностей и интересов стран, с которыми они имеют дело. Однако идентичности не изменяются внезапнои/или ежеминутно. Напротив, формирование идентичности в процессе взаимодействия – долгосрочный процесс (к примеру, повторяющиеся игры в рамках теории игр) и если бы агенты постоянно заново изобретали свои идентичности, то социальный порядок был бы невозможен.[10] Тем не менее, существуют историко-культурное наследие взаимодействий между государствами. Идентичности сформированы преобладающими интерпретациями общественно-исторических опытов.[11] Передача иден-

---

8 Duchêne, F.: Europe's Role in World Peace, in: Mayne, R. (ed.) Europe Tomorrow: Sixteen Europeans Look Ahead, London: Fontana, 1972, pp. 32–47; Manners, I.: Normative Power Europe: A Contradiction in Terms?, in: JCMS: Journal of Common Market Studies, 2002 (vol. 40), no. 2, pp. 235–258; Adriaensen, J./Gonzalez Garibay, M.: The Illusion of Choice: The European Union and the trade-labor linkage, in: Journal of Contemporary European Research, 2013 (vol. 9), no. 4, pp. 542–559.

9 Wendt, A.: Anarchy is what states make of it: the social construction of power politics, in: International Organization, 1992 (vol. 46), no. 2, pp. 391–425, here p. 424.

10 Ibid, p. 419.

11 Friedberg, A. L.: The future of US-China relations: Is conflict inevitable?, in: International Security, 2005 (vol. 30), no. 2, pp. 7–45.

тичности осуществляется через образование и социализацию. Как уже было отмечено, структурапревалирует над агентами, которые действуют под влиянием прошлых отношений и опыта. Это влияние прошлого называется зависимость от первоначально выбранного пути (англ.: path dependency), который влияет на будущее развитие отношений. Возвращаясь к нашему примеру, холодная война наложила определенный отпечаток на современное состояние в российско-европейских отношениях. До сих пор сохраняются стереотипы холодной войны и воспоминания о Советском Союзе. Они до настоящего-времени незримо присутствуют в двухсторонних отношениях и часто являются поводом глубокого недоверия, несмотря на заявления сторон о нежелании возвращаться в прошлое.

До сих пор в большинстве случаев исходят из того, что у каждого актора есть единая национальная идентичность. Тем не менее, идентичности не только зависят от контекста взаимодействия, но и от институциональных ролей. В зависимости от институциональной роли, которую занимает определенный агент, идентичности могут быть разными.[12] Так, российская идентичность и интересы проявляется не сами по себе, а в зависимости от контекста взаимодействия и восприятия страны-партнера. Когда российские официальные лица или представители энергетических компаний ведут переговоры со странами-импортерами энергоносителей, такими как ЕС или Китай, то они занимают определенную позицию, нежели в случае переговоров со странами экспортеров (Казахстан). Соответственно, отличаются и интересы: в переговорах с импортерами Россия стремится к обеспечению спроса на энергоносители, в то время как с экспортерами (например, с Казахстаном) преобладают интересы обеспечения энергоснабжения.

Применяя модель А. Вендта к отношениям между Россией и ЕС, получается следующая схема, показанная на рис. 1.

12 Slocum-Bradley, N. R.: Identity Construction in Europe: A Discursive Approach, in: Identity: An International Journal of Theory and Research, 2010 (vol. 10), no. 1, pp. 50–68, here p. 51.

Рис. 1: Формирование идентичности во взаимоотношениях Россия - ЕС

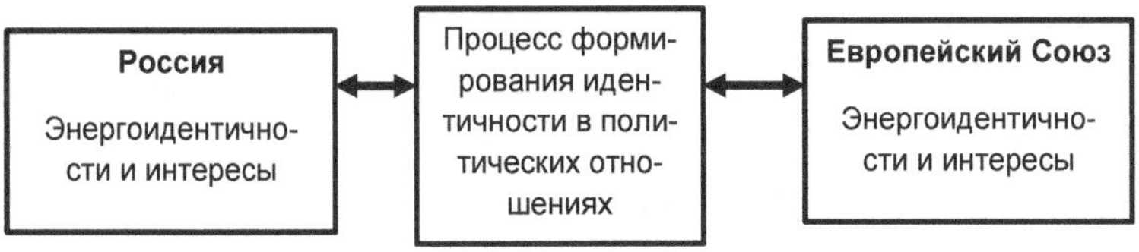

Россия Энергоидентичности и интересы	↔	Процесс формирования идентичности в политических отношениях	↔	**Европейский Союз** Энергоидентичности и интересы

Источник: данные автора

Таким образом, конструктивизм является многообещающей альтернативой традиционным теориям международных отношений, позволяющей по-новому взглянуть на международные процессы. Вместе с тем, как любая теория, конструктивизм подвергается критике. Во-первых, наиболее часто внимание обращается на то, что, по сути, это довольно релятивистская теория: подразделяя явления и процессы на объективные (существующие независимо от нас) и субъективные (определяемые общественным договором), конструктивисты подчеркивают субъективную природу социальных фактов/явлений (например, права человека, суверенитет и т.д.) и, следовательно, невозможность установить истину в силу ее относительности. Этот недостаток может быть сведен к минимуму, если все понятия исследования четко определены и используется единая система координат (в нашем случае, разделение на три взаимоисключающие категории).

Во-вторых, традиционно в международных отношениях в дихотомии «агент-структура» приоритет отдается первому компоненту. Как было показано выше, конструктивисты, наоборот, концентрируются на структуре. Это, в свою очередь, затрудняет установление причинно-следственных связей и делает теорию детерминистской, утверждая, что именно структура формирует социальное взаимодействие от поведения человека до политики государства. Тем не менее, внимание к структуре может быть как недостатком, так и достоинством в зависимости от объекта исследования. В данном случае, исследовательская задача заключается в установлении идентичности, поэтому уделение внимания структуре видится более подходящим фокусом исследования.

3. Дискурс - анализ в рамках конструктивизма

В рамках конструктивизма применяются различные методологии исследования, начиная от этнологических и описательных методов и заканчивая статистическими методами. Дискурс-анализ является при этом одним из основных методов, что объясняет сущность конструктивизма как философско-идеалистического направления в противоположность материалистической интерпретации. С точки зрения конструктивизма, материальные факторы имеют определенный вес, однако ведущая роль принадлежит идеям. Именно идеи формируют социальную реальность. В свою очередь, идеи определяются как коллективный феномен, отраженный в языке, символах, правилах и т.д. Таким образом, анализ языка и речи (дискурс-анализ) логически следует из основных положений конструктивизма, что объясняет широкое применение данного метода.[13]

Использование политического дискурс-анализа было теоретически обосновано Н. Фэиркло (N. Fairclough). Согласно основным положениям конструктивизма, автор также считает, что мир социально определен языком. Он утверждает, что «многие теории социального конструктивизма подчеркивают роль текстов в формировании социальной реальности (...) Будучи сформированными, они становятся реальностью, которые влияют на текстовое «конструирование» социального и ограничивают его».[14] Тот факт, что взаимодействие между странами во многом происходит посредством общения лидеров, а также в письменном виде посредством текстов, то эти тексты являются отличными источниками для анализа зависимой переменной, где понятия «энергоидентичность» и «энергоинтересы» отражены в языке. Это позволяет нам применить дискурс-анализ, чтобы проанализировать энергетические интересы, выраженные в политическом дискурсе.

---

13 Skonieczny, A. M.: Trading Stories: Narrative, Event and Social Theory in International Economic Relations. Minnesota: Proquest, Umi Dissertation publishing, 2012, p. 101.

14 Fairclough, N.: Analysing discourse: textual analysis for social research. Reprint. London: Routledge, 2006, p. 8.

4. Различные энергоидентичности на примере Российской Федерации и Европейского Союза

В этом разделе мы используем зависимую переменную «энергоидентичность» на примере двух акторов - РФ и ЕС. Три энергоидентичности дифференцированы следующим образом: страна-поставщик, транзитная страна и страна-импортер.

Россия является самым крупным поставщиком энергии в мире. В 2011 году она экспортировала 203 млрд. куб. м газа, 241,8 млн. тонн нефти и 104,6 млн. тонн угля.[15] В соответствии с прогнозами энергетического концерна BP, Россия останется самым крупным нетто-экспортером энергоносителей, удовлетворяющим 4% мирового спроса в 2035 году.[16] Для России самым важным экспортным рынком является Европейский Союз: по итогам 2012 года 62 % минерального сырья поступило именно в ЕС.[17]

Вместе с тем важно заметить, что помимо роли экспортера, Россия также выступает в роли страны-потребителя энергоресурсов. Однако внутренние поставки энергоресурсов осложняются целым перечнем факторов. Тот факт, что Россия является самой крупной страной по протяженности территории, ведет к проблемам строительства инфраструктуры. Положение усугубляется неравномерностью размещения населения (подавляющая часть населения проживает в европейской части России) и распределения ресурсов (основные месторождения сосредоточены в Западной Сибири, за полярным кругом, и на Дальнем Востоке; более того, новые месторождения находятся в основном в Восточной Сибири и Арктике).

Поставки также осложняются неблагоприятными климатическими условиями (так, например, оледенение проводов часто вызывает аварии и, соответственно, перебои с поставками энергии). До сих пор небольшие населенные пункты остаются необеспеченными газом. Газпром осуществляет стратегию «газификации» с целью улучшить ситу-

---

15 Godzimirski, J. M.: Russian Energy in a Changing World. Burlington: Ashgate, 2013, p. 1.

16 BP: Outlook to 2035. Country insights: Russia, 2014, http://www.bp.com/en/global/corporate/about-bp/energy-economics/energy-outlook/country-and-regional-insights/russia-insights.html

17 Новак, А., Эттингер, Г.: Энергодиалог Россия – ЕС 13-й обобщающий доклад, 2014,http://minenergo.gov.ru/upload/iblock/ece/ecef70b71b1fe04742545dcd647ca0fa.pdf

ацию в регионах. Более того, существующие проблемы с инфраструктурой также затрудняют обеспечение газом внутреннего рынка. Зимой 2012-2013 министр энергетики Александр Новак констатировал, что в России достаточно большое количество аварий и отключений энергоснабжения – 5300 случаев только за зиму 2012 – 2013.[18] В будущем ситуация осложнится еще и тем, что потребуется все больше инвестиции в разработке новых месторождений.[19]

В контексте поставок энергоресурсов из Центральной Азии в Европу Россия также играет важную роль в транспортировке нефти и газа. Так, 80% экспорта казахской нефти осуществляется через Россию, несмотря на диверсификацию рынков сбыта последнего десятилетия в сторону Китая и ЕС.[20] Между Туркменистаном и Россией также действует крупный договор по поставкам природного газа в размерах 42 млрд. куб. м в год в 2007 и 2008 годах, а после кризиса в размерах 10 млрд. куб. м в год.[21] Данные масштабные поставки из Туркменистана не только обеспечивают важное дополнение к российскому энергобалансу, но и не оставляют свободного туркменского газа на экспорт в ЕС. Таким образом, эти долгосрочные контракты упрочивают позицию России как монополиста поставок газа в Европу, в то же время укрепляя ее роль как транзитной страны, поставляющей газ из Туркменистана в Европу через собственную территорию.[22]

Европейский Союз, в свою очередь, наиболее часто рассматривается как импортер энергии. В целом, по состоянию на 2010 год, ЕС удовлетворяет свои потребности в производстве энергии лишь на 48% (Таблица 1) и вынужден импортировать недостающие 52%.[23] При этом доля нефти и нефтепродуктов составляет в импорте 59%.[24] Согласно

---

18 Новак, А.: Рабочая встреча с Министром энергетики Александром Новаком, 20.05.2013, http://www.kremlin.ru/news/18143

19 Godzimirski, J. M.: Russian Energy in a Changing World. Burlington: Ashgate, 2013, p. 39.

20 Guliyev, F./Akhrarkhodjaeva, N.: The Trans-Caspian energy route: Cronyism, competition and cooperation in Kazakh oil export, in: Energy Policy, 2009 (vol. 37), no. 8, pp. 3171–3182.

21 Barkanov, B.: The Geo-Economics of Eurasian Gas: the Evolution of Russian–Turkmen Relations in Natural Gas (1992–2010), in: Heinrich, A. Pleines, H. (eds.) Export Pipelines from the CIS region. Geopolitics, securitization and political decision-making. Changing Europe book series, vol. 10, Ibidem Publishers (Stuttgart), 2014, p. 157.

22 Ibid, p. 150.

23 DG Energy: Key Figures, 2011, http://ec.europa.eu/energy/observatory/countries/doc/key_figures.pdf

24 European Commission, Energy Markets in the European Union in 2011, p. 17, http://ec.europa.eu/energy/gas_electricity/doc/20121217_energy_market_2011_lr_en.pdf

ежегодному отчету «Энергетические рынки ЕС в 2011 году» Россия является главным поставщиком нефти, природного газа и каменного угля, Норвегия занимает второе место по поставкам нефти и газа.[25]

Таблица 1:Производство энергии в странах ЕС, 2010

	Совокупное производство первичной энергии, 2010	Доля в общем производстве первичной энергии, 2010 (%)				
	Млн. тонн нефтяного эквивалента	Атомная энергия	Уголь	Газ	Нефть	Возобновляемая энергия
ЕС-27	830,9	28,5	19,6	18,8	11,7	20,1
Бельгия	15,1	81,8	0,0	0,0	0,0	13,2
Болгария	10,4	38,1	47,5	0,0	0,0	14,2
Чехия	31,5	23,0	65,8	0,5	0,9	9,2
Дания	23,3	0,0	0,0	31,5	53,5	13,4
Германия	131,5	27,6	34,3	7,4	2,9	24,9
Эстония	4,9	0,0	80,0	0,0	0,0	20,0
Ирландия	2,0	0,0	52,4	15,9	0,0	31,3
Греция	9,5	0,0	77,4	0,1	1,2	21,0
Испания	34,1	46,9	8,9	0,1	0,4	43,0
Франция	134,4	82,2	0,0	0,5	0,9	15,5
Италия	30,2	0,0	0,2	22,8	19,8	54,1
Кипр	0,1	0,0	0,0	н.д.	0,0	91,7
Латвия	2,1	0,0	0,1	0,0	0,0	99,4
Литва	1,3	0,0	0,7	0,0	8,9	90,5
Люксембург	0,1	0,0	0,0	0,0	0,0	70,8
Венгрия	11,0	37,1	14,5	20,3	9,8	17,5
Мальта	0,0	0,0	0,0	0,0	0,0	0,0
Нидерланды	69,9	1,5	0,0	90,7	2,6	4,1
Австрия	11,8	0,0	0,0	12,6	8,7	73,2
Польша	67,1	0,0	82,1	5,5	1,1	10,2
Португалия	5,6	0,0	0,0	0,0	0,0	97,4
Румыния	27,7	10,8	21,3	31,1	16,1	20,5
Словения	3,7	39,2	32,1	0,2	0,0	27,9
Словакия	6,0	64,0	10,3	1,5	0,3	23,4
Финляндия	17,0	34,6	10,6	0,0	0,7	53,2
Швеция	33,1	45,1	0,7	0,0	0,0	52,6
Великобритания	147,6	10,9	7,0	34,9	43,3	3,6

Источник: Eurostat

25 Ibid.

Вместе с тем, средние показатели по ЕС сильно отличаются от данных по каждой стране и по сектору. Так, некоторые страны зависят от внешних поставок энергоресурсов практически полностью: Мальта, Кипр, Люксембург, Ирландия, Италия, Португалия и Испания импортируют от 80 до 100% потребляемой энергии.[26] Более того, в газовом секторе страны Балтии, Финляндия, Словакия полностью зависят от одного поставщика - России. В то же время, в ЕС входят страны-экспортеры, такие как Дания, Великобритания и Голландия. Две последние страны производят газ на экспорт[27], Германия, Франция, Голландия, Польша и Великобритания экспортируют уголь.[28]Дания даже производит на 24% больше по совокупности энергоносителей. Более того, такие страны как Эстония (13%)[29], Польша (32%), Чехия (26%) и Румыния (22%), не слишком зависят от импорта энергии.[30]

Помимо этого, необходимо отметить растущую роль возобновляемых источников энергии в ЕС, с 2004 по 2011 их доля в энергопотреблении возросла с 8,1% до 14,1% (к 2020 эту цифру планируется довести до 20%).[31] Таким образом, Европейский Союз частично должен обладать идентичностью производителя энергоресурсов.

Кроме того, некоторые члены Европейского Союза являются транзитными странами: страны Балтиии Польша на севере, Венгрия, Греция и Болгария на юге. Эти страны заинтересованы в трубопроводах на своих территориях, так как они приносят транзитные доходы и привлекают российских инвесторов. Показательным примером является негативная реакция Польши и стран Балтии на строительство «Северного потока» в обход их территории. В то время как Европейская Комиссия признала газопровод «Северный поток» «проектом Европейского зна-

---

26 European Commission: European Economy: Member State's Energy Dependency. An indicator based assessment, April 2013, p. 11, http://ec.europa.eu/economy_finance/publications/occasional_paper/2013/pdf/ocp145_en.pdf

27 Eurostat, http://appsso.eurostat.ec.europa.eu/nui/show.do?dataset=nrg_134a&lang=en

28 Ibid.

29 Однако необходимо отметить, что в газовом секторе Эстония почти полностью зависит от импорта из России.

30 European Commission: European Economy: Member State's Energy Dependency. An indicator based assessment, April 2013, http://ec.europa.eu/economy_finance/publications/occasional_paper/2013/pdf/ocp145_en.pdf

31 Eurostat, Share of renewables in energy consumption up to 14% in 2012, http://epp. eurostat.ec.europa.eu/cache/ITY_PUBLIC/8-10032014-AP/EN/8-10032014-AP-EN.PDF

чения», Польша несет убытки от негативного воздействия Северного газопровода на уровень цен газового топлива в Польше.[32] Более того, страны Балтии пострадали не только от строительства «Северного потока», но и в не меньшей степени от развития Балтийской Трубопроводной Системы и российского порта Приморск. Вследствие этого поставки нефти в Латвию и Литву были полностью прекращены.[33]

В случае «Южного потока» Болгарию и Грецию ожидают транзитные сборы за транспортировку газа через свои территории. Однако Европейская Комиссия поставила эти будущие ренты под сомнение, требуя пересмотреть ранее заключенные двусторонние межправительственные соглашения между Россией и Болгарией, Сербией, Венгрией, Грецией, Словенией, Хорватией и Австрией. Европейская Комиссия аргументирует, что в связи с Третьим энергетическим пакетом ЕС «Южный поток» не имеет законных оснований для работы в Европе: все соглашения со странами, по которым пройдет труба, нарушают законодательство Евросоюза и поэтому не имеют юридической силы.[34] На практике, в попытке выработать единую энергетическую политику, Европейский Союз проявляет тенденцию уделять основное внимание импорту энергии, пренебрегая интересами транзитных стран.

Таким образом, можно говорить о том, что в обоих случаях и у России, и у Европейского Союза энергоидентичность состоит из трех частей: страна-поставщик, страна-импортер и транзитная страна. Россия позиционирует себя в качестве поставщика со странами-импортерами, но также выступает как транзитная страна и потребитель энергоресурсов. Соответственно, интересы государства не следует воспринимать упрощенно лишь в качестве поставщика. В случае Европейского Союза ситуация осложняется его спецификой как наднациональной организации, включающей в себя 28 стран с различными интересами и находящемся в процессе выработки единой энергетической политики.

32 Институт нефти и газа в Кракове: Рынок нефти и газа в Польше, 2011, http://www.inig.pl/inst/RPNIG/files/Rynek2011RU.pdf

33 Grigas, A.: The politics of energy and memory between the Baltic states and Russia. England: Ashgate, 2013, p. 45.

34 ЕС угрожает России перекрыть «Южный поток», 06.12.2013,http://www.bbc.co.uk/russian/business/2013/12/131206_south_stream_eu_commission.shtml

5. Операционализация: измерение энергоидентичности с помощью дискурс-анализа

Учитывая все вышесказанное, возникает вопрос, как измерить три различные энергоидентичности каждого актора во взаимоотношениях Россия – ЕС. Вопрос операционализации важен в первую очередь потому, что невозможно непосредственно наблюдать идентичность, так как она является так называемой латентной переменной. Под латентными или скрытыми переменными понимают абстрактные понятия, которые невозможно измерить в явном виде. Выходом в данном случае будет использование замещающих переменных (англ.: proxy), которые позволяют косвенным образом проанализировать такие ненаблюдаемые явления как идентичность. Согласно конструктивизму, существует тесная взаимосвязь между идентичностью и интересами, выраженными в политических высказываниях. Интересы формируются на основе идентичности, согласно А. Вендту, «различные идентичности является основой интересов. Акторы не имеют «портфолио» интересов, существующих вне зависимости от общественного контекста, напротив, они определяют свои интересы в зависимости от текущей ситуации».[35]

В данной главе мы предприняли попытку проанализировать различные идентичности России и Европейского Союза (зависимая переменная) на основе заявлений официальных лиц об энергетических интересах (заменяющая переменная).

Например, как только политики заявляют об обеспечении безопасности энергоснабжения, конкретные предложения, касающиеся стабильных поставок энергоносителей потребителям, то данное высказывание будет кодировано категорией «страна-импортер». Соответственно, при упоминании обеспечения спроса на энергоресурсы будет дана кодировка «страна-поставщик». В случае упоминания обеспечения транспортировки энергоносителей фраза кодируется категорией «транзитная страна».

С целью показать, как дискурс-анализ может помочь объяснить процесс формирования различных энергоидентичностей, сосредоточимся на взаимодействиях между Россией и ЕС. Согласно теории ожидается, что Россия более заинтересована в обеспечении спроса на свои угле-

35 Wendt, A.: Anarchy is what states make of it: the social construction of power politics, in: International Organization, 1992 (vol. 46), no. 2, pp. 391–425, here p. 398.

водороды, а ЕС в обеспечении стабильных поставок газа и нефти из России.

В качестве источников исследования использованы стенограммы пресс-конференций саммитов ЕС-Россия, проходящие дважды в год. Исследование ограничено периодом с 2009 по январь 2014. 2009 год выбран в качестве начала периода по трем причинам. Во-первых, в 2009 году значительно упали цены на нефть, что негативно влияло на восприятие ТЭКа как катализатора экономического роста. Во-вторых, в этом же году экономический кризис отразился и на России: дефицит федерального бюджета РФ в 2009 году составил 7,9%ВВП. В-третьих, в начале года начался энергетический кризис между Россией и Украиной, вследствие которого поставки газа были прекращены и в ЕС. Таким образом, экономический кризис вызвал падение цен на углеводороды, и снизил европейский спрос на российские энергоносители. Поэтому, с одной стороны, российские политики более заинтересованы в мерах, которые обеспечивают спрос на энергоресурсы, и стабилизацию потока денежных рент в государственный бюджет.[36] С другой стороны, из-за перебоев спставками газа в ЕС европейские политики все больше обращают внимание на обеспечение стабильных поставок.

Следующий шаг исследования касается анализа базы данных, в основе которых лежат стенограммы Саммитов ЕС-Россия. Программа «Nvivo»[37] позволяет кодировать сказанные фразы и предложения и применять разные виды аналитических методов, в том числе для сравнения между тремя категориями - страна-поставщик, транзитная страна, страна-импортер. В работе использовалось «слепое кодирование» (англ.: blind coding), т.е. сначала документы были кодированы согласно одной из трех наших категорий, потом эти высказывания были связаны с авторами этих высказываний. Данный способ позволяет избежать риска неосознанной предвзятости результатов при кодировании. В следующем разделе данная методология будет применена к пресс-конференциям на саммитах Россия-ЕС.

---

36 Smeets, N.: Opening up the black box: Russia's energy security concept, in: Heinrich, A. Pleines, H. (eds.) Export Pipelines from the CIS region. Geopolitics, securitization and political decision-making. Changing Europe book series, vol. 10, Ibidem Publishers (Stuttgart), 2014, pp. 107–127.

37 QSR International Pty Ltd: Nvivo 10, 2012, www.qsrinternational.com

6. Дискурс-анализ

Кодировка заявлений политических лиц на саммитах ЕС-Россия по трем категориям (страна-поставщик, страна-импортер и транзитная страна) позволит проследить, какие из трех идентичности доминируют. Результатом наших кодирований является кросс-таблица между закодированными высказываниями в одной из трех возможных категорий энергоидентичностей с авторами этих высказываний (Таблица 2).

Таблица 2: Частота высказываний на тему энергобезопасности (на основе саммитов ЕС-Россия 2009-2014 гг.)

	Баррозу	Медведев	Путин	Рейнфельдт	ВанРомпей
1. Страна-импортер	13	4	0	1	0
2. Страна-поставщик	2	10	9	0	0
3. Транзитнаястрана	0	0	0	0	0

Источник: данные автора

Как следует из таблицы 2, гипотеза о том, что Россия обеспокоена о своих интересах как страна-поставщик, а европейские политики скорее упоминают о своих интересах как страна-импортер оправдалась. Д. Медведев и В. Путин 19 раз подчеркивали интересы России в качестве поставщика. Во-первых, исполнительная власть России заинтересована в оплате полученных поставок. Например, Д. Медведев неоднократно выражал обеспокоенность о платежеспособности Украины. Он считает, что деньги являются гарантией избежать будущих отключений поставок. Так, на саммите Россия – ЕС Д. Медведев заявил, что «лучшие гарантии – это деньги, деньги, которые платятся за поставленный газ. Будут деньги – будет газ».[38] На данном 26-ом саммите Д. Медведев отметил также важность энергоренты в рамках кризиса в Еврозоне. Россия также заинтересована в развитии ЕС, так как это означает, что спрос на российские энергоносители будет расти. Путин утверждает: «если все, что сейчас происходит в Европе, приведет к рецес-

38 Кузьмин, В.: НашагвВТО, ДмитрийМедведевпринялучастиевсаммитеРоссия – ЕС, Российскаягазета, 08.12.2010, http://www.rg.ru/2010/12/08/rossiya-es.html

сии, к сокращению экономики, то и объем потребляемых энергоресурсов из России (...) тоже будет сокращаться».[39]

Более того, разница между высказываниями ЕС и России в качестве импортера энергоресурсов и поставщика соответственно оказалась статистически значимана уровне 0,001[40](Таблица 3).

Таблица 3: Интересы России как поставщика, интересы ЕС как импортера

	Интересы импортера	Интересы поставщика
Россия	4	19
ЕС	14	2

Источник: данные автора

Во-вторых, российская сторона заинтересована в преодолении зависимости от нестабильных транзитных стран, заявляя об альтернативных транзитных коридорах, таких как «Южный поток» и «Северный поток». Эта диверсификация маршрутов позволяет Россия непосредственно поставлять газ в Европу, и одновременно повышать бесперебойные поставки.

В-третьих, Россия заботится о своей репутации надежного и ответственного экспортера углеводородов в Европу (заявление Медведева на 28-ом саммите). Оба лидера несколько раз подчеркивали, что Россия всегда выполняет свои обязанности по международным контрактам.

В-четвертых, российские политики хотят обеспечить рыночную позицию энергокомпаний и выступают против энергетической хартии и Третьего энергопакета. Данные договоры повышают контроль ЕС над Газпромом, и даже дискриминирует российские энергокомпании. В. Путин на 30-ом саммите утверждает что «[мы] рассматриваем уже начавшиеся действия некоторых наших партнеров в отдельных странах Евросоюза как конфискацию российских инвестиций».[41]

39 Стенограмма «Совместная пресс-конференция с Председателем Европейской комиссии Жозе Мануэлом Баррозу и Председателем Европейского совета Херманом Ван Ромпеем», 04.06.2012, http://www.kremlin.ru/transcripts/15541

40 Pearson's Chi-squared test with Yates' continuity correction (X-squared = 15,9478; df = 1; p-value = 6,511e-05).

41 РФ считает применение третьего энергопакета ЕС конфискацией инвестиций, 21.12.2012, http://ria.ru/economy/20121221/915799184.html

Эти четыре приоритета совпадают с 4 индикаторами безопасности спроса. Страна-поставщик заинтересована в обеспечении ренты, устойчивом развитии экономики, рыночной позиции ТЭКа и репутации надежного поставщика (англ.: rents, recovery, resource nationalism, reliability).[42]

Баррозу и Рейнфельдт, напротив, защищают интересы стран-импортеров. Во-первых, европейцы, прежде всего, заботятся о гарантиях поставок энергии в ЕС. Предложение о разработке механизма раннего предупреждения по газу, нефти и электричеству считается одним из ключевых решений, вместе с «политической волей» избежать перебоев в поставках энергии.[43]

Во-вторых, энергопотребители хотят обеспечить свободную доступность к трубопроводам путем реализации Третьего Энергопакета и ратификацией Россией Энергетической Хартии (транзитный протокол), вследствие чего любой поставщик имеет право использовать трубопроводы на территории ЕС.

В-третьих, европейские партнеры обеспокоены системой ценообразования (привязка цен на газ к ценам на нефть), а также тем, что российские компании имеют «доминирующие позиции (…) на рынке или части нашего [Европейского] рынка».[44] В частности, Газпром не может злоупотреблять своей монопольной позицией экспорта газа в ЕС, искусственно завышая цены.

За исключением экологической и социальной приемлемости, эти заявленные интересы совпадают с понятием безопасность поставок (англ.: security of supply) выработанное Asia Pacific Energy Research Centre и состоящее из четырех компонентов: наличие энергоносителей, доступная цена, доступ к трубопроводам, социальная и экологическая

---

42 Smeets, N.: Opening up the black box: Russia's energy security concept, in: Heinrich, A. Pleines, H. (eds.) Export Pipelines from the CIS region. Geopolitics, securitization and political decision-making. Changing Europe book series, vol. 10, Ibidem Publishers (Stuttgart), 2014, pp. 107–127.

43 Баррозу, Ж.: Пресс-конференцияпоитогамсаммитаРоссия–Евросоюз, 22.05.2009, http://www.kremlin.ru/transcripts/4172

44 Баррозу, Ж.: Совместная пресс-конференция по итогам встречи на высшем уровне Россия – Европейский союз, 21.12.2012,http://special.kremlin.ru/transcripts/17178

приемлемость (англ.: availability, affordability, accessibility, acceptability).[45]

Таблица 4: Энергоидентичности и соответствующие интересы

Страна-импортер: безопасность энергоснабжения (англ.: securityofsupply)	**Страна-поставщик: безопасность спроса (англ.: securityofdemand)**
Обеспечение необходимых ресурсов	Обеспечение ренты в госбюджет
Обеспечение умеренных цен на энергоносители	Обеспечение устойчивого развития
Обеспечение свободного доступа к трубопроводам	Обеспечение рыночной позиции ТЭКа
Обеспечение экологических и социальных норм	Обеспечение репутации надежного поставщика

Источник: данные автора

В четырех случаях Медведев также обращает внимание на интересы импортеров и, наоборот, Баррозу в двух случаях говорит об интересах поставщиков. В этих высказываниях Медведев легитимирует действия России с точки зрения ЕС, аргументируя что «Северный поток» укрепит энергобезопасность ЕС.[46] Здесь необходимо различать диверсификацию маршрутов и диверсификацию поставщиков. Хотя «Северный поток» осуществляет диверсификацию маршрутов в обход нестабильных транзитных стран (таких, как Украина и Беларусь), этот совместный энергопроект не диверсифицирует поставщиков Европейского Союза. Россия, напротив, укрепит свою позицию в качестве важного поставщика газа в ЕС. В этом случае «Северный поток» не реализует цель диверсификации поставщиков, указанную в Зеленой Книге по стабильной, конкурентоспособной и безопасной энергии.[47]

В случае, когда Ж. Баррозу упоминает об интересах стран-поставщиков, он подчеркивает, что торговые отношения с ЕС выгодны благодаря огромному спросу на энергоносители. Одновременно, пред-

45 Kruyt, B./van Vuuren, D. P./de Vries, H. J. M./Groenenberg, H.: Indicators for energy security, in: Energy Policy, 2009 (vol. 37), no. 6, pp. 2166–2181.

46 «Северный поток» укрепит энергобезопасность Европы, считает Медведев, 08.11.2011, http://ria.ru/economy/20111108/483812975.html

47 European Commission: Green Paper on a European Strategy for Sustainable, Competitive and Secure Energy. Brussels, 2006.

седатель Европейской Комиссии признает важную роль России как главного поставщика углеводородов в ЕС, и считает, что это и в интересах РФ развивать торговые отношения с ЕС.

В контексте отношений с ЕС Д. Медведев единственный, кто ссылается на российские интересы снижать энергоемкость экономики путем инвестиций в энергоэффективность. Возникает вопрос относительно того, почему он упоминает о российских интересах как страны-потребителя в отношениях с ЕС? Д. Медведев в рамках программы модернизации России[48] привлек европейские инвестиции в развитие российского энергетического сектора. Партнерство для модернизации (согласно договоренности на 25-ом саммите Россия-ЕС) предполагает, что существует взаимосвязь между обеспечением безопасности поставок ЕС и обеспечением энергоснабжения РФ: если российская экономика станет энергоэффективнее, то больше энергоресурсов останется для поставок в ЕС, и в будущем будет больше ресурсов, чтобы удовлетворить растущий спрос экономики ЕС.

Именно эти заявления показывают часто декларируемые сторонами-настоящие «общие интересы». Стоит отметить, что В. Путин уже не подчеркивает эти общие интересы, что говорит о тенденции, которая отражает общую эволюцию ухудшающихся отношений между Россией и ЕС.

Примечательно, что тема третьего типа энерноидентичности «транзитная страна» не поднималась обеими сторонами. Как ни странно, российские политики не связывают Россию с транзитной страной в отношениях с ЕС. Как было упомянуто выше, эта энергоидентичность играет значительную роль лишь в отношениях с Центральной Азией. Случай с ЕС менее очевидный, так как значительная часть членов Европейского Союза имеет транзитные интересы (например, Польша и Болгария) в своих отношениях с Российской Федерацией. Создается впечатление, что политики на самом высоком уровне не обращают внимания на транзитную составляющую энергоидентичности ЕС. Безопасность энергоснабжения ЕС превалирует над транзитными интересами некоторых стран-членов, таких как Польша и Болгария.

Чтобы объяснить формирование различных энергоидентичностей, важно обратить внимание на 23-й саммит Россия – ЕС в 2009 году, ко-

48 Медведев, Д.А.: Россия, вперед!, 10.09.2009, http://news.kremlin.ru/news/5413

торый являлся первой встречей на высшем уровне после прекращения поставок в ЕС. Можно отметить, что оба партнера подчеркивают, что энергетика объединяет Европейский Союз и Россию. Это интересно, так как события в начале 2009-го года явно показывали различие между подходами.

На первый взгляд, существует консенсус, что обе стороны глубоко взаимосвязаны и энергетика сближает ЕС и Россию (Таблица 5). В частности, Медведев отмечает что «энергетика – это не конфликтное поле. Это то, что нас должно объединять, что связывает Российскую Федерацию и страны Евросоюза».[49] Баррозу соглашается и замечает, что «мы глубоко взаимозависимы. Это можно и необходимо рассматривать с позитивной точки зрения нашими гражданами, с тем, чтобы мы работали по пути к позитивной взаимозависимости».[50]

Таблица 5: Количество упоминаний позитивной энергетической взаимозависимости РФ-ЕС

Документ	Упоминания	Доля в целом тексте
22 Мая 2009,23-й Саммит Россия – ЕС	2	2,34%
18 Ноября 2009,24-й Саммит ЕС – Россия	1	1,13%
01 Июня 2010,25-й Саммит Россия – ЕС	1	0,53%
07 Декабря 2010,26-й Саммит ЕС – Россия	2	6,15%
10 Июня 2011,27-й Саммит Россия – ЕС	1	1,28%
15 Декабря 2011,28-й Саммит ЕС – Россия	1	1,80%
04 Июня 2012,29-й Саммит Россия – ЕС	2	4,74%
21 Декабря 2012,30-й Саммит ЕС – Россия	2	2,57%
04 Июня 2013,31-й Саммит Россия – ЕС	3	4,22%
28 Января 2014, 32-й Саммит ЕС - Россия	2	2,03%

Источник: данные автора

Обе стороны на первый взгляд соглашаются с неолиберальным подходом (англ.: economic interdependency)[51], постулирующим, что экономические связи и взаимозависимость позитивно влияет на партнеров, так как стоимость разрыва отношений крайне высока. Относительно-

49 Медведев, Д.: Пресс-конференция по итогам саммита Россия–Евросоюз, 22.05.2009, http://www.kremlin.ru/transcripts/4172

50 Баррозу, Ж.: Пресс-конференция по итогам саммита Россия–Евросоюз, 22.05.2009, http://www.kremlin.ru/transcripts/4172

51 Nye, J. S.: Understanding international conflicts: an introduction to theory and history. 4thedition, London: Longman, 2003.

энергетического диалога с Россией Ж. Баррозу формулирует это следующим образом:

> «Дело в том, что действительно энергетика должна объединять нас. Конечно, Европейскому Союзу необходимы российские энергоносители, а России необходимы хорошие клиенты, такие как Европейский Союз. Пускай ситуация будет позитивной, пускай у нас будет позитивная взаимозависимость между Россией и Европейским Союзом. Это соответствует тому духу, в котором мы изучаем предложения, поступившие от Президента Медведева».[52]

Однако в этой цитате Ж. Баррозу одновременно подчеркивает, что у России и ЕС разные интересы, ведь ЕС как импортер заинтересован в обеспечении энергоснабжения, а России как поставщику необходимы стабильный спрос и соответствующие ренты. Именно эти различия проявляются в дальнейшей дискуссии. Медведев, заявляя что не Россия, а Украина ответственна за прекращение поставок, пытается доказать что Россия надежный партнер, который всегда выполняет свои обязательства перед иностранными клиентами. Именно репутация надежного энергопоставщика является одним из составляющих элементов обеспечения спроса.[53] Если клиент уверен, что экспортер вовремя и в договоренных количествах поставит энергоресурсы, то страна-экспортер, в свою очередь, также может быть уверена, что клиент будет закупать углеводороды у нее, что обеспечит ей прибыль от поставок энергоресурсов.

ЕС, напротив, предлагает, чтобы Россия ратифицировала энергетическую хартию. Таким образом, ЕС обеспечивает себе стабильные поставки, укрепляя Европейские правовые нормы в вопросах энергетики в интересах импортеров.[54] Конфликт между двумя подходами проявляется в реплике Медведева: «А Украина, кстати, является участником и Энергетической хартии, и договора к Энергетической хартии – ну и

---

52 Баррозу, Ж.: Пресс-конференция по итогам саммита Россия-Евросоюз, 22.05.2009, http://www.kremlin.ru/transcripts/4172

53 Smeets, N.: Opening up the black box: Russia's energy security concept, in: Heinrich, A. Pleines, H. (ed.) Export Pipelines from the CIS region. Geopolitics, securitization and political decision-making. Changing Europe book series, vol. 10, Ibidem Publishers (Stuttgart), 2014, pp. 107–127.

54 Алчинов, В. М.: Политические проблемы международных экономических отношений. Москва: Восток-Запад, 2009.

что?».[55] Эта реакция отражает восприятие о том, что договор нацелен против российских энергетических интересов, и не применяет договор в отношениях с Украиной, хотя Украина является полноценным участником Хартии. Несмотря на подчеркивание обоими партнерами, что энергетика сближает взаимозависимые стороны, дискурс-анализ показывает наличие глубокого несогласия между Россией и ЕС в силу принципиально разных энергоидентичностей: страна-поставщик и страна-импортер.

7. Заключение

Дискурс-анализ показал, что существуют не только общие интересы, но также и противоположные энергоидентичности, и спорные вопросы на саммитах ЕС-Россия.

В теории у обеих сторон Россия и ЕС есть составная идентичность, включающая в себя идентичность страны-поставщика, транзитной страны и страны-импортера. Однако на практике ЕС демонстрирует идентичность импортера. В попытке выработать единую энергетическую политику Европейский Союз проявляет тенденцию пренебрегать интересами транзитных стран. В энергоидентичности России ведущей является идентичность поставщика. В то же время руководители страны обращают внимание на идентичность потребителя.

Дискурс-анализ подтвердил нашу гипотезу о том, что Россия более заинтересована в обеспечении спроса на свои углеводороды, а ЕС в обеспечении стабильных поставок газа и нефти из России. Более того, исследование показало, что на саммитах происходит процесс «поляризации» между двумя акторами: хотя у некоторых стран-членов ЕС присутствуют идентичности страны-поставщика и транзитной страны, все-таки на саммитах ЕС-Россия явно превалирует идентичность «страна-импортер». В случае Российской Федерации энергоидентичность «страна-экспортер» доминирует в дискурсе президента. Несмотря на усилия обеих сторон, представить энергетические отношения как взаимозависимые и ссылки на общие интересы, исследование приводит нас к выводу, что поляризация между двумя энергоидентичностя-

55 Пресс-конференция по итогам саммита Россия–Евросоюз, 22 мая 2009 года, Хабаровск. http://www.kremlin.ru/transcripts/4172/print

ми «страна-поставщик» и «страна-импортер» задает тон в энергетических отношениях.

Анализ также показал, что общие интересы все-таки существуют. Опыт «Партнерства для Модернизации» доказывает, что ЕС готов инвестировать в проекты энергоэффективности экономики РФ, укрепляя обеспечение энергоснабжения на территории Российской Федерации. Можно заключить, что логическое и рациональное обоснование этих общих интересов выглядит следующим образом: если российская экономика станет энергоэффективнее, больше энергоресурсов останется для поставок в ЕС, и в будущем будет больше ресурсов для удовлетворения растущего спроса экономики ЕС. Исследование также демонстрирует общую тенденцию к ухудшению отношений между ЕС и Россией: в то время как Д. Медведев в качестве президента 4 раза упоминал общие интересы, В. Путин уже не обращает на них внимание.

В данной главе мы поставили задачу объяснить формирование различных энергоидентичностей. Принимая во внимание утверждение А. Вендта о том, что сам процесс взаимодействия конструирует идентичности, в зависимости от социального контекста и институциональной роли актора, мы исследовали дискурс на саммитах ЕС-РФ и пришли к выводу, что взаимоотношения приводят к поляризации идентичностей по трем причинам. Во-первых, переговоры проходят на самом высоком уровне на политизированную и даже секьюритизированную тему - энергобезопасность. Во-вторых, актором является наднациональное-объединение (Европейский Союз), а не отдельные страны-члены, поэтому безопасность энергоснабжения превалирует над национальными интересами государств. Напротив, в двухсторонних отношениях транзитные интересы доминируют, что следует из межправительственных договоров по «Южному потоку» и реакции стран Балтии и Польши на решения строить «Северный поток». В-третьих, поляризация отражает общую тенденцию взаимоотношений РФ-ЕС. Социальный контекст изменился после возвращения В. Путина к власти. Он уже не упоминает об общих интересах как его предшественник Д. Медведев в контексте «Партнерства для Модернизации». Вопреки официальному дискурсу, взаимоотношения в области энергетики скорее разделяют «стратегических партнеров», чем их объединяют.

Конкуренция за энергоресурсы и влияние в Каспийскомрегионе в геополитическом контексте

Юлия Кушнир (Julia Kusznir)

1. Каспийский регион в контексте геополитических теорий

Геополитическая ситуация в конце 20 - в начале 21 века, возникшая после окончания холодной войны и распада социалистического блока и Советского Союза, дала очередной импульс исследованию принципов структуризации геополитического и геоэкономического пространства Евразийского континента, частью которого также являются основные каспийские производители энергоресурсов – Азербайджан, Казахстан и Туркменистан.[1] Для оценки ситуации исследователи возродили геополитические классические концепции, сформулированные, к примеру, такими мыслителями как Франц Ратцель и Хэлфорд Маккиндер в начале 20 века. Их концепции были основополагающими в возрождении геополитики как научного направления, которое занимается анализом международной позиции страны на основе ее географического положения и ее географических особенностей. В основе теорий геополитики лежит изучение влияния географических факторов на политические действия того или иного государства, определение пространственных размеров власти и направления дальнейшей борьбы за международное влияние и контроль над географическими пространствами.[2] В научных работах и экспертных анализах термин «геополитика» используется также как набор определенных правил, применяемых той или иной страной для разработки стратегий внешней полити-

1 См., например: Brzezinski, Zbigniew: The Grand Chessboard: American Primacy and Its Geostrategic Imperatives, New York: Basic Books, 1997; Cornell, Svante E.: Geopolitics and Strategic Alignments in the Caucasus and Central Asia Perceptions, in: Journal of International Affairs, 1999 (vol. 4), no. 2, pp. 100–125; Tsygankov, Andrei P.: Pathways after Empire. National Identity and Foreign Economic Policy in the Post-Soviet World, Lanham, New York: Rowman and Littlefield Publishers, 2001.

2 Fettweis, Christopher J.: Eurasia, the "World Island": Geopolitics, and Policymaking in the 21st Century, Global Research, 2006, http://www.globalresearch.ca/eurasia-the-world-island-geopolitics-and-policymaking-in-the-21st-century/2095.

ки, либо как существенный аргумент, используемый для оценки положения той либо иной страны на международной арене, который может быть основан на наборе этих определенных правил.[3]

Возвращаясь к основоположникам геополитики и их концепциям, немецкий ученый-географ Ф. Ратцель, для которого государство было живым организмом (нем.: Lebenswesen), находящимся в окружении питающего его пространства (нем.: Lebensraum), понимаемого как земля, утверждал, что контроль над географическим пространством и его расширение являются основными факторами, которые способствуют увеличению и укреплению военного, экономического и иного ресурсного потенциала государства. В конечном итоге это сводилось к тому, что политическая и экономическая сила той или иной державы напрямую зависела от размера и особенностей занимаемой ей территории.[4]

Английский ученый Х. Маккиндер в своих исследованиях развил географическую концепцию дальше и результаты его исследований, базирующихся на анализе развития Европейского континента и истории Европы, сводились к тому, что мировые исторические процессы основаны на идее разделения мира на изолированные регионы, и каждый из этих регионов имел специальную функцию для выполнения. А основными факторами, влияющими на ход исторического процесса, являются географические факторы. И географическое положение государства является также основным катализатором, определяющим его политическую слабость и мощь. Более того, технический прогресс и развитие инфраструктуры относится к таким факторам, которые изменяют географическое положение государств и их потенциальное могущество. Он считал, что достижения в области технологии, появление железных дорог и других технологических достижений, делали страны независимыми от доступа к морям и наличием военно-морского флота для перемещения больших армий и достижения военных побед. По-

3 Venier, Pascal: Main Theoretical Currents in Geopolitical Thought in the Twentieth Century, in: L'Espace Politique, 2010 (vol. 12), no. 3, http://espacepolitique.revues.org/1714

4 Ratzel, Friedrich: Politische Geographie oder die Geographie der Staaten, des Verkehrs und des Krieges, München, Leipzig, 1897, https://archive.org/stream/politischegeogr01ratzgoog/politischegeogr01ratzgoog_djvu.txt; Ratzel,Friedrich: Die Gesetze des räumlicher Wachstum der Staaten, 1896, In: Matznetter, Jozef (Hrsg.), Politische Geographie, Wissenschaftlicher Buchgesellschaft, Darmstadt, 1977, pp. 29–54.

этому центр тяжести перемещался с доминирования государств на морях на доминирование на континенте. Он разработал геополитическую модель мира, включающую в себя: 1) «хартлэнд» (англ.: heartland) – центр глобальных геополитических процессов, основу которого составляет северная и центральная часть Евразии (от берегов Арктики до пустынь Средней Азии, включая Восточную Европу); и 2) «осевую зону» (англ.: pivot area), которая включает в себя бассейны рек Северного Ледовитого океана, Каспийское и Аральское моря; 3) «внешний полумесяц» (англ.: outer crescent), охватывающие территории США, Англии и Японии; и 4) «внутренний полумесяц» (англ.: inner crescent), который находится между двумя предыдущими частями, включающий в себя Китай, Юго-Восточную Азию и Индию. При этом утверждая, что «тот, кто доминирует над хартлэндом, доминирует над Мировым Островом (англ.: world island–Евразия и Африка); тот, кто доминирует над Мировым Островом, доминирует над миром».[5]

Однако эта теория подверглась многочисленному пересмотру и критике впоследствии геополитической трансформации в конце 20 века. Один из ведущих критиков был американский ученый-геополитик Николас Спайкмен, который в своих работах придерживался мнения, что мощь того или иного государства определяется не только географическим пространством, но и его экономическим, техническим и социальным развитием и наличием природных ресурсов, а также зависит от политической динамики сил внутри государства и его государственных деятелей. При этом доминирование на морях и на континентах одинаково важны. Он изложил свою собственную геополитическую мировую структуру, которая состояла из следующих стратегических частей:1) Евразии (англ.: rimland - «дуговая земля»), включающая в себя территории Западной Европы, Ближнего Востока, Южной Азии, Юго-Восточной Азии и Дальнего Востока; 2) из континентов Северной Америки, Южной Америки, Африки и Австралии и 3) и основных водных массивов Южного полярного моря, Северного Ледовитого океана и Индийского, Тихого и Атлантического океанов. При этом, «дуговая земля» имела большее стратегическое значение по сравнению с «хартлэндом» Маккиндера, потому что охватывала территории, на ко-

5 Mackinder, H.J.: Democratic Ideas and Reality, a Study in the Politics of Reconstruction, 1919, https://archive.org/details/democraticideals00mackiala

торых проживало большинство из общего числа населения мира, и размещалась значительная доля природных ресурсов, а также этот регион имел доступ к стратегически важным морям. При этом он переформулировал фразу Маккиндера следующим образом «тот, кто контролирует «дуговую землю», тот правит Евразией; кто правит Евразией, контролирует судьбы мира» (англ.: who controls the rimland rules Eurasia; who rules Eurasia controls the destinies of the world). И исходя из этих факторов, по мнению Спайкмена, такие страны, как Великобритания, Россия и США, будут играть ключевые роли на европейском континенте и будут основными ведущими державами в мире.[6] Подход Спайкмена был особенно популярен в американской теории международных отношений в период холодной войны.

Окончание холодной войны и распад Советского Союза привели к дальнейшим изменениям и к более критическому анализу в мышлении геополитологов. Наравне с географическим пространством, техническим и экономическим развитием, все большее значение стали набирать такие факторы, как региональные и культурные различия внутри регионов. Одним из важных представителей такого направления является в частности американский ученый С. Хантингтон. По его мнению, географическое соседство цивилизаций (в его понимании это большие конгломераты стран схожие по религиозным, языковым и культурным признакам)[7] имеет потенциал, который приводит к серьезным конфликтам между ними (англ.: clash of civilizations). И в результате таких конфликтов Западная цивилизация постепенно теряет свое влияние в современном мире. Он считает, что для предотвращения маргинализации Европейской цивилизации, два основных элемента этой цивилизации, а именно Европа и США, должны перейти к более тесному сотрудничеству друг с другом.[8]

---

6 Spykman, Nicholas J.: Geography and Foreign Policy, I, in: The American Political Science Review, 1938, issue 1, issue 2; Spykman, Nicholas J.: The Geography of the Peace, New York, Harcourt, Brace and Company, 1944.

7 Согласно С. Хантингтону это Западная, Исламская, Индуская, Синская, Японская, Латиноамериканская, Православная, Африканскаяи Буддистская цивилизации. Huntington, Samuel P.: The clash of civilizations and the remaking of world order, Simon & Schuster, 1996.

8 Huntington, Samuel P.: The clash of civilizations and the remaking of world order, Simon & Schuster, 1996.

Другие ученые, в частности Е. Измайлов и В. Папава, утверждают в свою очередь, что распад Советского Союза и образование новых государств на евразийском пространстве привели к сужению ее центральной части и возникновению Центральной Евразии с тремя относительно независимыми региональными сегментами, исполняющих роль «осевой зоны» (англ.: pivot area): 1) Центральной Европы, 2) Центрального Кавказа и 3) Центральной Азии. Их основная функция заключается в обеспечении устойчивого развития, последовательной геополитической и экономической интеграции изолированных районов Евразии вдоль параллелей (Запад-Восток) и меридиана (Север-Юг).[9] По их мнению, структурирование геополитического пространства Евразии не может в сегодняшней реальности основываться только на пространственно–географических особенностях и параметрах, оно также должно учитывать совместимость и взаимодополняемость соседних государств, их социальную и культурную близость, которая формировалась на протяжении многих лет, а также их совместное функциональное значение для мировой политики и экономики.[10] Они приходят к выводу, что страны Центральной Евразии не имеют общей идеологии или этнической принадлежности. И в связи с этим они не смогли бы организоваться в единое целое и управлять собой самостоятельно или стремится к общему развитию евразийского континента. По их мнению, имеется некоторый интеграционный потенциал «осевой зоны», укоренившийся в общем историческом прошлом народов Центральной Евразии. Однако этнические, культурные, экономические и технологические межевания, оказавшие существенное влияние на историческое развитие этой части Евразии, в значительной мере мешают быстрой интеграции «осевой зоны» в Евразийский регион.[11]

В середине 1990-х годов в геополитическом плане Евразийский регион был назван американским политологом Збигневом Бжезинским осевым суперконтинентом в мире. По его словам, держава, которой удастся доминировать в Евразийском регионе, будет оказывать решающее влияние на экономически важные регионы как Западная Европа, Во-

9 Ismailov, Eldap/Papava, Vladimer: Rethinking Central Eurasia, in: Central Asia-Caucasus Institute & Silk Road Studies Program, 2010, pp. 84–103, http://www.silkroadstudies.org/new/inside/publications/Rethinking.html

10 Ibid.

11 Ibid.

сточная Азия, Ближний Восток и Африка. И то, как будет распределена власть на Евразийском пространстве, будет иметь решающее значение для глобального первенства Америки. При этом центр Евразии - географическое пространство, находящееся между расширяющейся Европой и регионально возрастающей державы Китаем, - останется политической черной дырой, до того времени пока Россия не пересмотрит свой статус постимпериального государства. Между тем, Центральная Азия грозит стать центром этнических конфликтов и соперничества между державами.[12]

Многими авторами утверждается, что политическая и экономическая конкуренция в центральном евразийском регионе, в частности в странах Центральной Азии, привела к возникновению «Новой Большой игры» за сферу влияния, в которой основную роль играют Россия, США и Китай.[13] По мнению Александра Кули, эти три сверхдержавы не ведут игру с нулевой суммой в стиле мировых геополитических игр 19 века, а преследуют индивидуальные стратегии, которые позволили им сосуществовать в регионе без серьезной конфронтации в последнее десятилетие. Более того, им удалось достичь определенного баланса стратегических и политических интересов в период после 11 сентября 2001 года. В частности, Россия сохранила свои восточные границы в безопасности и укрепила свои экономические связи со странами региона. США в свою очередь получили право доступа в Афганистан через данный регион. А Китай зарекомендовал себя в качестве ключевого

12 Brzezinski, Zbigniew: AGeostrategy for Eurasia, Foreign Affairs, Essay, 1997, http://www.foreignaffairs.com/articles/53392/zbigniew-brzezinski/a-geostrategy-for-eurasia

13 Nixey, James: The Long Goodbye: Waning Russian Influence in the South Caucasus and Central Asia, in: Chatham House Paper, REP RSP BP 2012/03, 2012, http://www.chathamhouse.org/sites/default/files/public/Research/Russia%20and%20Eurasia/0612bp_nixey.pdf; Kanet, Roger E.: Russia and the Greater Caspian Basin: Withstanding the US Challenge, in: Freire, Maria R./Kanet, Roger E., Key Players and Regional Dynamics in Eurasia. The Return of the 'Great Game', London: Palgrave Macmillan, 2010, pp. 81–102; Olcott, Martha Brill: The Great Powers in Central Asia, in: Current History, October 1, 2005, pp. 331–335, http://carnegieendowment.org/files/CurHistOlcott.pdf; Swandström, Niklas: China and Central Asia: a new Great Game or traditional vassal relations? In: Journal of Contemporary China, 2005 (vol. 14), no. 45, p. 569–584.

торгового и инвестиционного партнера для большинства центрально-евразийских государств.[14]

Противоположной точки зрения придерживается другой американский эксперт К. Феттвайз, утверждая, что с геополитической точки зрения Центральная Азия и Каспийский регион сложны, потому что в нем пересекаются различные интересы этих держав, где США стремятся усилить роль глобального лидера, а Россия и Китай хотят усилить влияние прежде всего на их приграничных территориях. Он также подчеркивает, что если геополитические проблемы будут доминировать в стратегии США, традиция «треугольной дипломатии», характеризующая период холодной войны может снова возвратиться.[15]

По мнению другого регионального эксперта В. Парамонова, анализирующего взаимодействия России, Китая, Европы и США в центре Евразии, первый раунд «Большой игры» завершился ослаблением связей и усилением соперничества за ресурсы, что в дальнейшем может привести либо к дальнейшей дезинтеграции постсоветского пространства, либо формированием геоэкономического и геополитического блока с Китаем в роли лидера.[16]

Некоторые авторы, в свою очередь, утверждают, что расстановка сил в регионе в настоящее время указывает на то, что это не «Новая Большая игра», а сложный баланс геополитических сил, который возник вследствие растущей политической и экономической мощи региональных игроков. Авторы аргументируют свою позицию тем, что США, Россия и Китай не могут навязывать свои правила игры странам Каспия, так как последние имеют достаточный потенциал, который может заставить внешних игроков конкурировать друг с другом или ограничить их политическое влияние.[17]

---

14 Cooley, Alexander: Great Games, Local Rules: The New Great Power Contest in Central Asia, 2013.

15 Fettweis, Christopher J.: Eurasia, the "World Island": Geopolitics, and Policymaking in the 21st Century, Global Research, 2006, http://www.globalresearch.ca/eurasia-the-world-island-geopolitics-and-policymaking-in-the-21st-century/2095.

16 Парамонов, Владимир: «Большая игра» за энергоресурсы и влияние в Центральной Азии, 2012, http://www.ceasia.ru/politika/bolshaya-igra-za-energoresursi-i-vliyanie-v-tsentralnoy-azii.html.

17 Mihalka, Michael: NotMuchofaGame: SecurityDynamicsinCentralAsia, in: ChinaandEurasiaForumQuarterly, 2007 (vol. 5), no. 2, pp. 21–39; Pradetto, August: ZentralasienunddieWeltmächte, oder: GreatGameBoysaufReisen, PeterLangVerlag/FrankfurtamMain, Berlin, Bern, Bruxelles, NewYork, Oxford, Wien, 2012.

В противовес мнению о сложном геополитическом балансе выступают сторонники идеи «Новой большой игры» с большим количеством игроков, где важную роль играют центрально- евразийские государства. По их мнению, суть этой «Новой Большой игры» усугубляется не только укреплением политических позиций этих государств и их стремлением выступать в качестве самостоятельных игроков в геополитической игре, но и внутренними конфликтами политического, экономического и военного характера между ними, что часто идет вразрез с интересами великих держав. По словам регионального эксперта Мехди Аминеха, эта игра была усилена тяжелым положением, в котором страны центральной Евразии оказались после распада Советского Союза и их проблемами в достижении внутренней социальной стабильности и экономического роста. Это состояние неопределенности создало в свою очередь силовой вакуум, который способствует геополитической нестабильности и появлению «Новой Большой игры» среди многих игроков, заинтересованных в доступе к региональным энергоресурсам, что сделало эту игру намного сложнее по сравнению с предыдущей «Большой игрой», описывающей конкурентную колонизацию в регионе в 19-ом веке между английской и российской державами с целью расширения географического пространства.[18]

В дополнении к этому некоторые авторы утверждают, что действующую расстановку геополитических сил больше невозможно называть «Новой Большой игрой», в которой США, Россия и Китай навязывают свои правила игры в одностороннем порядке. По их мнению, регион стал подиумом для проведения «Малых игр» между различными игроками, в которых такие страны, как Индия, Япония и страны ЕС также выступают в роли активных игроков, и эти «Малые игры» не исключают, а дополняют друг друга.[19]

Основные выводы большей части литературы относительно значения природных ресурсов в международных отношениях, и использования геополитического подхода совместно с реалистическим подходом, сводятся к тому, что такие факторы как окончание холодной войны и

---

18 Mehdi Parvizi Amineh: Globalization, Geopolitics and Energy Security in Central Eurasia and the Caspian Region, The Hague: Clingendael International Energy Program, 2003, p. 209.

19 Laruelle, Marlène/Peyrouse, Sébastien: Globalizing Central Asia: Geopolitics and the Challenges of Economic Development, Armonk, N.Y.: M.E. Sharpe, 2013.

появление новых экономических держав (таких как Япония, Китай и Индия) привели не только к сдвигу в мировом балансе сил, но и переориентации стратегических направлений во внешней политике, где доступ и контроль над природными ресурсами (в том числе нефтью и газом) являются одним из важнейших элементов в формировании и реализации национальных интересов ведущих мировых держав. И в связи с тем, что существенные запасы энергоресурсов находятся в государствах Центральной Азии и Африки с нестабильными политическими режимами, региональными спорами и конфликтами, и возрастающим региональным экстремизмом и исламизмом, а также из-за того, что наличие энергетических резервов уменьшается, усиление конкуренции за контроль над энергоресурсами становится неизбежным фактом, который в конечном итоге может привести к частым ресурсным военным конфликтам.[20]

Однако, по утверждению К. Феттвайза, сегодняшние международные реалии ставят под вопрос многие предположения, принятые за основу учеными-геополитологами. По его мнению, если бы международная система была статической (неподвижной), то в таком случае в дальнейшей теоретизации нет никакой необходимости. Но в реальности это не так, и поэтому необходимо постоянно пересматривать принятые предположения, чтобы убедится в том, что какие - либо вечные «правила» геополитической игры действительно существуют.[21]

Исходя из сказанного, основной целью данной главы является проверка, на сколько основы геополитических теорий с использованием понятий «Большой игры» и «Новой Большой игры» актуальны и самодостаточны для анализа международных отношений на сегодняшний момент на примере геополитических игр за энергоресурсы и влияние в Каспийском регионе. Фокусирование именно на энергоресурсах Каспия объясняется высокой конкуренцией между ведущими стратегическими игроками России, США, Китая и ЕС именно в энергетической сфере, которая одновременно является не только основной составляющей, но

20 Klare, Michael: For Oil and Empire? Rethinking War with Iraq, in: Current History, March, 2003, pp. 129–135; Klare, Michael: Rising Powers, Shrinking Planet: The New Geopolitics of Energy. New York: Henry Holt and Company, 2008.

21 Fettweis, Christopher J.: Eurasia, the "World Island": Geopolitics, and Policymaking in the 21st Century, Global Research, 2006, http://www.globalresearch.ca/eurasia-the-world-island-geopolitics-and-policymaking-in-the-21st-century/2095

и катализатором развития ситуации в других ключевых сферах – политики, безопасности и экономики на национальном, региональном и глобальном уровне. При этом автор анализирует стратегии этих внешних акторов (США, России, Китая и ЕС) и их взаимодействие с ведущими региональными энергопроизводителями (Азербайджан, Казахстан и Туркменистан) через призму соперничества и трудностей, возникших между ними в процессе строительства транспортных маршрутов для транспортировки нефти и газа из этих стран на региональные и мировой рынки в последние два десятилетия. Необходимо также отметить, что в главе предлагается лишь видение ключевых тенденций, а также основных результатов взаимодействия только в энергетической сфере. В данной главе не охвачены другие аспекты геополитических игр, включая сотрудничество в военной сфере и в сфере безопасности. Автором делается вывод, что энергоресурсы и контроль над ними достигли статуса доминирующего фактора в геополитических играх, однако основы геополитических теорий больше не могут служить основными «правилами», гарантирующими успех в реализации политических целей ведущими акторами на международной арене. Это убеждение подтверждается тем, что кроме географических факторов и их влияния на политические действия того или иного государства, другие существенные факторы принимают роль доминирующих в направлении и исходе геополитических игр, проводимых игроками сегодня. Эти факторы включают в себя политику транснациональных акторов, в том числе международных энергетических компаний и международных экономических и финансовых организаций, а также влияние международных и региональных энергетических рынков и уровень регионального сотрудничества.

2. Значение Каспийского региона в геополитике стратегических игроков

Регион Каспийского моря относится к одним из важных геостратегических регионов мира и объектом мировой политики. Стратегическая важность региона заключается, во-первых, в богатстве энергоресурсами, включая нефть Азербайджана, Казахстана и природный газ Туркменистана. На данный момент Каспий обладает третьими по объему нефтяными и газовыми запасами нефти после Персидского залива и

России. Согласно докладу, обнародованному Информационным Управлением министерства энергетики США в сентябре 2012, доказанные и частично разведанные запасы нефти составляют 48 млрд. баррелей. Большая часть этих запасов, около 75 процентов, расположена в зоне континентального шельфа. Что касается Каспийского газа, то в соответствие с подсчетами экспертов американского министерства энергетики в 2012 году запасы природного газа в этом регионе составляли 292 трлн. куб. м. газа, при этом 67 процентов этих запасов расположены в зоне континентального шельфа. Эксперты министерства энергетики США полагают, что в будущем рост объемов добычи углеводов в Каспийском регионе будет в основном осуществляться за счет добычи газа.

Во-вторых, Каспийский регион стратегически важен своим географическим положением, в особенности для стран Европейского Союза или Китая, которые импортируют углеводного сырье посредством трубопроводов через территорию России или водным путем через проблематичные с точки зрения безопасности Ормузский и Малаккский проливы. Значительные запасы энергетических ресурсов и растущий спрос на них на мировом рынке укрепили значение региона в новом мировом порядке, что привело к тому, что Каспий стал регионом, где конкуренция между великими державами представлена более четко, чем в другом месте постсоветского пространства.

Исторически Россия имела монополию влияния в регионе, но после 1991 года США усилили свою деятельность с целью уменьшения роли России в новообразованных независимых государствах. Россия как государство-преемник Советского Союза имеет традиционно укрепленные геостратегические интересы в Евразийском регионе, рассматривая его как часть своей естественной зоны интересов и влияния. Для России важно иметь контроль над регионом, потому что это способствует защите ее территории от дестабилизирующих факторов, исходящих из приграничных стран и защите русского населения на их территориях. Кроме этого, контроль необходим для обеспечения безопасности в регионе при одновременном ограничении влияния внешних акторов, таких как США и Китай. Целью политики России в регионе также является не допустить других игроков к энергоресурсам государств региона и транспортной инфраструктуре для их транспортировки.[22]

В отношении контроля каспийских ресурсов можно наблюдать, что в период 1990-х годов российское участие в энергетических проектах восточно-прикаспийских стран было минимальное и менее конкурентное по сравнению с деятельностью западных игроков. Скромная активность российского правительства и российских энергетических фирм объяснялась отсутствием капитала так необходимого восточно-прикаспийским странам для освоения новых месторождений, а также отсутствием необходимых технологий и проблемами на собственном внутреннем энергетическом рынке, возникших после развала советской нефтегазовой индустрии и ее реструктуризации. Совместное энергетическое сотрудничество сводилось к приобретению небольших пакетов акций российскими компаниями в новообразованных энергетических консорциумах.[23]

Однако ситуация начала радикально меняться после прихода к власти Владимира Путина в 2000 году, когда восточно-прикаспийские страны вновь приобрели приоритетный статус в российской внешней политике. Это прослеживалось в интенсивности и регулярности визитов президента в данные страны и заключения ряда договоров по энергетическому сотрудничеству. Кроме того, Россия заключила долгосрочные соглашения на транзит и покупку туркменского газа и казахстанской нефти через российские трубопроводы. Пользуясь тем фактом, что Туркменистан находился долгие годы в значительной степени в международной изоляции, России удавалось диктовать свои цены и добиваться выгодных условий поставок газа из Туркменистана. Ситуация изменилась после вхождения Китая на туркменский энергетический рынок в 2007 году, вследствие чего российское доминирование в транспортировках туркменского газа было существенно ослаблено. Кроме того, в 2000 году российскими энергетическими компаниями бы-

22 Kubicek, Paul: Energy politics and geopolitical competition in the Caspian Basin, in: Journal of Eurasian Studies, 2013 (vol. 4), no. 2, pp. 171–180; Peyrouse, Sèbastien, Boonstra Jos/Laruelle, Marlène: Security and development approaches to Central Asia. The EU compared to China and Russia, EUCAM Working Paper no.11, 2011, http://www.washingtoninstitute.org/uploads/Documents/opeds/4c6ea2bc9cb97.pdf

23 Kubicek, Paul: Energy politics and geopolitical competition in the Caspian Basin, in: Journal of Eurasian Studies, 2013 (vol. 4), no. 2, pp. 171–180.

ла создана Каспийская нефтяная компания по разработке новых месторождений нефти и газа как на российской части шельфа, так и на территории соседних государств. В частности, российские компании ЛУКОЙЛ, Газпром и Роснефть расширили свое участие в проектах по освоению казахстанского шельфа Каспия.[24] По мнению ряда экспертов, несмотря на то, что Москва подчеркивает роль энергетической дипломатии, в основах ее внешней политики по отношению странам региона лежит не контроль над региональными энергоресурсами, а геополитическое доминирование. Как отметили в своем анализе ситуации в регионе Джон Митчел, Норман Селлей и Джонатан Стерн, интересы России в регионе намного проще по сравнению с другими геополитическими игроками и сводятся к тому, чтобы уберечь государства региона от влияния любой другой региональной державы, и противодействовать укреплению статуса стран на постсоветском пространстве в качестве нового рубежа в региональной гегемонии США. В долгосрочной перспективе Россия будет стремиться к доминированию во внутренней и внешней политике этих стран, а энергетические ресурсы являются только средством достижения этой цели.[25]

С момента активизации действий в регионе в энергетической сфере в начале 1990-х годов США стремятся ограничить влияние России, Ирана и Китая, чтобы не допустить монополизации одним из этих игроков Каспийских нефтегазовых месторождений и путей их транспортировки на региональные и международные рынки.[26] Следует отметить, что в 1990-е годы политика США концентрировалась больше на доступе к каспийским энергоресурсам. Однако ситуация изменилась после 2001 года, когда стратегический доступ к территории государств Южного Кавказа и Центральной Азии получил решающее значение в политике США в борьбе с терроризмом, так как они расположены между Ираном и Россией, и являются практически единственным коридором, соеди-

24 Ibid.

25 Mitchell, John/Selley, Norman/Stern, Jonathan: The New Economy of Oil: Impacts on Business, Geopolitics and Society, Earthscan, 2001, pp. 185–186.

26 Rywkin, Michael: What is Central Asia to US? in: American Foreign Policy Interests, 2011 (vol. 33), no. 5, pp. 222–229; Guo Xuetang, The Energy Security in Central Eurasia: the Geopolitical Implications to China's Energy Strategy, in: China and Eurasia Forum Quarterly, 2006 (no. 4), pp. 117–137.

няющим с территорией Афганистана.[27] Однако в последнее десятилетие наблюдается постепенное снижение участия США во внешней политике восточно-прикаспийских стран. По мнению американских экспертов, это происходит по ряду политических и экономических причин, в том числе из-за войны в Ираке и Афганистане и глобального экономического кризиса и его последствиях, что требует концентрации политики США на решении вопросов, связанных с их регуляцией.[28] Однако основа интересов США в регионе остается прежней и концентрируется на ограничении влияния России, обеспечении маршрутов поставок в Афганистан и доступа к каспийским месторождениям.

В последнее десятилетие Китай и ЕС также активизировали свое присутствие и сталиактивными акторами в региональном соперничестве за энергоресурсы Каспия. В частности, интерес Китая к каспийским нефтегазовым богатствам возник на протяжении последних десятилетий из-за растущего спроса на энергию и отсутствия собственных ресурсов для удовлетворения энергетических потребностей на внутреннем рынке. Для обеспечения собственной энергетической безопасности Китай разработал ряд государственных концепций, в основу которых легли такие цели, как диверсификация импортных поставок нефти и обеспечение маршрутов для их транспортировки. В настоящее время почти три четверти импортируемой Китаем нефти из стран Персидского залива и Африки доставляется морским путем через Малаккский пролив, где американский военно-морской флот контролирует региональные морские пути коммуникации. Следовательно, Малаккский пролив стал для Китая его стратегическим слабостью, так называемой «Малаккской дилеммой», которая вынуждает его не только увеличивать свой собственный военный потенциал, но расширять свое геополитическое присутствие в других регионах, в том числе в центральной Евразии.[29]

---

27 Cornell, Svante E.: Eurasia Crisis and Opportunity, in: The Journal of International Security Affairs, 2006, no. 11, pp. 29–38, here p. 38.

28 American Foreign Policy Interests: U.S. Policy toward Central Asia and the Caspian Sea Basin Region, 2010 (vol. 32), pp. 114–115.

29 Blumenthal, Dan: Concerns with Respect to China's Energy Policy, in: Collins, Gabriel B. et al. (eds.): China's Energy Strategy: The Impact on Beijing's Maritime Policies, Annapolis, Md.: US Naval Institute Press, 2008, pp. 418–436; Chen, Shaofeng: China's Self-Extrication from the “Malacca Dilemma” and Implications, in: International Journal of China, 2010 (vol. 1), no. 1, pp. 1–24.

Некоторые аналитики отмечают, что политика Китая в регионе включает в себя три основные цели: (1) обеспечение доступа к региональным энергетическим рынкам; (2) обеспечение безопасности на общей 3300-километровой границе с государствами Центральной Азии, и (3) региональная экономическая интеграция и укрепление политического и экономического положения Китая как сверхдержавы в регионе при помощи Шанхайской организации сотрудничества (ШОС).[30] По сравнению с предложениями от западных компаний, Китай предлагает странам-производителям выгодную цену, стабильность инвестирования в энергетические проекты, а также принимает на себя ответственность за строительство трубопроводов, включая финансирование. В результате, ведущие национальные энергетические компании стали стратегически важными акторами в энергетических секторах Казахстана и Туркменистана, успешно конкурируя там с российскими, европейскими и американскими энергетическими компаниями.[31]

Если ведущие игроки (такие, как США, Россия и Китай) уже с самого начала их активности в Каспийском регионе в начале 1990-х годов исходили из собственных геополитических соображений, то в действиях ЕС прослеживается своеобразное смещение фокуса взаимоотношений. Вплоть до середины 2000-х годов политика ЕС концентрировалась в основном на поддержке демократических реформ в восточно-прикаспийских странах и ЕС при этом не проявлял особого интереса к их энергоресурсам.[32] Однако ситуация изменилась в середине 2000-х в результате роста спроса на газ на европейских энергетических рынках и увеличение импорта из России, чтобы удовлетворить этот спрос. В то же время частые конфликты между Россией и Украиной в послед-

---

30 Lin, Christina: The Caspian Sea: China's Silk Road Strategy Converges with Damascus, in: China Brief, 2011 (vol. 10), no. 17; Peyrouse, Sèbastien,Boonstra Jos/ Laruelle, Marlène: Security and development approaches to Central Asia. The EU compared to China and Russia, in: EUCAM Working Paper no.11, 2011. http://www.washingtoninstitute.org/uploads/Documents/opeds/4c6ea2bc9cb97.pdf

31 Fazilov, Fakhmiddin/ Chen, Xiangming: China and Central Asia: A Significant New Energy Nexus, in: The European Financial Review, 13.04.2013, http://www.europeanfinancialreview.com/?p=645

32 Lussac, Samuel James: Ensuring European Energy Security in Russian "New Abroad": The Case of the South Caucasus, in: European Security, 2010 (vol. 19), no. 4, pp. 607– 625; Bosse, Giselle: The EU's Geopolitical Vision of a European Energy Space: When "Gulliver" meets "White Elephants" and Verdi's Babylonian King, in: Geopolitics, 2011 (vol. 16), no. 3, pp. 512–535.

ние годы, используемой Россией в качестве транзитной страны своих энергоресурсов на европейские рынки, заставили представителей ЕС усомнится в надежности России в качестве партнера для будущих поставок. В противовес растущей зависимости ЕС разработал в 2007 году план действий, одним из приоритетов которого является диверсификация поставщиков энергоресурсов и развитие «Южного газового коридора» для транспортировки газа из Каспийского региона, в частности из Азербайджана, Туркменистана и Ирана в обход России.[33] Кроме этого, на протяжении последнего десятилетия ЕС укрепил энергетическое сотрудничество с восточно–прикаспийскими странами рядом двухсторонних соглашений, приоритетными направлениями которых являются гармонизация законодательства и институтов, повышение безопасности поставок и транзитных систем, а также развитие возобновляемых источников энергии и энергоэффективности.[34]

Иран также является традиционной державой в Каспийском регионе и имеет многолетнюю сложную историческую связь со странами центральной Евразии. Особый интерес Иран проявляет к Азербайджану. Эти две страны связаны общей историей, культурой и религией. Необходимо отметить тот факт, что доля проживающих в Иране этнических азербайджанцев составляет 16%,[35] и власти Ирана неоднократно поднимали вопрос «разделенного народа», что привело к обострению отношений между двумя странами.[36]Более того, Иран, имеющий шельфовые газовые месторождения в Каспийском море, также стремится к доминирующей роли в регионе, но споры с Азербайджаном, который выступает союзником США в регионе за шельфовые месторождения, усложняют реализацию его стратегических планов. К этому, в отличие

---

33 EU Energy Security and Solidarity Action Plan, http://europa.eu/legislation_summaries/energy/european_energy_policy/en0003_en.htm

34 The Memorandum of Understanding between the EU and Azerbaijan, http://ec.europa.eu/dgs/energy_transport/international/regional/caucasus_central_asia/memorandum/doc/mou_azerbaijan_en.pdf; EU External Action, Turkmenistan, http://eeas.europa.eu/turkmenistan/index_en.htm; http://ec.europa.eu/energy/international/doc/mou_turkmenistan.pdf; http://eeas.europa.eu/delegations/kazakhstan/eu_kazakhstan/political_relations/legal_framework/index_en.htm

35 The World Fact Book, Iran, https://www.cia.gov/library/publications/the-world-factbook/geos/ir.html

36 Абасов, Али: Азербайджан и Иран: противоречия и перспективы развития отношений, TheAnalyticon, 2011, http://theanalyticon.com/?p=478&lang=ru

от позиций соседей, для которых развитие энергетических проектов является основным индикатором, гарантирующим доходы в государственный бюджет и экономический рост, Иран и его экономических рост менее зависимы от развития его шельфовых запасов нефти и газа на Каспии. Согласно опубликованным данным доля шельфовых запасов газа в общих запасах страны составляет только 1%.[37] Очередным важным фактором в ослаблении позиции Ирана в качестве ключевого игрока являются санкции западных стран, введенные в отношении развития иранской ядерной программы. Поскольку ЕС, Россия и Китай имеют интересы в развитии энергетических отношений с Ираном, кризис, вызванный позицией Ирана по планам развития своей ядерной программы, создал важную внешнеполитическую проблему для иранского правительства и существенно ослабил его влияние в регионе.[38] В связи с этим Иран не будет рассматриваться в роли стратегического игрока в регионе при нижеследующем анализе инфраструктурных проектов.

3. Реализация инфраструктурных проектов в Каспийском регионе

Насколько успешно реализуются геостратегии США, России, ЕС и Китая в соперничестве за каспийские ресурсы будет рассмотрено в данной части статьи на примере реализации нижеследующих инфраструктурных проектов: 1) нефтепровода Баку - Тбилиси - Джейхан и 2) инициативы «Нового Шелкового пути» и газопровода ТАПИ, поддерживаемых США; 3) проекта по строительству Каспийского газопровода и инициативы по созданию «Энергетического Клуба», поддерживаемые Россией; 4) трубопроводных проектов, реализуемых Китаем совместно с Казахстаном и Туркменистаном; и 5) европейского проекта «Южный газовый коридор».

---

37 IEA Analysis: Iran, 2012, http://www.eia.doe.gov/countries/cab.cfm?fips=IR

38 Guo Xuetang: The Energy Security in Central Eurasia: the Geopolitical Implications to China's Energy Strategy, in: China and Eurasia Forum Quarterly, 2006 (vol. 4), no. 4, pp. 117–137.

3.1 Нефтепровод Баку – Тбилиси– Джейхан

В сфере энергетического сотрудничества США активно способствовало строительству нефтепровода Баку - Тбилиси-Джейхан (БТД), предназначенного для транспортировки каспийской нефти из Азербайджана через грузинскую столицу Тбилиси до турецкого порта Джейхан, расположенного на берегу Средиземного моря. Строительство нефтепровода с годовой пропускной способностью 50 млн. тонн было начато в 2003 году, а первая прокачка азербайджанской нефти состоялась в середине 2006 года. Необходимо также отметить, что с 2008 года по нефтепроводу отправляется казахстанская нефть, а с 2010 года также туркменская нефть. В итоге, нефтепровод БТД дал возможность Азербайджану впервые поставлять значительные объемы нефти на региональные и международные рынки в обход России и существенно укрепил его статус в качестве самостоятельного игрока. До момента запуска БТД Азербайджан транспортировал нефть через трубопровод Баку-Новороссийск, контролируемый Россией. Одновременно особой характеристикой при реализации БТД являлся тот факт, что конечный пункт назначения транспортируемой нефти был не Черноморский порт, а Средиземноморский порт Джейхан, что позволяло существенно диверсифицировать пути поставки каспийской нефти. Дополнительно, трубопровод БТД помог усилить статус Турции в качестве энергетического транзитного центра в Каспийском регионе. При этом введение нефтепровода в эксплуатацию значительно ослабило позицию России, имеющую до этого контроль над транспортировкой нефти по существующему нефтепроводу Баку - Новороссийск. С момента подписания соглашения на строительство в 1999 году Россия выступала с регулярной критикой по строительству нефтепровода БТД. Руководство России считало проект экономически нерентабельным, который был пролоббирован американской стороной с целью противодействия интересам России и Ирана и их влиянию в регионе. В знак протеста российская сторона бойкотировала церемонию открытия БТД, но не смогла в конечном итоге противостоять планам и помешать строительству. В конечном итоге, США получили доступ к дополнительным объемам нефти, рассматриваемых как альтернатива нефти, поставляемой из стран Персидского залива. Кроме этого, реализация этого проекта расширила их зону влияния и укрепила США в роли активного и влиятельного геополитического игрока, тем самым существенно меняя геополитический расклад сил в регионе.

3.2 Инициатива «Нового Шелкового пути» и газопровод ТАПИ

Одна из последних инициатив США по дальнейшему развитию сотрудничества со странами центральной Евразии является создание «Нового Шелкового пути», инициированного администрацией США в 2011 году, который должен способствовать расширению регионального, экономического и транзитного сотрудничества между государствами Южной и Центральной Азии. Эта стратегия является значительной частью американского плана по обеспечению стабильности в регионе после вывода американских войск и войск НАТО из Афганистана в 2014 году. По мнению некоторых региональных экспертов, это первая всеобъемлющая стратегия, определяющая политику США в Центральной и Восточной Азии, разработанная администрацией Б. Обамы. Основной задачей этой инициативы является увеличение торговли между Афганистаном и его соседями, включая Индию и Пакистан, а также активизация экономических отношений между Афганистаном и государствами Центральной Азии. С геополитической точки зрения, администрация США надеется на укрепление отношений между Индией и странами Центральной и Южной Азии, что могло бы уменьшить влияние России и Китая в этих регионах и исключить Иран от участия в торговых отношениях. В рамках реализации инициативы «Нового Шелкового пути» был разработан ряд региональных инфраструктурных проектов, в том числе строительство железнодорожной линии из Афганистана в Таджикистан и в Туркменистан, а также создание региональной сети электроэнергии, связывающей электрические сети Центральной и Южной Азии. Предусмотрено, что эти проекты будут финансироваться в основном за счет инвестиций представителей частного сектора.[39]

В рамках этой инициативы США также активно содействуют строительству 1,735-километрового магистрального газопровода ТАПИ из Туркменистана в Афганистан, Пакистан и Индию мощностью 33 млрд. кубометров газа в год в обход территорий России и Ирана. По мнению

39 Mankoff, Jeffrey: The United States and Central Asia after 2014, Report of the Center for Strategies and International Studies, Russia and European Program, 2013, http://csis.org/files/publication/130122_Mankoff_USCentralAsia_Web.pdf

американских чиновников, трубопровод имеет важное геополитическое значение, так как он будет способствовать соединению Туркменистана с одним из крупнейших мировых потребителей энергии – Индией, а также вовлечению Афганистана в региональные энергетические рынки. Более того, правительство США выступает против планов Индии по укреплению ее энергетического сотрудничества с Ираном и строительству газопровода Иран-Пакистан-Индия и надеются, что строительство и ввод в эксплуатацию газопровода ТАПИ остановит реализацию планов индийского правительства по строительству этого конкурирующего проекта.[40]

Однако, как отмечают некоторые авторы, несмотря на все инициативы по расширению экономического и энергетического сотрудничества, основной проблемой США является отсутствие комплексной региональной политики в отношении стран региона, которая имеется у Китая и России. И достижение целей относительно стабилизации региона путем экономической интеграции при одновременном ограничении российского и китайского влияния будет невозможно, так как географическое положение вынуждает страны Центральной Азии сотрудничать с Россией и Китаем. При этом интеграция с мировыми рынками будет невозможна без улучшения торговых и инвестиционных связей именно с этими странами, которые уже активно используют свои конкурентные экономические преимущества на рынках центральной Евразии.[41]

3.3 Инфраструктурные проекты России в центральной Евразии

На протяжении последних десятилетий для расширения своего присутствия в странах бывшего Советского Союза Россия также поощряла развитие энергетической инфраструктуры и транспортных связей. К примеру, в рамках двустороннего сотрудничества в энергетической сфере между Россией и Казахстаном в 1992 году было достигнуто соглашение о создании Каспийского трубопроводного консорциума (КТК) для строительства и эксплуатации 1,510-километрового трубопровода

---

40 Rywkin, Michael: What is Central Asia to US? in: American Foreign Policy Interests, 2011 (vol. 33), no.5, pp. 222–229; Mankoff, Jeffrey: The United States and Central Asia after 2014, Report of the Center for Strategies and International Studies, Russia and European Program, 2013,http://csis.org/files/publication/130122_Mankoff_USCentralAsia_Web.pdf

41 Ibid.

для транспортировки нефти с главных казахстанских нефтяных месторождений, таких как Тенгиз и Карачаганак, в российский Черноморский порт Новороссийск. Россия также в настоящее время является основным импортером казахстанского газа через газотранспортную систему «Средняя Азия - Центр», проходящая по территории Туркменистана, Узбекистана, Казахстана и России и введенная в эксплуатацию в семидесятые годы.

Кроме этого, в 2007 Россия подписала с Казахстаном и Туркменистаном Декларацию о строительстве Прикаспийского газопровода, но проект после долгих переговоров не был реализован. Это произошло по ряду причин, в том числе из-за конфликта между Газпромом и Туркменистаном, возникшего из-за недобора газа российской стороной и аварией туркменской части системы газопровода «Средняя Азия-Центр» в 2009 году, что привело к перерыву в поставках, и обвинением в провоцировании конфликта с обеих сторон. Кроме того, Туркменистан ожидал от Газпрома финансовую помощь в реализации проекта по строительству другого газопровода «Восток - Запад», который помог бы вывести газ с крупнейшего Иолотанского месторождения Туркменистана на берег Каспийского моря. При этом возврат инвестиций Газпрома планировался поставками туркменского газа. Россия в свою очередь соглашалась участвовать в этом проекте только при условии, что Туркменистан согласится соединить два газопровода вместе с выводом туркменского газа на российский рынок, что не было одобрено туркменской стороной, которая настраивала на выводе трубы в Каспийское море в надежде транспортировки газа на европейский рынок. После долгих переговоров и неудавшегося тендера на строительство Туркменистан решил построить «Восток – Запад» собственными силами с ориентацией на Каспийское море, что послужило очередным поводом для обострения конфликта с Газпромом.[42] В конце 2009 года стороны достигли новых договоров по поставкам газа, и соглашение о

42 Караваев, Александр: Прикаспийский газопровод: мистификация или затянувшаяся пауза?, 2012, http://politcom.ru/14301.html; Туркмения начинает строительство газопровода «Восток-Запад», РБК Новости, 02.06.2010, http://www.rbc.ua/rus/top/show/turkmeniya-nachinaet-stroitelstvo-gazoprovoda-vostok-zapad--02062010113900

совместной реализации проектов по строительству газопровода.[43] Однако в конечном итоге Туркменистан самостоятельно занялся реализацией этого проекта. Введение в эксплуатацию запланированно на 2015 год.[44]

Россия также является активным членом Шанхайской организацией сотрудничества. Договор о создании региональной организации ШОС был подписан Китаем, Россией, Казахстаном, Кыргызстаном и Таджикистаном в 2001 году. Ее основная работа включает в себя реализацию ряда ключевых задач от обеспечения безопасности границ, разработки совместных механизмов по борьбе с терроризмом, экстремизмом и исламизмом, до либерализации торговли и развития совместных энергетических и инфраструктурных проектов наряду с укреплением культурных связей.[45] В отношении сотрудничества в энергетической сфере Россия неоднократно заявляла о необходимости создания в рамках ШОС энергетического клуба как одного из важных элементов, обеспечивающих энергетическую безопасность региона. Впервые идея создания такого клуба была представлена Владимиром Путиным на саммите в Шанхае в июне 2006 года и потом регулярно озвучена на годовых саммитах ШОС, включая последний, проходивший в Бишкеке в сентябре 2013 года.[46] По словам официальных представителей России, такой клуб не только способствовал бы разработке общей энергетической политики и улучшению энергетических отношений между производителями энергоресурсов (включая Россию, Казахстан, Узбекистан и Иран и их потребителями, в том числе Китай, Киргизию, Таджикистан, Индию, Пакистан и Монголию), но и помог бы укрепить ШОС в качестве самодостаточного и влиятельного игрока на региональном и международных энергетических рынках. Более того, общая энергетическая политика могла бы быть одним из важных гарантов устойчивого экономического роста стран-членов организации. Предполагается, что членами клуба будут представители министерств

43 Газпром: Пресс-релиз «Об итогах визита делегации ОАО «Газпром» в Туркменистан», 22.12.2009, http://www.gazprom.ru/press/news/2009/december/article73466/

44 Туркменистан завершает строительство экспортного газопровода Восток-Запад, 21.05.2014,http://neftegaz.ru/news/view/124358

45 http://www.sectsco.org/.

46 http://www.themoscowtimes.com/news/article/putin-calls-for-energy-club-in-asia/204371.html; http://kabar.kg/eng/politics/full/8233

энергетики из государств-членов ШОС, а также представители ведущих региональных энергетических компаний. Кроме этого, Россия внесла также ряд предложений по совместному строительству гидроэлектростанций и расширению электроэнергетической инфраструктуры, которые были поддержаны странами-участниками ШОС.[47] В случае реализации этих проектов Россия бы получила важный рычаг контроля в управлении водными ресурсами региона. Следует отметить, что центрально-азиатские страны до сих пор зависимы от водной инфраструктуры советской эпохи и соглашений, достигнутых в это время. Контролируя региональные ГЭС и потоки электроэнергии в совокупности с контролем над трубопроводными системами, Россия может существенно укрепить свои позиции в роли энергетического игрока в «Новой Большой игре».

3.4 Инфраструктурные проекты Китая в Казахстане и Туркменистане

Самым видным и активным участником в развитии энергетического сектора в Казахстане и Туркменистане является Китайская национальная нефтегазовая корпорация CNPC, которая проводит масштабные инвестиции в различные инфраструктурные проекты. В частности, в 2007 году CNPC и КазМунайГаз достигли соглашения по строительству нефтепровода Казахстан-Китай с пропускной способностью на первом этапе 10 млн. тонн в год с дальнейшим расширением до 20 млн. тонн в год. Трубопровод был введен в эксплуатацию в 2009 году и был первым нефтепроводом, который поставляет импортируемую нефть в Китай сухопутным путем. Кроме этого, в сентябре 2013 года CNPC приобрела 8,33% долю в проекте по разработке Кашаганского месторождения, которое является пятым по величине в мире по запасам нефти (его запасы оцениваются в 13 млрд. баррелей нефти). Нефть с этого месторождения поможет Китаю не только получить необходимое количество нефти для заполнения трубопровода Казахстан-Китай, но и значительно укрепить позиции Китая в качестве важного иностранного

47 Бушуев, Виталий/ Первухин, Валерий: Энергетический клуб ШОС: каким ему быть?, ИнфоШОС, 13.03.2012, http://infoshos.ru/ru/?idn=9616

инвестора в Каспийском регионе.[48] Также в 2007 году Казахстан и Китай подписали соглашение о строительстве газопровода, который будет иметь мощность 10 млрд. кубометров в год с возможным увеличением мощностей до 15 млрд. кубометров год в зависимости от спроса с китайской стороны. Завершение строительства ожидается в 2015 году. По состоянию на конец 2012 года общий объем китайских инвестиций в энергетическом секторе Казахстана достиг 12 миллиардов долларов США. И согласно прогнозам, вскоре доля китайских компаний в казахской нефтяной промышленности в ближайшее время превысит 40%.[49]

Китайская CNPC стала первой международной компанией, получившей право для разработки каспийских шельфовых газовых месторождений Туркменистана в рамках соглашения о разделе продукции и строительства газопровода в обход России. В частности, в 2007 году Китай и Туркменистан договорились о строительстве магистрального газопровода Туркмения - Китай с проектной мощностью 40 млрд. кубометров в год, проходящего по территории Туркменистана, Узбекистана и Казахстана и заканчивающегося на территории северно-западной провинции Китая - Синьцзян. В декабре 2009 году газопровод был сдан в эксплуатацию в присутствии председатель КНР Ху Цзиньтао и президентов Казахстана, Узбекистана и Туркменистана.[50] В связи с ростом производства газа Китай и Туркменистан постановили увеличить транзитную мощность газопровода путем строительства дополнительных трубопроводных веток. На данный момент идет строительство второй ветки и подготовка третей ветки, и их сдача в эксплуатацию намечена на 2015 год.

Пекин еще более укрепил свою позицию в Туркменистане в сентябре 2013 года после подписания дополнительного пакета двухсторонних договоров в сфере энергетического сотрудничества. В рамках этих договоренностей также было достигнуто соглашение, что государственный банк развития Китая профинансирует второй этап обустройства

---

48 U.S. EnergyInformationAdministration (EIA): Kazakhstan, AnalysisBriefs, 2013, http://www.eia.gov/countries/analysisbriefs/Kazakhstan/kazakhstan.pdf

49 Heritage Foundation, China Global Investment Tracker 2013, http://www.heritage.org/research/projects/china-global-investment-tracker-interactive-map

50 http://www.lentacom.ru/news/14502.html, 14.12.2009.

крупного туркменского газового месторождения Галкыныш.[51] Кроме того, стороны договорились увеличить поставки туркменского газа на дополнительные 25 млрд. кубометров в год. Таким образом, общий объем поставок туркменского газа в Китай увеличится с 40 до 65 млрд. кубометров в год к 2020 году. Для поставок этого дополнительно согласованного объема стороны заключили соглашение на строительство четвертой ветки туркмено-китайского газопровода, который будет проходить по территории Узбекистана, Таджикистана и Киргизии.[52] Развиваемое таким образом сотрудничество между Туркменистаном и Китаем можно охарактеризовать как прибыльное, так как импорт туркменского газа существенно помогает Китаю в диверсификации его источников энергии и служит дополнением к импорту СПГ из Австралии, Катара и Алжира. Одновременно экспорт газа в Китай помогает Ашхабаду снизить свою зависимость от России и ее транзитных путей.[53]

Кроме расширения энергетического сотрудничества Китай также стремится осуществить идею создания экономического пояса «Великого шелкового пути», суть которого состоит в объединении территорий стран Центральной, Восточной и Западной Азии при помощи различных способов экономического сотрудничества.[54] По мнению китайских экспертов, преимущество этого проекта (по сравнению с американским проектом «Нового шелкового пути» и с российским проектом «Евразийского союза»)состоит в том, что он носит экономический характер и не имеет политических амбиций укрепления сферы влияния Китая и ослабевания роли других геополитических игроков в регионе, включая Россию, а также он не рассматривается как средство влияния

51 «Туркменгаз» будет продавать в Китай по 25 млрд. кубометров газа в год, 04.09.2013, http://top. rbc.ru/economics/04/09/2013/874809.shtml

52 Turkmenistan: Visiting Chinese Leader Cements Hold on Gas Sector, 04.09.2013, http://www.eurasianet.org/node/67465; Ashgabat, Beijing sign deals to expand Turkmen gas exports to China, 04.09.2013, http://www.platts.com/latest-news/natural-gas/moscow/ashgabat-beijing-sign-deals-to-expand-turkmen-27370637

53 Cabestan, Jean-Pierre: Energy Cooperation between China and Central Asia, in: China Analysis, European Council of Foreign Relations, ECFR, 2011,pp. 6–8, http://www.centreasia.eu/sites/default/files/publications_pdf/china_analysis_the_new_great_game_in_central_asia_september2011.pdf

54 Szczudlik-Tatar, Justyna: China's New Silk Road Diplomacy, PISM Policy Paper, no. 34 (82), December 2013, https://www.pism.pl/files/?id_plik=15818

на внутренние политические процессы, охватываемых проектом стран.[55]

В свою очередь, российские эксперты считают, что реализация этого проекта, несомненно, не только затронет российские интересы в этом регионе, но и еще более ограничит сферу влияния России в этих странах на благо Китая.[56] Необходимо отметить, что Китай не впервые предлагает проект, направленный на усиление экономических связей со странами региона. Несколько лет назад КНР уже предлагала создать зону свободной торговли в рамках ШОС, однако это предложение не нашло поддержки у стран-участниц ШОС, в том числе и России. Однако есть все предпосылки считать, что новая инициатива, озвученная китайским лидером, будет поддержана центральноазиатскими странами в виду того, что Китай является для них активным кредитодателем и одним из основных торговых партнеров, но формат этого сотрудничества не достигнет создания общей свободной торговой зоны. Определенно можно также сказать, что Пекин разработал долгосрочную стратегию по укреплению своих позиций в регионе.

3.5 «Южный Газовый Коридор»

В отношении сотрудничества в энергетической сфере необходимо отметить, что до принятия стратегического плана в 2007 году между восточно-прикаспийскими странами и ЕС уже была разработана обширная база по сотрудничеству. К примеру, в 1991 Европейская Комиссия запустила программу технической помощи ТАСИС для поддержки политического и экономического переходного периода в этих странах. В рамках этой программы ЕС оказал финансовую и техническую поддержку в отношении модернизации инфраструктурных сетей для транспортировки нефти и газа и для проведения исследований имеющихся нефтяных и газовых месторождений, а также для создания новых путей транспортировки, включая строительство железной дороги Баку-Батуми и трех трубопроводов: нефтепровод Баку-Тбилиси-

---

55 Экономический пояс Шелкового пути» – какими конкурентными преимуществами обладает Китай в Центральной Азии?, 10/10/2013, http://russian.people.com.cn/31518/8420265.html

56 Булин, Дмитрий: КНР прокладывает новый Шелковый путь в Азии, BBC Русская Служба Новостей, 22.10.2013, http://www.bbc.co.uk/russian/international/2013/10/131022_china_central_asia_silk_road.shtml

Джейхан , нефтепровод Баку-Супса и газопровод Южный Кавказ (SCP). Новообразованная инфраструктура позволила поставлять каспийскую нефть и газ через порты Черного и Средиземного морей на другие региональные рынки и дала начало инициативе по созданию «Южного газового коридора».[57]

В рамках реализации «Южного газового коридора» ЕС активно поддерживал строительство газопровода Набукко, по которому вначале планировалась транспортировка газа с азербайджанского месторождения Шах-Дениз с последовательным расширением мощностей трубопровода и заполнением его туркменским газом, а также газом с иракских месторождений с общим объемом 31 млрд. кубометров в год. Одновременно ЕС рассматривал реализацию проекта Набукко не только как важный вариант диверсификации газоснабжения, но также как возможность соединения стран Южного Кавказа с Каспийским регионом в один энергетический коридор.[58] Тем не менее, реализация этого трубопроводного проекта была менее успешной. После долгих переговоров с представителями консорциума Шах-Дениз по вопросам выбора транзитного маршрута азербайджанского газа в Европу в июне 2013 года приоритет был отдан другому проекту – Трансадриатическому газопроводу (TAP) мощностью 20 млрд. кубометров в год с возможным увеличением до 20 млрд. кубометров. Данный трубопровод будет транспортировать каспийский газ (первые 10 млрд. предоставит Азербайджан) через Грецию, Албанию на итальянский рынок.[59] Несмотря на неудачу с Набукко, ЕС был удовлетворен выбором транзита, так как реализация TAP также дает начало имплементации Южного газового коридора. TAP имеет также большое геостратегическое значение для Азербайджана, так как он станет первым непосредственным поставщиком каспийского газа на европейский рынок.[60]

Однако основной проблемой успешной реализации этого проекта является недостаток газа для заполнения газопровода. Большие надежды ЕС связаны с получением газа из Туркменистана и реализации

57 http://www.inogate.org/.

58 Kusznir, Julia: The Nabucco Gas Pipeline Project and its Impact on EU energy policy in the South Caucasus, in: Caucasus Analytical Digest, 2011, no.33, pp. 9–13.

59 TAP website, http://www.trans-adriatic-pipeline.com/de/

60 Kusznir, Julia: TAP, Nabucco West, and South Stream: The Pipeline Dilemma in the Caspian Sea Basin and Its Consequences, in: Caucasus Analytical Digest, 2011, no.33, pp. 9–13.

проекта по строительству 300-километрового Транскаспийского газопровода мощностью 30-40 млрд. кубометров в год, который должен пройти по дну Каспийского моря и соединить Туркменистан, Азербайджан с «Южным газовым коридором».[61] На протяжении последних трех лет задействованными сторонами – ЕС, Туркменистаном и Азербайджаном - была проведена интенсивная дипломатическая работа и на данный момент стороны совместно работают над документами, которые позволили бы доставку туркменского газа на европейский рынок.[62] Но даже если успех в разработке этих документов будет достигнут, поставки каспийского газа могут не состояться в виду того, что до сих пор не урегулирован статус Каспийского моря из-за различного подхода к этому вопросу всех прикаспийских государств. Хотя между Россией, Казахстаном и Азербайджаном уже подписаны соглашения, которые регулируют их сектора в Каспийском море, что позволяет проведение разведки и добычи нефтяных и газовых месторождений в северных и западных участках моря. Тем не менее, Туркменистан и Иран не подписали таких соглашений. В дополнении к этому до сих пор не урегулированы пограничные споры на Каспии между Туркменистаном и Азербайджаном. Проблема также усложняется тем, что спор о разметки границы касается зоны, где расположены нефтегазовые месторождения и это имеет высокий потенциал для военной конфронтации между этими странами. В дополнении к этому, существуют такие проблемы, как отсутствие необходимого финансирования проекта (ни одна из заинтересованных сторон готова обеспечить необходимые инвестиции в полном объеме), неопределенность по отношению размера газовых запасов Туркменистана и его способности предоставить требуемое количество газа для заполнения Транскаспийского газопровода в будущем, а также трудные геологические условия добычи на туркменских газовых месторождениях.[63]

---

61 Socor, Vladimir: Azerbaijan Spearheading Initiative on Trans-Caspian Gas Pipeline, in: Eurasia Daily Monitor 2006 (vol. 3), no. 62,http://www.jamestown.org/single/?no_cache=1&tx_ttnews[tt_news]=31531#.Us6DGbSdBM8

62 Sargsyan, Sergei: Trans-Caspian Gas Pipeline: Goals, Problems and Risks, 2012, http://noravank.am/eng/articles/detail.php?ELEMENT_ID=6564; Turkmenistanmulls opportunities of its gas supplies to Europe: president, 18.10.2013, http://www.azernews.az/region/60791.html

63 Socor, Vladimir: Turkmenistan gas export potential: new implications for Europe, in: Eurasia Daily Monitor vol. 9, no. 137,

В отношении энергетической политики ЕС в Каспийском бассейне в общем можно сказать, что европейские представители динамично проводили свою политику в регионе в течение последних нескольких лет, и им удалось обеспечить ряд важных договоренностей. Тем не менее, они не смогли достичь успеха в переговорах по строительству Транскаспийского газопровода, который так необходим для реализации Набукко. И до сих пор неясно, будет ли достигнута договоренность по строительству необходимой инфраструктуры через Каспийское море и по поставкам туркменского газа в Европу, который так важен для реализации «Южного газового коридора». Также необходимо отметить, что по сравнению с Россией и Китаем, ЕС не удалось укрепить свой политический вес и стать экономическим гарантом в прикаспийских странах. Как показала реализация проекта Набукко, ЕС не имеет необходимых стимулирующих финансовых механизмов в объеме, которые могут предоставить Китай или Россия и их отсутствие, несмотря на разработанные программы сотрудничества, существенно подрывает статус ЕС в качестве надежного партнера для восточно-прикаспийских стран в осуществлении проектов энергетической инфраструктуры на Каспии.

4. Заключение

Основной целью данной главы был анализ геополитической конкуренции между Россией, США, Китаем и ЕС за контроль и влияние в энергетической сфере сотрудничества в Каспийском регионе в контексте геополитических теорий и поддерживаемых их авторами концепций «Большой игры» и «Новой Большой игры». Анализ показал, что геополитическая конкуренция этими ведущими игроками в регионе в будущем будет продолжаться, но насколько она будет сильна, будет зависеть не только от аппетита на энергетические ресурсы стран-импортеров, национальных интересов и приоритетов стран-производителей, но и от темпов экономической глобализации, региональной интеграции и уровня взаимозависимости между производите-

---

http://www.jamestown.org/single/?no_cache=1&tx_ttnews[tt_news]=39650&tx_ttnews[backPid]=7&cHash=017767d6327f80ceb83fbdcdfaee0cdf#.UtauTLSdBM8; Smith Stegen Karen, Nanay Julia: Russia and the Caspian Region: Challenges for Transatlantic Energy Security? in: Journal of Transatlantic Studies, 2012 (vol. 10), no. 4, pp. 343–357.

лями и потребителями энергоресурсов. Эти перечисленные факторы также относятся к существенным источникам влияния. И в данном случае достижение национальных интересов путем применения военных средств не будет гарантом усиления влияния по сравнению с экономическими методами сотрудничества и экономической экспансии. Поэтому можно предположить, что геополитическая конкуренция в обозримом будущем будет проходить на экономическом уровне, и предоставление кредитов, инвестиций, финансовой и технической помощи будут основными средствами влияния стран-импортеров в отношении стран-производителей в «Новой Большой игре». И соперничество за энергоресурсы будет являться основной составляющей в геополитической игре в Каспийском регионе, так как оно затрагивает фундаментальные интересы любого актора.

Это исследование также подтверждает, что ситуация в энергетической сфере в период после холодной войны существенно изменилась в виду того, что добыча нефти и газа все больше приобретает глобальный характер. И увеличение добычи происходит не только за счет ведущих стран ОПЕК, но и за счет стран Каспийского региона, что можно охарактеризовать как рост числа энергопроизводителей на региональном и глобальном рынках. При этом увеличивается не только объем производства, но и расширение путей и направления энергопоставок. Помимо прочего, растет политическое значение и влияние новых производителей в роли игроков в геополитическом соперничестве, что еще более усложняет расклад политических сил в регионе, что в конечном итоге может привести к многополярности и ослабеванию позиций таких игроков, как России и США без установления одного доминантного лидера в регионе в целом.

Кроме этого, проведенный анализ показал слабость геополитических теорий, которая заключается в том, что они слишком концентрируются на географическом положении государств, на самих государствах как главных акторах в геополитических играх, и межгосударственной конкуренции, но не уделяют внимания транснациональным акторам, таким как международные энергетические компании и международные экономические организации. Они также не учитывают региональных и местных акторов в странах – производителях, которые стремятся влиять на энергетическую политику государств. В совокупности эти факторы также влияют на исход геополитических игр.

Кроме этого, авторы геополитических теорий часто отмечают, что важную роль в расширении географического господства играет военная составляющая, и это не противоречит сегодняшним реалиям на международной арене. Однако, как показывает проделанный анализ, другие факторы (например, экономическая и финансовая мощь одной державы) могут гарантировать больший успех в борьбе за влияние и контроль в регионе, чем военное преимущество. К тому же геополитические теории не учитывают роли и влияния международных энергетических и финансовых рынков, региональных и международных организаций, которые в наступивший период глобализации также относятся к существенным факторам, предопределяющим успех реализации геополитических стратегий той или иной державы. Для выяснения полной картины происходящего необходима модификация геополитических теорий либо применение других теорий, учитывающих вышеуказанные факторы.

Европейская интеграция и энергетическая политика ЕС: Южный газовый коридор и Третий Энергетический Пакет

Ирина Кустова (Irina Kustova)

1. Аннотация

Энергетика является ключевым сектором европейской интеграции со времен образования Евратома и Европейского объединения угля и стали. Однако до последнего десятилетия интеграционные успехи в данной области были незначительны, прежде всего, из-за нежелания государств-членов ЕС передавать значительные полномочия наднациональным институтам. Основной целью данной главы является показать как две основные теории интеграции - наднациональное управление (англ.: supranational governance) и либеральный межправительственный подход (англ.: liberal intergovernmentalism) - объясняют процесс передачи компетенции на наднациональный уровень в ЕС. Применимость данных теорий рассматривается на примере формирования политики Южного газового коридора (в рамках общей внешней энергетической политики ЕС) и принятия Третьего пакета по энергетике (в рамках формирования внутреннего рынка ЕС). В главе также анализируется, насколько интеграционные процессы в ЕС влияют на его взаимоотношения с другими акторами на международной арене.

2. Европейская интеграция и энергетическая политика ЕС

Интеграционный процесс в рамках Европейского Союза носит сложный многовекторный характер и отмечен как существенными провалами, так и прорывными соглашениями, выводящими интеграцию на качественно новый уровень.[1] Формирование общеевропейской энергетиче-

1 История и основы европейской интеграции детально рассмотрены в следующих публикациях: Европейская интеграция: учебник/под ред. О.В. Буториной. – М.: Издательский Дом «Деловая литература», 2011. – 720 с.; Борко Ю.А.: От Европейской идеи – к единой Европе. М.: Издательский дом «Деловая литература», 2003. – 464 с.; Gilbert, Mark. EuropeanIntegration: AConciseHistory. Rowman & Littlefield Publishers, 2011; McCormick, John: Understanding the European Union: A Concise Introduction (The European Union Series) Palgrave Macmillan, 5 edition, 2011.

ской политики не является исключением, передача полномочий (зачастую весьма ограниченного характера) наднациональным органам происходит достаточно медленно. Так, образование Европейского объединения угля и стали[2] (ЕОУС, 1951) и Европейского сообщества по атомной энергии (Евратом,1957)[3] традиционно считается началом интеграционного процесса в Европе, нацеленного на прекращение многовекового соперничества Франции и Германии, двух ведущих континентальных держав, путем постановки под контроль их угольных и сталелитейных секторов.[4] Тем не менее, консолидация энергетических политик государств-членов тогда еще Европейского Экономического Сообщества дальнейшее развитие получила не сразу. После неудавшейся попытки создать Европейское оборонительное сообщество в 1952г. и последующей конференции стран ЕОУС в Мессине в 1955г. интеграционные инициативы сконцентрировались в основном на экономических аспектах интеграции и построении внутреннего рынка.

1960-1970-е годы традиционно считаются «потерянным десятилетием» интеграции, в сфере энергетики интеграционные процессы также были ограничены либо достаточно осторожными политическими заявлениями, либо принятием более практических мер, как например, координация объемов критического запаса нефти государств-членов ЕС

Детальный анализ исследований в области европейской интеграции представлен в статье: Keeler, John T.S.: Mapping EU Studies: the Evolution from Boutique to Boom Field 1960–2001, in: Journal of Common Market Studies, 2005 (vol. 43), no. 3, pp. 551–582. Также см. книгу: Research Agendas in EU Studies. Stalking theElephant.Egan, Michelle, Nugent, Neill, Paterson, WilliamE. (eds.). PalgraveMacmillan, 2010.

База для исследования в области европейской интеграции в России постепенно формируется. Справочник, изданный Институтом Европы РАН, содержит информацию о практически всех известных российских ученых – европеистах: Российские ученые-европеисты. Справочник/отв. Ред. Ю.А.Борко. – М.: Ин-т Европы РАН: Рус. Сувенир, 2008. – 174с.

2 Договором предусматривалось функционирование Объединения сроком на 50 лет, до 2002г. TreatyestablishingtheEuropeanCoalandSteelCommunity(1951), EUR-Lex, http://eur-lex.europa.eu/en/treaties/index.htm

3 Treaty establishing the European Atomic Energy Community, 1957, EUR-Lex, http://eur-lex.europa.eu/en/treaties/index.htm

4 Haghighi, Sanam S.: Energy Security.The external legal relations of the European Union with major oil and gas supplying countries. Hart Publishing, Oxford and Portland, Oregon, 2007.

после Нефтяного кризиса 1973-74гг.[5]Так, инициативы Комиссии, начиная с First Guidelines for a Community Energy Policy в 1968г., регулярно блокировались Советом ЕС.[6]

В определенной степени интеграция в энергетике следовала общему тренду развития европейской интеграции – внешняя политика и вопросы национальной энергетической безопасности, включая национальный энергетический баланс и отношения со странами-поставщиками энергоресурсов, оставались исключительной прерогативой государств-членов ЕС, а медленный и зачастую болезненный процесс интеграции шел в рамках построения модели единого внутреннего рынка. Так, первые шаги по созданию единого европейского внутреннего рынка в энергетике были предприняты в конце 1980-х гг. на волне принятия Единого Европейского Акта (1986), ознаменовавшего окончание «потерянного десятилетия» евроинтеграции. [7] Европейская Комиссия начала постепенно формулировать видение либерализации газовых рынков государств-членов ЕС как основы создания единого газового рынка, как, например, в рабочем документе «Внутренний энергетический рынок» [8] в 1988г. Следом были приняты Директивы Совета ЕЭС90/377/ЕЭС от 29 июня 1990 г.[9]и 91/296/ЕЭС от 31 мая 1991 г.[10], направленные на повышение транспарентности формирования цен на

---

5 Council Directive 73/238/EEC of 24 July 1973 on measures to mitigate the effects of difficulties in the supply of crude oil and petroleum products, EUR-Lex, http://eur-lex.europa.eu/LexUriServ/LexUriServ.do?uri=CELEX:31973L0238:EN:HTML

6 Подробнее об истории интеграционных процессов в сфере энергетики в 1950-1990-егг.: Duffield, JohnS. and Birchfield, Vicky L.:Introduction.The Recent Upheaval in EU Energy Policy, in: Duffield, John S. and Birchfield, Vicky L. (eds.): Towards a Common European Union Energy Policy.Problems, Progress, and Prospects.Palgrave Macmillan, 2011, pp. 1–12.

7 Single European Act: Official Journal L 169 of 29 June 1987, EUR-Lex, http://eur-lex.europa.eu/en/treaties/index.htm

8 The internal energy market. Commission working document. COM (88) 238 final, 2 May 1988, Archive of European Integration, University of Pittsburgh, http://aei.pitt.edu/4037/

9 Council Directive 90/377/EEC of 29 June 1990 concerning a Community procedure to improve the transparency of gas and electricity prices charged to industrial end-users, EUR-Lex, http://eur-lex.europa.eu/LexUriServ/LexUriServ.do?uri=CELEX:31990L0377:en:HTML

10 Council Directive 91/296/EEC of 31 May 1991 on the transit of natural gas through grids, EUR-Lex.http://eur-lex.europa.eu/LexUriServ/LexUriServ.do?uri=CELEX:31991L0296:EN:HTML

газ для конечного промышленного потребителя и регулирование транзита газа на территории ЕЭС.

Тем не менее, понадобилось около десяти лет, чтобы базовые принципы либерализации газовых рынков стран-членов ЕС были закреплены на законодательном уровне в ЕС - в 1998г. была принята Первая Газовая Директива 98/30/ЕС. [11] Положения Первой Директивы были дополнены и усилены Второй Директивой 2003/55/ЕС в 2003г[12], которая стала очередным шагом (местами радикальным, как в случае с резким сокращением длительности долгосрочных контрактов) по либерализации газового рынка и ослаблению влияния государств-членов ЕС и их крупных национальных компаний. Значительные структурные изменения в организацию газовых рынков были внесены принятием Третьего Энергопакета[13] в 2009 году. Хотя его окончательная версия и являлась компромиссным вариантом между Советом ЕС и Комиссией, Пакет ознаменовал собой кардинальные изменения не только в функционировании внутреннего газового рынка ЕС, но и в отношениях ЕС и его государств-членов с третьими странами и их энергетическими компаниями. Более того, в рамках институциональных изменений, внесенных Лиссабонским договором 2009г., впервые была введена глава по энергетике, а энергетика была отнесена в сферу совместной компетенции ЕС и государств-членов.[14]

---

11 Directive 98/30/EC of the European Parliament and of the Council of 22 June 1998 concerning common rules for the internal market in natural gas, EUR-Lex, http://eur-lex.europa.eu/LexUriServ/LexUriServ.do?uri=CELEX:31998L0030:EN:HTML

12 Directive 2003/55/EC of the European Parliament and of the Council of 26 June 2003 concerning common rules for the internal market in natural gas and repealing Directive 98/30/EC, EUR-Lex, http://eur-lex.europa.eu/LexUriServ/LexUriServ.do?uri=CELEX:32003L0055:en:NOT

13 Третий энергопакет включает две директивы и три регламента: Директива 2009/72/ЕС от 13 июля 2009 года об общих правилах для внутреннего рынка электроэнергии и отменяющая Директива 2003/54/ЕС; Директива 2009/73/ЕС от 13 июля 2009 года об общих правилах для внутреннего рынка природного газа и отменяющая Директива 2003/55/ЕС; Регламент (ЕС) № 713/2009 от 13 июля 2009 года о создании Агентства по взаимодействию регуляторов энергетики; Регламент (ЕС) № 714/2009 от 13 июля 2009 года об условиях доступа к сетям в целях трансграничного обмена электричеством и отменяющий Регламент (ЕС) № 1228/2003; Регламент (ЕС) № 715/2009 от 13 июля 2009 года об условиях доступа к сетям транспортировки природного газа и отменяющий Регламент (ЕС) № 1775/2005

14 См. подробнее: Braun, Jan Frederik: EU Energy Policy under the Treaty of Lisbon Rules: Between a new policy and business as usual. 24 February, EPIN Working

Параллельно углублению интеграции в рамках внутреннего газового рынка, в 2000-е гг. происходят определенные сдвиги, направленные на формирование внешней политики ЕС в сфере энергетики. Особый импульс дебатам внутри ЕС дает газовый конфликт между Россией и Украиной по вопросам транзита газа и частичное прерывание поставок Газпрома в ЕС в 2006г. Поднятые Комиссией и рядом государств-членов вопросы необходимости и срочности формирования согласованной внешней политики ЕС получают всестороннее освещение в межинституциональных дебатах внутри ЕС.[15] В то же время окончательно формулируется инициатива Южного газового коридора[16], направленная на формирование прямых маршрутов поставок газа из Каспийского региона и Ближнего Востока. Тем не менее, многочисленные, конкурирующие между собой проекты трубопроводов, включенные в проекты общих интересов ЕС,[17] для поставок газа из Каспийского региона (прежде всего, с месторождения Шах-Дениз-2 Азербайджана) до настоящего времени не нашли практического воплощения. Исключением в определенной степени может считаться проект Трансадриатического трубопровода, который в 2013г. был выбран консорциумом Шах-Дениз-2 вместо усеченной версии трубопровода Набукко.

Таким образом, релевантность рассмотрения интеграционных процессов ЕС для оценки трубопроводной политики в Каспийском регионе заключается в следующем. Во-первых, институциональные изменения на газовом рынке ЕС создают неизбежные адаптационные риски для поставщиков-экспортеров по долгосрочным контрактам, а также изменяют режим доступа как к уже существующим трубопроводам на территории ЕС, так и к строящимся, как, например, «Южный поток». Во-вторых, постепенное, но активное вовлечение институтов ЕС в про-

---

Paper 31, CEPS, 2011. http://ceps.be/book/eu-energy-policy-under-treaty-lisbon-rules-between-new-policy-and-business-usual

15 Подробно данный вопрос рассмотрен в статье: Natorski, Michal, Herranz Surralés, Anna: Securitizing Moves to Nowhere? The Framing of the European Union Energy Policy, in: Journal of Contemporary European Research, 2008 (vol. 4), no. 2, pp. 71–89.

16 Communication from the Commission to the European Parliament, the Council, the European Economic and Social Committee and the Committee of the Regions: Second Strategic Energy Review: an EU energy security and solidarity action plan (COM/2008/781 final), EUR-Lex, http://eur-lex.europa.eu/LexUriServ/LexUriServ.do?uri=CELEX:52008DC0781:EN:HTML:NOT

17 http://ec.europa.eu/energy/infrastructure/pci/pci_en.htm

цесс принятия решений по внешнеэнергетическим вопросам и нарастающий процесс передачи полномочий наднациональным институтам по вопросам внешнеэнергетической политики увеличивает ряд вопросов, входящих в компетенцию ЕС. Более того, инициатива по Южному газовому коридору, направленная на формирование альтернативного канала поставок газа, представляет собой флагман диверсификации как основополагающей модели интеграции в сфере энергетики. В-третьих, распространение модели организации газового рынка ЕС на соседние страны в рамках Энергетического сообщества стран юго-восточной Европы выводит действие законодательства ЕС за пределы территории ЕС и захватывает интересы других акторов европейского газового рынка.

Таким образом, в данной главе поддерживается традиционное разделение в рамках дисциплины European Studies на интеграционные процессы в рамках формирования единого рынка и на интеграционные процессы в рамках формирования общей внешней политики ЕС. Данная глава ставит целью рассмотреть, как два основополагающих подхода к анализу процессов европейской интеграции объясняют успехи и неудачи интеграционных процессов в рамках формирования внутреннего энергетического рынка и единой внешней энергетической политики ЕС, а также как данные интеграционные процессы влияют на позиции других акторов в рамках трубопроводной политики, в частности, в Каспийском регионе. [18] Выбор двух подходов - наднационального управления (англ.: supranational governance) и либерального межправительственного подхода (англ.: liberal intergovernmentalism) - обоснован стремлением дать противоположную интерпретацию происходящим процессам в ЕС. Так, либеральный межправительственный подход позволяет объяснить ограниченность интеграционных процессов, как в рамках формирования внутреннего газового рынка, так и в рамках формулирования общей внешней политики, а наднациональное управление позволяет оценить, насколько наднациональные институ-

---

18 Подробнее про теории интеграции см.: Стрежнева, М.В.: Теории интеграции. Глава 2, Европейская интеграция: учебник/под ред. О.В.Буториной. – М.: Издательский Дом «Деловая литература», 2011. – 720 с.; Rosamond, Ben: TheoriesofEuropeanIntegration (EuropeanUnion (PaperbackAdult)), PalgraveMacmillan, 2000; Wiener, Antje/Diez, Thomas (eds.): EuropeanIntegrationTheory. Second edition, Oxford University Press 2009.

ты начинают проводить все более независимую политику в рамках интеграционных процессов.

Применимость этих двух подходов рассматривается на примере двух кейсов: в рамках формирования единого газового рынка ЕС анализируется принятие Третьего энергопакета и дается оценка последствий его принятия для трубопроводной политики ЕС и третьих стран на Европейском газовом рынке, а интеграционные процессы во внешней энергетической политике ЕС рассматриваются на примере Южного газового коридора.

3. Либеральный межправительственный подход

Либеральный межправительственный подход был разработан Э. Моравчиком на основе ранних работ по межправительственному подходу (интерговернментализму) С. Хоффмана 1960-70-х гг.[19] В своей ключевой книге «The Choice for Europe»[20] он объясняет успех или ограниченность европейской интеграции интересами государств-членов ЕС и их совпадением в процессе принятия решений.[21] Иными словами, государства-члены ЕС участвуют в интеграционных процессах настолько и до тех пор, пока это соответствует их интересам, в том числе и в рамках их внутриполитической ситуации. Таким образом, интеграция является результатом межправительственного сотрудничества государств в условиях экономической взаимозависимости. Будучи рациональными акторами, правительства государств-членов стремятся рассматривать как внутриполитические, так и международные условия при принятии решений о дальнейшей передачи компетенции на наднациональный уровень. Предпочтения государств формируются на национальном уровне и остаются неизменными. При переговорах на наднациональном уровне государства должны найти общую позицию, которая зачастую представляет собой совокупность предложений, устраивающих все стороны (или ключевых государств-членов), так

---

19 Hoffman, S.: Obstinate or Obsolete?The Fate of the Nation State and the Case of Western Europe. Daedalus 95, 1966, pp. 862–915

20 Moravcsik, A.: The Choice for Europe: Social Purpose and State Power from Messina to Maastricht. Cornell University Press, 1998.

21 Moravcsik A.: Preferences and Power in the European Community: Towards a Liberal Intergovernmentalist Approach, in: Journal of Common Market Studies, 1993 (vol. 31), no. 4, pp. 473–524.

называемый наименьший общий знаменатель (англ.: the lowest common denominator). Прогресс в интеграции может также быть вызван краткосрочными интересами правительств, обусловленных приближающимися выборами, популистскими причинами или экономическими интересами отдельных групп или секторов в стране, которые лоббируют свои интересы на наднациональном уровне через свои правительства[22].

Критика данного подхода[23] заключается в том, что либеральный межправительственный подход концентрируется прежде всего на ключевых моментах интеграции, на переговорах по подписанию основополагающих Договоров, и не учитывает ежедневную практику и принятие решений в наднациональных органах. Данный подход также не отводит наднациональным органам сколь либо существенной независимой роли, рассматривая государства как ключевых акторов интеграционных процессов.

Либеральный межправительственный подход, по словам его основополагающего создателя Эндрю Моравчика, приобрел статус точки отсчета, своеобразной отправной теории, с которой сравниваются другие подходы к европейской интеграции.[24] Несмотря на появление многих альтернативных подходов, либеральный межправительственный подход сохраняет лидирующие позиции в объяснении интеграции.

В области энергетики, данный подход занял устойчивые позиции, объясняя как ограниченность мер по формированию внутреннего рынка, так и ограниченность согласованности позиций государств-членов ЕС

---

22 Подробное обсуждение см.: Moravcsik, Andrew/Schimmelfennig, Frank: Liberal Intergovernmentalism.in:Wiener, Antje/Diez, Thomas (eds.): European Integration Theory. Second edition, Oxford University Press 2009.

23 Дискуссия о либеральном межправительственном подходе и ответы Э.Моравчика: Wincott, D. Institutional Interaction and European Integration: Towards an Everyday Critique of Liberal Intergovernmentalism, in: Journal of Common Market Studies, 1995 (vol. 33), no. 4, pp. 597–609.
Wallace, H., Caporaso J., Scharpf F., Moravcsik: A. The Choice for Europe: Current Commentary and Future Research, in: Journal of European Public Policy, 1999 (vol. 6), no. 1, pp. 168–179.

24 Moravcsik, Andrew/Schimmelfennig,Frank: Liberal Intergovernmentalism, in: Wiener, Antje/Diez, Thomas (eds.): European Integration Theory. Second edition, Oxford University Press, 2009, p. 67.

по отношению к третьим странам.[25] Так, слабость энергетической политики ЕС объяснялась тем, что государства-члены ЕС предпочитают отстаивать свои национальные интересы, ограничиваясь лишь «риторическими» обязательствами на уровне ЕС, так как членство в ЕС не ведет в итоге к согласованию и взаимной адаптации национальных политик.

4. Наднациональное управление

Указанные выше недостатки либерального межправительственного подхода в определенной степени были дополнены подходом, который в общих чертах можно определить как наднациональное управление. В определенной степени, данный подход заимствует ряд положений неофункционализма[26], ставя во главу угла значительную автономность наднациональных институтов. Данный подход концентрируется на практике принятия ежедневных решений (так называемой day-to-day politics) в чем выгодно отличается от межправительственного подхода, нацеленного на объяснение эпохальных, ключевых аспектов европейской интеграции.

Более того, подход рассматривает наднациональные институты (например, Еврокомиссию) в более автономном ключе, как способных использовать рутинную практику решений на наднациональном уровне для продвижения собственных интересов, увеличения контроля над государствами-членами и перехвата законодательной инициативы.[27] В качестве примеров приводились такие моменты, как использование квалифицированного большинства при голосовании, культура в Совете ЕС, не поощряющая использование вето, способности Комиссии

---

25 Schmidt-Felzmann, Anke: All for One?EU Member States and the Union's Common Policy towards the Russian Federation., in: Journal of Contemporary European Studies, 2008 (vol. 16), no. 2, pp. 169–187;
Schmidt-Felzmann, Anke: EU Member States' Energy Relations with Russia: Conflicting Approaches to Securing Natural Gas Supplies, in: Geopolitics, 2011 (vol. 16), no. 3, pp. 574–599; Youngs, Richard: Energy Security: Europe's New Foreign Policy Challenge, London: Routledge, 2009.

26 В основе неофункционализма лежит концепция «перелива» или «эффекта мультипликатора» (англ.: spillover), подразумевающая, что интеграция постепенно распространяется из одной отрасли в другую по мере возникновения необходимости наднационального регулирования в этих смежных областях.

27 Sandholtz W./Stone Sweet A. (eds.):European Integration and Supranational Governance.Oxford: Oxford University Press, 1998.

использовать каналы для отстаивания своих интересов при переговорах с Советом ЕС. В сфере энергетики, данный подход применялся, прежде всего, в отношении внутреннего рынка[28] и распространения модели газового рынка ЕС на соседние страны[29].

5. Внутренний газовый рынок ЕС и Третий Энергопакет (2009)

Формулирование концепции либерализации газовых рынков государств-членов ЕС началось еще в конце 1980-х гг. Ее основу составляли положения о том, что разделение вертикально-интегрированных компаний (ВИНК), владеющих в том числе транспортными и распределительными сетями, а также увеличение трансграничной торговли и повышение тем самым конкуренции приведут к выравниванию цен на энергоносители и их дальнейшему снижению.[30] На протяжении 1990-х гг. большинство государств-членов ЕС, за исключением нескольких, добровольно выбравших путь либерализации газового рынка (например, Великобритания, Нидерланды), настороженно относились к самой идее разделения естественных монополий в газовом секторе, и негласное правило предписывало достижение консенсуса между Советом ЕС и Комиссией в рамках инициатив по внутреннему газовому рынку. Таким образом, Первая газовая директива 1998г. носила весьма ограниченный характер, предписывая только разделение счетов (англ.: account and management unbundling), а правила доступа к транспортным и распределительным сетям (англ.: third party access) не были четко определены. В дальнейшем, Европейская Комиссия постоянно делала упор на то, что ВИНК являются препятствием для формирования конкурентоспособного газового рынка,[31] способствуя в опре-

---

28 Eikeland, Per Ove: The Third Internal Energy Market Package: New Power Relations among Member States, EU Institutions and Non-State Actors? In: Journal of Common Market Studies, 2011 (vol. 49), no. 2, pp. 243–263.

29 Prange-Ghstöl, Heiko: Enlarging the EU's Internal Energy Market: Why would third countries accept EU rule export? In: EnergyPolicy, 2009 (vol. 37), no. 12, pp. 5296–5303.

30 Кавешников Н. Ю.: Энергетическая политика. Глава 23. Европейская интеграция: учебник/под ред. О.В.Буториной. – М.: Издательский Дом «Деловая литература», 2011. – 720 с.

31 European Commission: XXXIIst Report on Competition Policy, 2001, p. 40, http://ec.europa.eu/competition/publications/annual_report/#rep_2000

деленной мере принятию Второй газовой директивы в 2003г. Несмотря на то, что Вторая директива усилила степень разделения ВИНК - юридическое разделение (англ.: legal unbundling) вместо разделения счетов - и ввела регулируемый доступ к инфраструктуре (англ.: regulated Third party access), ключевое положение, отстаиваемое Комиссией - обязательное разделение собственности (англ.: mandatory ownership unbundling), когда производство, транспортировка и распределение не могут принадлежать одному собственнику - не рассматривалось, а против даже юридического разделения выступил ряд государств-членов ЕС, прежде всего, Франция и Германия.

В 2007г. Комиссия выступает с еще более радикальными инициативами[32], включающими обязательное разделение собственности. Длительные консультации (с 2007 по 2009гг.) и переговорный процесс между Комиссией и Советом ЕС привели к противоречивым результатам. С одной стороны, наиболее радикальные положения, предложенные Комиссией, прежде всего, обязательное разделение собственности, были отвергнуты в процессе обсуждения в Совете ЕС, тем самым подтверждая факт, что государства до их пор рассматривают энергетику как сферу межправительственных отношений между государствами и наднациональными институтами.[33]

С другой стороны, Комиссия оказалась способной настоять на принятии Третьего энергопакета, который даже в его усеченном варианте способствовал передаче еще больших полномочий на наднациональный уровень. Так как Третий энергопакет в значительной мере ограничивает полномочия государств-членов ЕС в газовом секторе, роль Комиссии становится более значительной, чем та, которой отводится место в либеральном межправительственном подходе. Наднациональный подход объясняет постепенное расширение Комиссией своей компетенции в сфере энергетики увеличением роли наднациональных институтов в формировании внутреннего энергетического рынка с

32 Proposal for a Directive of the European Parliament and of the Council amending Directive 2003/55/EC concerning common rules for the internal market in natural gas. COM/2007/0529 final, EUR-Lex. http://eur-lex.europa.eu/LexUriServ/LexUriServ.do?uri=CELEX:52007PC0529:EN:NOT

33 Подробный анализ см.: Eikeland, Per Ove:The Third Internal Energy Market Package: New Power Relations among Member States, EU Institutions and Non-State Actors?, in: Journal of Common Market Studies, 2011 (vol. 49), no. 2, pp. 243–263.

1990-х гг. Способность Комиссии контролировать вопросы на повестке дня (англ.: agenda), использование своей компетенции в рамках антимонопольного законодательства для контроля за соблюдением компаниями и государствами-членами ЕС европейского законодательства о конкуренции в газовом секторе позволили Комиссии способствовать принятию Третьего энергопакета.

Данные институциональные изменения газовых рынков ЕС и формирование единого либерализованного рынка ЕС оказывают влияние и на отношения ЕС с третьими странами и трубопроводную политику в регионе. Во-первых, обязательный доступ третьих лиц к газовой инфраструктуре и неясности имплементации данного положения на практике приводит к ряду вопросов. Остается вопрос бронирования мощностей в трубопроводах, подпадающих под данное правило..

Например, по мнению Европейской Комиссии, 50% мощностей трубопровода OPAL, соединяющего конечную точку трубопровода «Северный поток» на территории Германии с Чехией, должны быть зарезервированы для других потенциальных поставщиков, несмотря на то, что фактически Газпром является пока единственным поставщиком. Таким образом, в отсутствие альтернативных поставщиков в силу объективных причин, Газпром мог использовать данный трубопровод только наполовину. После ряда переговоров между Германией и Европейской Комиссией, а также между Комиссией и Россией, вопрос о выводе данного трубопровода из-под действия Третьего энергопакета остается неясным. [34]

Более того, вопрос соответствия «Южного потока» (трубопровода, который должен соединить напрямую Россию и ЕС по дну Черного моря) требованиям европейского законодательства напрямую связан с положениями Третьего пакета. Его правовой статус и правила доступа третьих лиц к его наземной части на территории ЕС являются одним из основных конфликтных моментов в отношениях между Россией и Комиссией в настоящее время. Комиссия ставит условия о пересмотре межправительственных соглашений между Россией и государствами-членами ЕС (Австрией, Болгарией, Венгрией, Грецией, Словенией, Хорватией), а также с Сербией или об их расторжении. Так, участники

---

34 Частичное регулирование, «ExpertOnline», 05.12.2013, http://expert.ru/2013/12/5/chastichnoe-regulirovanie/

консорциума должны обеспечить доступ третьих лиц к трубопроводу, а тарифы на прокачку газа должен устанавливать независимый регулятор.[35]

Во-вторых, вопросы обязательной продажи активов в рамках принципа разделения собственности напрямую влияют на возможность третьих стран инвестировать в транспортные и распределительные сети на территории ЕС, а также на будущее уже сделанных инвестиционных вложений. Особо показательны судебные разбирательства по обязательной продаже доли Газпрома в литовской компании Lietuvosdujos.[36] Так, Стокгольмский арбитраж отказался наложить запрет на судебное разбирательство Министерства энергетики Литвы, обозначив право правительства Литвы инициировать разбирательства касательно деятельности Газпрома в судебных органах Литвы, а также отклонил требования Газпрома о возмещении ущерба.[37] Данный случай особенно показателен в вопросе, право какого уровня (законодательство ЕС или международное право) является отправной точкой для последующих аналогичных судебных споров.

В-третьих, ЕС ставит целью распространение своей модели газового рынка на соседние государства, в том числе в рамках Энергетического сообщества стран юго-восточной Европы. Присоединившиеся к данному сообществу страны обязаны имплементировать законодательство ЕС в свои национальные системы права, проведя соответствующие реформы организации своих газовых секторов.[38]Подобное распространение норм ЕС за пределы его институциональных границ, не

35 Евросоюз требует переписать соглашения по «Южному потоку». Ведомости 06.12.2013, http://www.vedomosti.ru/companies/news/19742691/gazprom-otodvig ayut-ot-truby

36 Конопляник, Андрей: Третий энергопакет ЕС в Литве: новая попытка проверить на прочность отношения с Россией, информационное агентство REGNUM, 14.02.2012 www.regnum.ru/news/1498697.html
Стокгольмский арбитраж отказал «Газпрому» в прекращении рассмотрения дела Lietuvosdujos, 24.06.2011,http://www.vedomosti.ru/companies/news/13 03598/stokgolmskij_arbitrazh_otkazal_gazpromu_v_prekraschenii#ixzz2t6khxB2m

37 19 июня 2014 Газпром продал свои доли в Lietuvosdujos и AmberGrid правительству Литвы. См.: «Газпром» продал доли в литовских Lietuvosdujos и AmberGrid, Ведомости, 23.06.2014,http://www.vedomosti.ru/companies/news/28032271/gazprom-prodal-doli-v-litovskih-lietuvos-dujos-i-amber-grid

38 См. подробнее: Renner, Stehan:The Energy Community of Southeast Europe: a Neo-functionalist project of regional integration, in: European Integration online papers, 2009 (vol. 13), no. 1.

ставящее целью присоединение соседних стран к ЕС, было сформулировано в концепции external governance, предложенной Сандрой Лавенекс.[39] Распространение положений внутреннего законодательства ЕС на страны-члены Сообщества потенциально несет определенные юридические последствия для Украины и поставщиков, прежде всего, России.

6. Южный газовый коридор и формирование внешней энергетической политики ЕС

Энергетическая политика всегда оставалась одной из наиболее чувствительных областей европейской интеграции. Практически до 2000-х гг. государства-члены ЕС не допускали сколь либо значительных перераспределений полномочий в пользу наднациональных органов и отдавали предпочтение двусторонним долгосрочным связям со странами-экспортерами энергоресурсов. ЕС до сих пор не имеет единой или хотя бы в значительной степени согласованной внешней энергетической политики.

С одной стороны, в 2000-е гг. были приняты ряд решений, включающих как ограниченные политические обязательства, так и изменения законодательства ЕС. Так, включение в Лиссабонский договор 2009г. главы, посвященной энергетике, или принятие Советом ЕС решения о создании механизма обмена информацией о межправительственных соглашениях между государствами-членами Европейского Союза и третьими странами в области энергетики, в том числе с конфиденциальными положениями,[40] приводит к увеличению роли наднациональных органов ЕС в выработке энергетической политики ЕС. С другой стороны, многие инициативы как Европейской Комиссии, так и ряда государств-членов ЕС, которые могли бы привести к более согласованной политике, были потеряны в сложном межинституциональном процессе

39 Lavenex, Sandra: A Governance Perspective on the European Neighbourhood Policy: integration beyond conditionality?, in: Journal of European Public Policy vol. 15, no. 6, 2008, pp. 938–955.

40 Decision no. 994/2012/EU of the European Parliament and of the Council of 25 October 2012 establishing an information exchange mechanism with regard to intergovernmental agreements between Member States and third countries in the field of energy, in: Official Journal of the European Union, L/299/13-17, 27 October 2012.

принятия решений. Несмотря на то, что важность и стратегическое значение энергетической политики признается как институтами, так и государствами-членами ЕС, конкретные практические решения остаются весьма ограниченными и, как правило, редко выходят за пределы декларативных обязательств, а перспективы развития внешнего вектора энергетической политики ЕС остаются достаточно неясными.[41] Координирование действий в рамках внешнеполитических решений по энергетике всегда было сильно ограничено, прежде всего, приверженностью государств-членов ЕС к самостоятельным независимым отношениям с поставщиками. Более серьезные инициативы по продвижению согласованности во внешней политике были предприняты Комиссией в начале 2000-х гг. Например, в 2000г. в Зеленой книге или в 2003г. в Европейской стратегии безопасности среди угроз были упомянуты проблемы энергетической зависимости ЕС.[42] Активность Комиссии резко возросла в период 2005-2007гг. и была отмечена попытками инкорпорировать аспекты энергетической безопасности в общую структуру энергетической политики ЕС. [43] Несомненно, российско-украинский газовый кризис 2006г. послужил катализатором и отправной точкой дебатов внутри ЕС о необходимости дальнейшей интеграции в энергетике. Зеленая книга 2006г., помимо целей построения внутреннего энергетического рынка и экологических аспектов, особое внимание уделила вопросам солидарности государств-членов в вопросах обеспечения энергетической безопасности, диверсификации внешних поставок и внешней политики,[44] а Сообщение Европейской Комиссии «Внешние энергетические связи - от принципов к дей-

---

41 Подробный анализ см.: Youngs, Richard: Energy Security: Europe's New Foreign Policy Challenge, London: Routledge, 2009.

42 European Commission: Green Paper. Towards a European strategy for the security of energy supply, COM (2000) 769 final, Brussels, 29 November 2000, here p. 28; European Security Strategy.A Secure Europe in a Better World, 2003.

43 van der Linde, Coby: External Energy Policy: Old Fears and New Dilemmas in a Larger Union, in: Sapir, André (ed): Fragmented Power: Europe and the Global Economy, Brussels: Bruegel Books, 2007, pp. 266–307, here p. 266.

44 European Commission: Green Paper. A European Strategy for Sustainable, Competitive and Secure Energy. COM (2006) 105 final, Brussels, 08 March 2006, Eur-Lex, http://eur-lex.europa.eu/smartapi/cgi/sga_doc?smartapi!celexplus!prod!DocNumber&type_doc=COMfinal&an_doc=2006&nu_doc=105&lg=en, here p. 5.

ствию»[45], принятое в октябре 2006г., ставило такие задачи, как формирование согласованной энергетической политики, использование всего политического веса ЕС при двусторонних переговорах с поставщиками. Однако, несмотря на то, что большинство государств-членов ЕС согласились с тем, что энергетическая безопасность должна рассматриваться не только в экономическом, но и стратегическом значениях, их готовность согласиться на принятие более конкретных мер оказалась весьма ограниченной.

Принятый в 2008г. Второй стратегический энергетический обзор[46] поставил целью формирование Южного газового коридора - инициативы, направленной на создание альтернативных России каналов поставки природного газа в ЕС из стран Каспийского региона, Северного Ирака и Средней Азии. На саммите ЕС в мае 2009г. данная инициатива была названа «Новым шелковым путем».[47] Тем не менее, несмотря на заявления о солидарности и согласии с Комиссией, государства-члены ЕС предпочитали защищать свои интересы, даже если последние шли вразрез с официальной позицией ЕС. Так, несколько государств поддержали трубопроводные проекты, не рассматриваемые Комиссией в качестве приоритетных, как например, Италия, которая изначально тесно сотрудничала с Газпромом в рамках строительства «Южного потока».

Внешняя политика ЕС в энергетике представляет собой наименьший общий знаменатель интересов государств-членов, и Южный газовый коридор остается своеобразной «вывеской» для многочисленных дублирующих друг друга и конкурирующих между собой проектов, являясь не более чем политической инициативой с несогласующимся между собой проектами разной степени реализации. Государства-члены ЕС

---

45 Communication from the Commission to the European Council External energy relations – from principles to action.COM/2006/0590 final, EUR-Lex. http://eur-lex.europa.eu/LexUriServ/LexUriServ.do?uri=CELEX:52006DC0590:EN:NOT

46 Communication from the Commission to the European Parliament, the Council, the European Economic and Social Committee and the Committee of the Regions: Second Strategic Energy Review: an EU energy security and solidarity action plan (COM/2008/781 final), EUR-Lex, http://eur-lex.europa.eu/LexUriServ/LexUriServ.do?uri=CELEX:52008DC0781:EN:HTML:NOT

47 The summit "Southern Corridor–New Silk Road", in: Czech Presidency of the European Union, 8 May 2009, http://www.eu2009.cz/en/news-and-documents/press-releases/declaration---prague-summit--southern-corridor--may-8--2009-21533/index.html

остаются ключевыми акторами, именно они принимают решения о поддержке (прежде всего, финансовой) того или иного трубопроводного проекта. Таким образом, либеральный межправительственный подход позволяет объяснить ограниченность инициатив государств-членов ЕС их приверженностью к защите собственного суверенитета и рассмотрению национального энергетического баланса как ключевой части национальной безопасности. Более того, преференции государств к заключению двухсторонних договоров с поставщиками (как, например, «особые отношения» Германии и Италии с Россией) объясняются их национальными интересами и интересами их газовой индустрии. Таким образом, внешняя энергетическая политика ЕС ограничивается декларативными моментами из-за приверженности государств-членов рассматривать национальный энергетический баланс как цитадель государственного суверенитета, а конкуренция разнообразных трубопроводных проектов в рамках Южного газового коридора объясняется несовпадением интересов государств-членов и их предпочтениями развивать устойчивые долгосрочные двусторонние отношения с поставщиками.

С другой стороны, постепенное расширение участия институтов ЕС (прежде всего, Европейской Комиссии) в формировании политики по отношению к третьим государствам объясняется внутренними межинституциональными изменениями и способностями Комиссии перехватывать инициативу в формировании внешнеэнергетической политики. Наднациональный подход позволяет объяснить постепенное увеличение роли Комиссии в формировании ряда инициатив, как программа развития сотрудничества в сфере энергетики INOGATE (англ.: Interstate Oil and Gas Transportation to Europe) в рамках Европейского инструмента соседства и партнерства, и сформулированная в ее рамках Бакинская инициатива, а также Черноморской Синергии ЕС (англ.: Black Sea Synergy), охватывающей и сотрудничество стран Черного моря в рамках энергетики. Более того, наднациональных подход позволяет проследить постепенное движение в сторону расширения полномочий Комиссии в рамках переговоров с третьими государствами. Так, в сентябре 2011г. Комиссия впервые получила мандат на переговоры от имени ЕС по Транскаспийскому трубопроводу с Азербайджаном и Туркменистаном.[48] Помимо этого, в январе 2011г. было подписано совместное заявление ЕС и Азербайджана о сотрудничестве в сфере энергетики и развитии газовых коридоров, Азербайджан согласился поставить 10млрд. куб. м в год в ЕС.[49] Постепенное согласование политик государств-членов ЕС и постепенное формирование их внешней политики потенциально может привести к тому, что ЕС сможет играть более существенную роль в Каспийском регионе.

7. Заключение

Интеграционные процессы ЕС оказывают значительное влияние на энергетическую и, в частности, трубопроводную политику на европейском газовом рынке, включая Каспийский регион. Два подхода, рассмотренных в данной главе, помогают оценить, насколько успешно продвигается формирование единого газового рынка ЕС и единой внешней политики в сфере энергетики. Анализ перспектив интеграционных процессов ЕС является важным, так как внутренние изменения в ЕС оказывают прямое влияние на внешних акторов.

Во-первых, поступательная передача компетенции наднациональным органам ЕС и последовательная либерализация газовых рынков ЕС в значительной степени изменяет правила использования существующих и потенциальных трубопроводов, проходящих как по территории ЕС, так и по территории стран, решивших имплементировать законодательство ЕС в сфере энергетики в национальные системы права, прежде всего, в рамках Энергетического сообщества стран юго-восточной Европы. Как было отмечено, применимость правил Третьего энергопакета к наземной части «Южного потока» на территории ЕС является в настоящий момент одним из самых спорных моментов в отношениях Европейской Комиссии и России, а также добавляет сложности во внутренние отношения между Европейской Комиссией и госу-

48 EU Starts Negotiations on Caspian pipeline to bring gas to Europe. Press Release, European Commission – IP/11/1023 12 September 2011, http://europa.eu/rapid/press-release_IP-11-1023_en.htm?locale=en, accessed 28 October 2013.

49 Joint Declaration on the Southern Gas Corridor, Baku, 13 January 2011, http://ec.europa.eu/energy/infrastructure/strategy/doc/2011_01_13_joint_declaration_southern_corridor.pdf;
Barroso tops Azeri gas deal with visa facilitation. EurActiv, 14 January, 2011, updated 08 May 2012, http://www.euractiv.com/energy/barroso-tops-azeri-gas-deal-visa-news-501255

дарствами-членами ЕС, подписавшими двусторонние межгосударственные соглашения с Россией по «Южному потоку».

Во-вторых, использованные подходы также позволяют наиболее контрастно высветить перспективы развития Южного газового коридора с позиций институционального развития ЕС. Иными словами, успех данной инициативы зависит не только от геополитических раскладов в Каспийском регионе, но и от согласованности позиций внутри самого ЕС. До тех пор, пока на наднациональном уровне не будет достигнута согласованность интересов государств-членов, а также не будет выработана согласованная политика по оценке коммерческой целесообразности трубопроводных проектов, позиции ЕС останутся достаточно шаткими в рамках внешней энергетической политики. В определенной степени способность ЕС проводить согласованную и потенциально единую внешнюю энергетическую политику также оказывает влияние на его позиции по отношению к другим государствам и энергетическим компаниям, на его роль в определении правил игры на европейском газовом рынке, а также на его способность поддерживать и воплощать одни трубопроводные проекты вместо других как в политическом, так и в финансовом планах.

В-третьих, слабость внешнеполитического вектора ЕС, тем не менее, может быть в определенной степени компенсирована распространением внутренних норм ЕС (так называемых EU energy acquis) на соседние государства. Так, распространение законодательства ЕС происходит через Энергетическое сообщество стран юго-восточной Европы, а присоединение к нему Украины расширяет потенциальную применимость европейского законодательства к транзиту через ее территорию.[50]

Таким образом, будущие взаимоотношения ЕС с поставщиками, его способности использовать рычаги размена, в том числе в геополитических играх, зависит и от внутренних процессов, от степени координации политики и согласованности позиций государств-членов ЕС. Поэтому теории европейской интеграции позволяют оценить перспективы развития и формирования как внутреннего газового рынка, так и внешнеполитического направления энергетической политики ЕС. Несмотря

50 Тем не менее политическая ситуация на Украине на начало 2014 г. была близка к критической, что вызывает вопросы по организации транзита через ее территорию в будущем.

на ряд сложностей, связанных в том числе с имплементацией Третьего энергопакета, происходит постепенное формирование модели единого газового рынка ЕС, а Европейская Комиссия все больше расширяет объем своих полномочий. В сфере внешней политики солидарность государств-членов ЕС остается не более чем риторическими приемами, но укрепляется символическое вовлечение ЕС во внешнеполитические вопросы. Вопрос остается открытым, насколько возможен переход от символического, «статусного» присутствия наднациональных институтов ЕС во внешнеэнергетических вопросах (особенно, трубопроводной политики) к более практическому участию, в том числе финансовом.

Также следует учитывать, что как и любая теория, данные подходы имеют ряд ограничений. Необходимо учитывать ситуацию на мировых энергетических рынках, текущие изменения на газовом рынке (такие как сланцевая революция в США), а также экономическую ситуацию внутри ЕС (кризис Еврозоны), которые оказывают значительное влияние на развитие единого энергетического рынка ЕС.

Часть 2
Проблемы сотрудничества

Теория взаимозависимости в трубопроводной политике: риски и возможности

Инна Чувычкина (Inna Chuvychkina)

1. Введение

Основные тенденции в развитии энергетических отношений в мире касаются создания единого энергетического пространства и растущего сотрудничества между региональными и национальными энергетическими структурами. Все это способствует консолидации совместных действий акторов и увеличения их энергетической безопасности. В последнее время также возросло значение межправительственных взаимодействий и международного регулирования в области энергетики. Тем не менее, ситуация в энергетической сфере ухудшается вследствие политизации экономических проблем. Если раньше политические меры были направлены на решение проблем со снабжением энергоресурсов, то в настоящее время производство и, особенно, транзит энергоресурсов используются в качестве инструментов политического давления. В большей мере это относится к нефтегазовой отрасли. Энергоресурсы в качестве инструмента внешней политики могут служить своего рода индикатором степени политико-экономического взаимодействия между странами.

Данные тенденции в значительной степени присутствуют в отношениях между Россией и Европейским Союзом. Энергетическая безопасность ЕС зависит во многом от поставок нефти и газа из России. При этом экспорт российских энергоресурсов в основном направлен на европейские рынки, а доходы от продажи нефти и газа формируют значительную часть российского бюджета. Помимо этого, существующая транспортная инфраструктура ориентирована на Европу. Таким образом, энергетическая взаимозависимость является одним из важных факторов, влияющих на сотрудничество между двумя акторами. Тем не менее, энергетическая взаимозависимость предполагает два возможных типа взаимодействия. Первая стратегия направлена на уменьшение взаимозависимости, в то время как вторая стратегия подразумевает укрепление энергетического диалога с целью получения преимуществ, получаемых в результате сотрудничества, институционализации энергетических отношений и роста благосостояния партнеров. Таким образом, в данной главе рассматриваются и анализируются взаимодействия ЕС и России в энергетической сфере последних лет через призму концепции взаимозависимости.

2. Теоретическая концепция взаимозависимости

Концепция взаимозависимости существует в рамках теории неолиберализма или неолиберального институционализма. Данная концепция в первую очередь направлена на объяснении возможностей и условий международного сотрудничества. При этом речь идет не только о сбалансировании влияния и вопросов в области безопасности, но также и возможности международного благосостояния.

Основными представителями данного теоретического подхода являются Дэвид Болдуин, Ричард Купер, Роберт Кеохейн, Дж. Най и Эдвард Л. Морс. Ричард Купер рассматривает взаимозависимость с экономической точки зрения. В частности, он отмечает увеличивающую интернализацию экономики и определяет взаимозависимость как ситуацию, при которой существует возрастающая национальная восприимчивость к внешним экономическим факторам.[1] Кеннет Уолтц при анализе взаимозависимости исходит из соотношения затрат и выгод (англ.: cost-benefit analysis), когда прерывание сотрудничества может привести к значительным расходам для обеих сторон.[2] Однако значимой работой для исследования данного вопроса является работа Р.Кеохейна и Дж. Ная «Сила и взаимозависимость. Переходный период мировой политики». Они также отмечают, что взаимозависимость возникает, когда взаимодействия между акторами могут вызвать значительные издержки. В том случае, когда взаимосвязи не предполагают негативных последствий, связанных с какими-либо значительными убытками, то тогда речь идет скорее о тесных связях между акторами. Исследование данных авторов фокусируется на анализе политических, экономических и социальных процессов. Они также рассматри-

1 Cooper, Richard N., The Economics of Interdependence: Economic Policy in the Atlantic Community. New York: McGraw Hill Book Company, 1968, p. 59.

2 Spindler, Manuela: Interdependenz, in: Schieder, Siegfried/Manuela Spindler (Hrsg.): Theorien der Internationalen Beziehungen. 2. überarb. Auflage, Stuttgart 2006, p. 108.

вают изменения структуры международной системы и отмечают уменьшающуюся способность действовать одного актора независимо от другого вследствие возросшей взаимозависимости, что непременно влияет на достижение национальных экономических и политических целей. Таким образом, взаимозависимость возникает в том случае, когда государства без сотрудничества с другими государствами либо совсем не могут выполнить свои основные функции или это возможно только в недостаточной мере, либо это осуществимо при очень высоких издержках. [3]

Взаимозависимость влияет на поведение государств и при этом возникает из возможности извлечения пользы в результате взаимовыгодного сотрудничества, когда каждый из акторов заинтересован в благосостоянии другого партнера. Помимо этого, данная стратегия способствует сохранению благосостояния и его приумножению. Таким образом, государства заинтересованы в развитии и укреплении долгосрочных форм сотрудничества. Институционализация сотрудничества позволяет тем самым использовать взаимозависимость в свою пользу. Кеохейн отмечает при этом, что взаимозависимость является одновременно и условием для кооперации, и ее причиной.[4]

Характерными чертами взаимозависимости являются симметричность, асимметричность, восприимчивость и уязвимость. Симметричная взаимозависимость возникает при условии, когда контроль и интересы акторов равномерно распределены между ними. Однако такой тип взаимозависимости можно наблюдать в редких случаях. Как правило, одно государство в большей степени зависит от другого. Тем самым, взаимозависимость не всегда может быть равнозначной и является асимметричной. При этом государства в разной степени восприимчивы или уязвимы к внешним факторам и обладают различными средствами адаптации в случаях изменения среды международных отношений. Таким образом, асимметричная взаимозависимость может иметь серьезные последствия. Данный тип взаимоотношений подразумевает, что благосостояние одного актора неразрывно связано с действиями другого государства, политика которого находится вне его контроля.

---

3 Schimmelpfennig, Frank: Internationale Politik. Paderborn: Verlag Ferdinand Schöningh, 2012, p. 93.

4 Keohane, Robert/Joseph S. Nye Jr.: Power and Interdependence. World Politics in Transition, Boston, 1977.

Кроме того, менее зависимые акторы, обладающие большими ресурсами, могут использовать взаимозависимость в качестве рычага давления в том случае, когда речь идет об урегулировании конфликта в свою пользу или когда существует необходимость воздействия с целью решения той или иной проблемы. Другими словами, асимметричная взаимозависимость может стать источником власти для менее зависимого актора. Следует также отметить, что ее использование в качестве рычага давления влечет за собой различные издержки для акторов. При этом необходимо различать восприимчивость (англ.: sensitivity) и уязвимость (англ.:vulnerability) акторов.

Согласно теории Кеохейна и Ная, восприимчивость системы к внешним изменениям характеризуется степенью реагирования в рамках самой системы, то есть речь идет о том, как быстро изменения в одной стране могут привести к значительным издержкам в другой. Степень восприимчивости относится не только к изменениям в объемах потоков товаров через границы, но и к затратам, которые направлены на преобразования в стране и обществе.[5] Однако данный тип взаимозависимости не приводит к трансформации структуры взаимоотношений, а затрагивает только краткосрочное влияние внешних потрясений и не предполагает изменения стратегии. Например, в период нефтяного кризиса 1973-1974 гг. цены на нефть увеличились в несколько раз вследствие снижения объемов добычи со стороны стран-членов ОПЕК, которые руководствовались политическими мотивами.[6] При этом проявилась масштабная зависимость развитых стран от цен на нефть.

Уязвимость системы проявляется в случае, когда, несмотря на предпринятые изменения в стране и обществе, подверженность к влиянию внешних факторов остается.[7] В этом случае актор также несет существенные адаптационные издержки. Осознание своей уязвимости может привести к структурным изменениям во взаимоотношениях между

5 Keohane, Robert/Joseph S. Nye Jr.: Power and Interdependence. World Politics in Transition, Boston, 1977, p. 10.

6 Страны ОПЕК стремились тем самым оказать политическое воздействие на США и страны Западной Европы, которые в свою очередь поддерживали позицию Израиля в ходе четвертой арабо-израильской войны (Октябрьской войны).

7 Keohane, Robert/JosephS. NyeJr.: Power and Interdependence. World Politics in Transition, Boston, 1977, p. 10.

акторами в долгосрочной перспективе. Так, например, упомянутый выше нефтяной кризис показал, что «развитые западные экономики были способны использовать серьезный краткосрочный кризис, чтобы произвести структурные перемены для лучшей подготовки к будущим кризисам. Эта адаптация была осуществлена посредством установления новых институтов и кризисных механизмов (Международное энергетическое агентство и его механизм реагирования на кризисы) и посредством прогресса в сфере энергетической эффективности и возобновляемых источников энергии».[8] Тем самым, степень уязвимости западных стран существенно снизилась. Но, несмотря на предпринятые меры, сохраняется угроза энергетической безопасности в случае приостановки поставок энергоресурсов.

Необходимо также отметить два случая, при которых между взаимозависимыми странами возможен конфликт. Первый случай предполагает высокий уровень восприимчивости.[9] Например, актор А может опасаться, что выгоды от взаимозависимости могут быть уменьшены актором В. В этом случае актор А может предпринять попытку снизить свою зависимость. Однако данные действия могут спровоцировать некооперативные действия со стороны актора В, что может послужить возникновению конфликта. В другом случае противоречия могут возникнуть в результате высокой степени уязвимости, когда проявляются значительные издержки от прекращения взаимозависимых отношений для одного актора, в то время как для менее зависимого актора возникает пространство для ведения более агрессивной политики.[10] Но как отмечают Кеохейн и Най, при условии комплексной взаимозависимо-

---

8 Выцишкевич, Эрнест: Взаимозависимость и энергетическая безопасность. Энергетический диалог Россия-ЕС. Европа, Журнал Польского Института Международных Дел. Том 8, №3 (28) 2008, с. 91.

9 Keohane, Robert/JosephS. Nye Jr.: Power and Interdependence. World Politics inT ransition, Boston, 1977, p. 237.

10 Ibid, pp. 14–16.

сти[11] снижается вероятность применения силы для достижения своих целей или установления своего доминирования для одного актора.[12]

3. Энергетическая взаимозависимость между ЕС и Россией

Зависимость ЕС от поставок российских энергоресурсов носит долгосрочный характер в силу таких факторов как ограниченность собственной сырьевой базы, относительно небольшая доля возобновляемой энергии в энергопотреблении и отсутствие действующей инфраструктуры для принятия сжиженного природного газа (СПГ- терминалы). Согласно статистической службе ЕС Евростат энергетическая зависимость 28 европейских стран от всех импортируемых энергоресурсов увеличилась с 47,4% в 2001 году до 53,8% в 2011 году. При этом Дания является единственной страной с отрицательным показателем - 8,5% в 2011, что указывает на ее статус нетто-экспортера.[13] Показатели энергетической зависимости свидетельствуют о том, в какой степени экономика полагает на импорт энергоресурсов для удовлетворения своих потребностей. В таблице 1 приведена энергетическая зависимость ЕС от трех основных энергоресурсов – уголь, нефть и газ.

Таблица 1: Энергетическая зависимость ЕС-28

	2001	2002	2003	2004	2005	2006	2007	2008	2009	2010	2011
Уголь и его производные, (%)	48,3	48,1	50,2	54,7	56,4	58,4	58,9	64,8	62,3	58,6	62,3
Нефть, (%)	77,2	75,9	78,4	79,8	82,2	83,4	82,4	84,1	83,2	84,1	84,9
Природный газ, (%)	47,1	50,9	52,3	53,8	57,5	60,5	60,0	62,0	63,9	62,1	66,7

Источник: Eurostat Pocketbooks Energy, transport and environment indicators, 2013

11 Комплексная взаимозависимость включает в себя три основных характеристики: 1) наличие разнообразных каналов связи между обществами в межгосударственных и транснациональных отношениях; 2) отсутствие иерархии политических проблем; 3) тенденция к снижению применения военной силы и принудительной власти в международных отношениях.

12 Keohane, Robert/Joseph S. Nye Jr.: Power and Interdependence. World Politics in Transition, Boston, 1977, pp. 24–37.

13 Eurostat Pocketbooks Energy, transport and environment indicators, 2013, p. 31, http://epp. eurostat.ec.europa.eu/cache/ITY_OFFPUB/KS-DK-13-001/EN/KS-DK-13-001-EN.PDF

Так, по данным Евростат, чистыми нетто-экспортерами угля являются Чехия и Польша -40,6% и -1,5% соответственно в 2011 году. Однако в сравнении с 2001 годом в Польше отмечается значительное снижение экспорта угля с -37,6% до -1,5%. В это же время увеличился показатель зависимости от поставок угля в Латвии (с 71% в 2001 году до102,1%в 2011 году) и Германии (с 53,4% до 81,8%).[14] Зависимость ЕС от импорта нефти возросла с 77,2% в 2001 году до 84,9% в 2011. В последнее десятилетие уровень зависимости от поставок нефти значительно выше в сравнении с показателями импорта угля и природного газа. Нетто-экспортером нефти является Дания, до 2005 года Великобритания также была чистым экспортером и с того времени импортирует нефть. Низкие показатели зависимости от импорта нефти отмечаются у таких стран как Великобритания (28,6%), Румыния (46,6%) и Эстония (55,6%). У остальных стран-членов ЕС данный показатель составляет около 90%. Необходимо также отметить, что среди стран Европейской ассоциации свободной торговли (ЕАСТ) показатель нетто-экспортера нефти Норвегии составлял -763,8% в 2011. [15] По сравнению с импортом угля и нефти, зависимость ЕС от импорта природного газа увеличилась высокими темпами. Так, она возросла на 19,6% в промежуток времени с 2001 по 2011 год (с 47,1% до 66,7%). Среди государств-членов ЕС только Дания и Нидерланды являются нетто-экспортерами природного газа (-66,3% и-68,6% в 2011 соответственно). Великобритания оставалась до 2003 года также экспортером газа, но впоследствии ее зависимость от импорта газа достигла 44,2% в 2011 году. Норвегия как страна-член ЕАСТ является также нетто-экспортером, и ее показатель зависимости составлял -1705,0% в 2011 году.[16]

Как было отмечено выше, зависимость ЕС от импорта энергоносителей составляет на данный момент около 54%. Однако по подсчетам Европейской Комиссии, при сохранении текущей тенденции данная зависимость составит 65% в 2030 году, а зависимость от поставок природного газа вырастет до 84% и при этом импорт нефти увеличится до

14 Eurostat Pocketbooks Energy, transport and environment indicators, 2013, p. 33, http://epp. eurostat.ec.europa.eu/cache/ITY_OFFPUB/KS-DK-13-001/EN/KS-DK-13-001-EN.PDF

15 Ibid, p. 35.

16 Ibid, p. 37.

93%. [17] При отсутствии содействия развитию конкурентоспособной энергетики спрос на энергоносители в ЕС через 20-30 лет будет до 70% удовлетворен за счет импорта энергоресурсов. [18] Увеличение уровня зависимости обуславливается истощением запасов в Северном море, так как замещение текущей добычи будет осуществляться за счет энергопоставок из других регионов.

Согласно статистическим данным Европейской Комиссии, доля российских поставок газа в энергобалансе Евросоюза составляла около 32% в 2012 году (Рис. 1).[19] Некоторые европейские страны практические полностью зависят от российских энергоресурсов. По данным Fitch, Финляндия зависит на 100% от поставок из России, Болгария – на 85%, Чехия – на 80%, Словакия – на 63%, Греция – на 55%, Польша – на 54%, Австрия – на 52%, Венгрия – на 49%, Бельгия – на 43%, Германия – на 40%.[20] В структуре импорта нефти ЕС поставки из стран СНГ в 2013 составляли 42,02% (из них на Россию приходится 31,72%), из Африки 25,47% и Азии 0,01%, с Ближнего Востока 13,63%, из Америки 4,88% и Европы 13,97% (на долю Норвегии при этом приходится 10,92%).[21]

---

17 An Energy Policyfor Europe. Communication from the Commissionto theEuropean Council and the European Parliament. COM (2007) 1. Brussels: European Commission. COM (2006) 105. Brussels: European Commission.

18 Green Paper: A European Strategy for Sustainable, Competitive and Secure Energy. COM (2006) 105. Brussels: European Commission.

19 Natural gas consumption statistic. Eurostat, http://epp. eurostat.ec.europa.eu/statistics_explained/index.php/Natural_gas_consumption_statistics

20 Кравченко, Екатерина: G-7: Россия использует энергоресурсы как политическое оружие, Ведомости, 07.05.2014.

21 EU crude oil imports. Monthly and cumulated Crude Oil Imports (volumes and prices) by EU and non EU country, 2001–2013, http://ec.europa.eu/energy/observatory/oil/import_export_en.htm

Рис.1: Импорт природного газа, ЕС-27

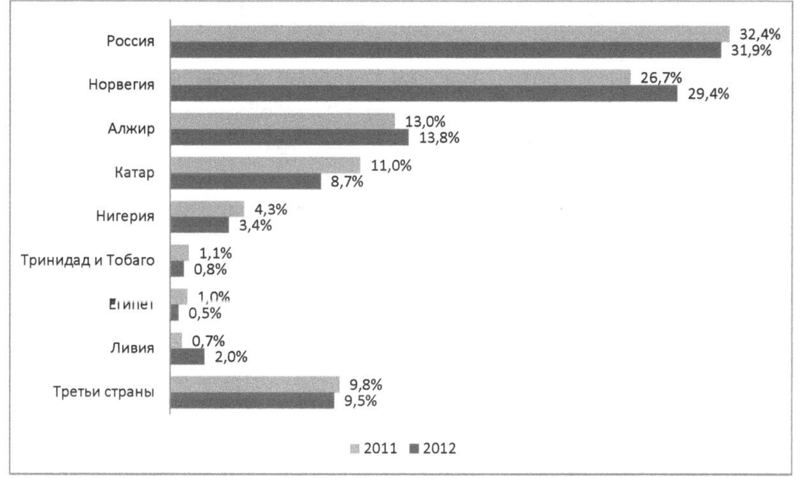

Источник: Eurostat

Поставки природного газа в Европу осуществляются преимущественно по трубопроводам. В 2011 году доля трубопроводных поставок составляла 76%, а показатель поставок сжиженного природного газа, транспортируемого СПГ - танкерами, находился на уровне 24%. Однако данное соотношение изменилось в 2012 (82% и 18% соответственно) вследствие уменьшения спроса на газ в ЕС и возросшей конкуренции в сфере СПГ, где особую роль при этом сыграл рост спроса на газ в Японии. Таким образом, в сравнении с 2011 годом поставки сжиженного газа в ЕС снизились на 28%. Крупнейшим поставщиком СПГ остается Катар, а его доля в импорте сжиженного газа в ЕС составляет 45%.[22]

Транспортировка российского газа в Европу осуществляется по нескольким магистральным трубопроводам: «Братство», «Ямал-Европа», газотранспортный коридор через Румынию, «Голубой поток» и «Северный поток». Реализация газа на европейском рынке газа приносит основную долю доходов для Газпрома. Так, в 2013 году 38% от объемов реализованного природного газа и 58% выручки от продаж газа приходилось на Европу. Продажи газа в России составили около 49%

22 Eurogas Statistical Report 2013, p. 7.

от объемов реализованного природного газа. Однако выручка от продаж в сравнении с продажами на европейском рынке газа практически в два раза ниже и составляет 27%. Вследствие снижения спроса на Украине и странах Балтии продажи Газпрома в страны Бывшего Советского Союза (БСС) составили около 13% от объемов реализованного природного газа и 15% выручки от продаж газа.[23]

Рис.2: Маркетинг газа по регионам в 2013 году, Газпром

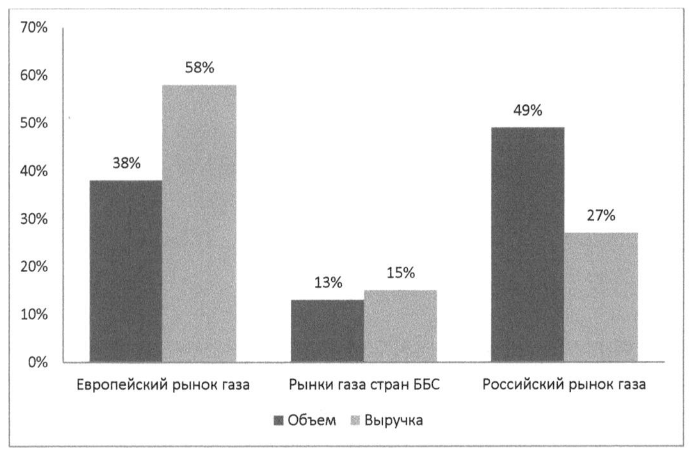

Источник: годовой отчет 2013, ОАО «Газпром»

Россия также обладает обширной сетью нефтяных трубопроводов. Экспорт нефти осуществляется по следующим магистральным трубопроводам: Дружба, Балтийская трубопроводная система (БТС 1, БТС 2), Восточная Сибирь – Тихий Океан (ВСТО). 79% российской нефти поставляется в европейские страны (в частности, в Германию, Нидерланды, Польшу и в другие страны Восточной Европы). Около 18% экспортной нефти предназначается для азиатских стран, и лишь небольшая часть нефти транспортируется в Америку. Более 80% российской нефти экспортируется через трубопроводную систему Транснефти, а остальная часть поставляется по железной дороге и нефтетанкерами.[24]

23 Годовойотчет 2013, ОАО «Газпром».

24 EIA Country Report, http://www.eia.gov/countries/cab.cfm?fips=RS

Основную часть бюджета России формирует сырьевая рента или налог на добычу полезных ископаемых (НДПИ) и экспортные пошлины на нефть, газ и нефтепродукты. В 2009 году четыре нефтегазовые компании (Роснефть, ЛУКОЙЛ, ТНК-ВР и Газпромнефть) принесли в бюджет около 30% всех доходов за счет экспортных пошлин и НДПИ. При этом большая доля доходов нефтегазовых компаний уходит на экспортные пошлины на нефть – 40-50% в зависимости от динамики цен на нефть, а экспортные пошлины на газ и различные виды нефтепродуктов составляют 30% доходов нефтегазовых компаний, НДПИ на нефть – 16%, НДПИ на газ – около 12%.[25] Таким образом, сырьевая рента представляет собой надежный источник дохода и государство в данном случае не зависит от поступлений от налогов на труд. Данный факт свидетельствует о том, что государство становится наименее подотчетно перед налогоплательщиками. Учитывая также тот факт, что реализация природного газа на европейском рынке является доходной статьей для Газпрома и источником поступления денежных средств в российский бюджет, политическая элита Россия наиболее восприимчива во взаимозависимых отношениях с ЕС в случае сокращении доходов.

Значительные запасы энергетических ресурсов во много определяют формирование внешней энергетической политики России. Стратегической целью при этом является «максимально эффективное использование природных энергетических ресурсов и потенциала энергетического сектора для устойчивого роста экономики, повышения качества жизни населения страны и содействия укреплению ее внешнеэкономических позиций».[26] Существующие маршруты поставок для энергоснабжения европейских стран и их стабильный, платежеспособный спрос на энергоносители способствовали тому, что российский экспорт нефти и газа традиционно ориентируется на энергетические рынки ЕС. Импорт энергоресурсов продиктован необходимостью сбалансировать энергетический спрос в ЕС и обеспечить экономическое развитие некоторых областей промышленности. Сотрудничество между Россией и ЕС в энергетической сфере обуславливается тем самым их взаимодополняемостью и конвергенцией интересов. Это выражается в том, что

25 Соснова, Анастасия: Добыча, налоги...Есть повод для тревоги, 16.10.2010, http://investcafe.ru/blogs/sosnova/posts/4827

26 Энергетическая стратегия России на период до 2030 года.

европейские компании допускаются к разработке месторождений нефти и газа в России, а российские экономические акторы в свою очередь осуществляют свою деятельность на европейской территории в области транспортировки, хранения и распределения энергоресурсов. Данные взаимодополняемые интересы отчетливо проявляются в совместных проектах по добыче газа (ЗАО «Ачимгаз», разработка Южно - русского нефтегазового месторождения и нефтегазового проекта Сахалин-2), в строительстве подземных газохранилищ (Реден, Йемгум, Хайдах), а также в создании компаний на паритетных началах (Wingaz GmbH). Российские интересы в Европе проявляются в расширении рынка сбыта, участии в распределительных сетях, привлечении иностранных инвестиций и в совместном решении транзитных вопросов. Россия значительно отстает в области передовых технологий, в том числе в разработке и использования технологий для сжижения газа. В этом случае некоторые европейские страны выступают в качестве поставщиков нефтегазового оборудования и технологий и экспортеров капитала.

4. Win-win принцип в условиях взаимозависимости

Наиболее оптимальной моделью поведения во взаимозависимых отношениях является win-win стратегия (англ.: «выигрыш-выигрыш»), то есть такая стратегия взаимовыгодного сотрудничества, при которой акторы пытаются найти решение, когда каждая сторона по-своему выиграет. При этом целью является установление возможностей для достижения наибольшей эффективности. В данном случае речь не идет о подавлении конкурента или установлении своих правил игры, а скорее о достижении постоянного решения, которое было бы принято и поддерживалось обеими сторонами, а также о преобразовании своего конкурента в партнера. Данная стратегия ориентирована на долгосрочное взаимовыгодное сотрудничество, а не на извлечение краткосрочной прибыли. Применение win-win принципа во взаимозависимых отношениях позволяет снизить риски или совсем исключить негативные воздействия восприимчивости или уязвимости того или иного актора. Однако проблема сотрудничества в условиях взаимозависимости заключается в том, что максимизация своего собственного выигрыша одним актором может препятствовать достижению коллективной цели.

Некооперативное поведение и максимизация собственной прибыли приводит акторов к неэффективному для каждой из них результату. Дилемма кооперации проявляется в проблеме выбора оптимального решения в условиях, когда существует расхождение между индивидуальной и коллективной рациональностью. В повторяющейся дилемме кооперации некооперативное поведение происходит периодически и может вызвать санкции со стороны другого актора, а также может оказать влияние на репутацию в будущем. Решение дилеммы кооперации является win-win ситуация, которая основывается на использовании эффективной взаимозависимости.

Таблица 2: Дилемма кооперации в энергетических отношениях между ЕС и Россией

ЕС (А) / Россия (В)	Кооперация (С)	Преследование собственных целей (D)
Кооперация (С)	Безопасность поставок, надежность энергоснабжения, надежность спроса и предложения	Максимальная индивидуальная выгода (для актора А)
Преследование собственных целей (D)	Максимальная индивидуальная выгода (для актора В)	Угроза энергетической безопасности

Источник: данные автора

Логика рационального поведения в условиях конфликта интересов (между индивидуальными и коллективными выгодами) может быть проанализирована с помощью дилеммы кооперации. Каждый актор пытается максимизировать собственную выгоду, не принимая в расчет прибыль другого актора. В этом случае некооперативная стратегия доминирует над сотрудничеством. Рационально действующие акторы выбирают модель некооперативного поведения, так как это является выгодным и прибыльным для них. Если доминирует некооперативная стратегия, то собственные интересы превалируют над коллективным благосостоянием и ранжирование предпочтений выглядит следующим образом: DC>CC>DD>CD.

Если Россия выбирает некооперативную стратегию (DC), в то время как ЕС руководствуется логикой сотрудничества, то для Европы наступает наихудший вариант, что может выражаться в перебоях с поставками энергоресурсов или их сокращением. Россия в данном случае имеет краткосрочные выгоды. Однако в долгосрочной перспективе она должна ожидать финансовые потери, ухудшение имиджа поставщика и потерю доли на европейском рынке.[27] В том случае, если ЕС преследует цель максимизировать свои выгоды (DC), а Россия придерживается кооперативной стратегии, то для России возникает неблагоприятная ситуация, при которой она может потерять большую часть своих распределительных сетей в Европе и в дальнейшем может ослабить ее позиции в результате действия Третьего энергетического пакета. В краткосрочной перспективе ЕС сможет достигнуть своей цели, когда компании-производители газа не могут быть собственниками расположенных на территории ЕС магистральных трубопроводов и должны либо продать свои активы, либо передать право на управление трубопроводами третьим лицам. Однако в долгосрочной перспективе могут возникнуть риски для инвестиций в энергетическую инфраструктуру, что может негативно сказаться на энергетической безопасности ЕС.

Если оба актора придерживаются некооперативной стратегии (DD), то реализуется наихудший сценарий для обеих сторон, а именно энергетическая безопасность может оказаться под угрозой. При этом под энергетической безопасностью следует понимать безопасность (надежность) поставок (англ.: security of supplies), инфраструктуры (англ.: security of infrastructure), спроса (англ.: security of demand).[28]

Максимальная коллективная выгода (CC) может быть достигнута, когда все акторы придерживаются совместно выработанных правил. Механизм санкций обеспечивает соблюдение правил в случае некооперативного поведения и их нарушения. Консолидация, стабилизация отношений и уважение договорных стандартов служат решением дилемма кооперации. Если актор А в отношениях, в основе которых лежит юридически обязывающий договор, выбирает некооперативное поведение, а актор В при этом придерживается оговоренных обяза-

27 Chuvychkina, Inna: An Actor-Centred Institutionalist Approach to Russia's Pipeline Policies, in: Andreas Heinrich/Heiko Pleines (eds): Export pipelines from the CIS region. Geopolitics, securitization and political decision-making. Changing Europe book series, vol. 10. IbidemPublishers (Stuttgart), 2014, pp. 91–106, herep. 104.

28 Конопляник, Андрей: Энергетическая Хартия обеспечит баланс интересов, Политический журнал, №3–4 (146–147), 5 февраля 2007 года. http://www.politjournal.ru/index.php?action=Articles&dirid=36&tek=6594&issue=185

тельств, то актор А получает в этом случае максимальный выигрыш. Однако в дальнейшем актор А должен ожидать применения к нему санкций со стороны актора В. Такая же ситуация возникнет для актора В, если он придерживается некооперативной стратегии, а актор А ориентирован на максимизацию прибыли. Таким образом, если в основе отношений между акторами лежат необязывающее соглашение и формальные договоренности, то фактор применения санкций не может предопределять действия акторов. В этом случае существует только ограниченный механизм контроля, и возникают деструктивные конфликты. В юридически неясной ситуации возрастает вероятность некооперативного поведения и получения выгод за счет партнера. Юридически обязывающий договор, который четко определяет права и обязанности акторов, снижает риски для сотрудничества и создает базу для взаимовыгодных отношений.

Отношения между Россией и ЕС регулируются Соглашением о партнерстве и сотрудничестве (СПС), вступившее в силу в 1997 году. Соглашение определяет основные цели, направления и механизмы сотрудничества, а также предусматривает постоянный политический диалог. Срок действия соглашения составлял 10 лет и с 2007 года автоматически продлевается в силу того, что стороны не могут разработать новое базовое соглашение. СПС не является юридически обязывающим соглашением, так как в нем не отражены права и обязанности сторон. На данный момент отсутствует единая международная договорно-правовая база, регулирующая сотрудничества в энергетической сфере. Правовой основой российских поставок в ЕС являются двусторонние соглашения между Россией и странами-членами ЕС.

Политическая, экономическая и социальная конъюнктуры оказывают влияние на процесс формирования международной договорной базы в энергетической области. Политизация энергетических вопросов препятствует установлению экономической целесообразности экспорта энергоносителей. Принимая во внимание отказ России ратифицировать Договор к Энергетической Хартии, вопрос о формировании юридически обязывающего соглашения энергетического сотрудничества между ЕС и Россией остается открытым. В то же время существует несколько возможностей для этого. С одной стороны, модернизированные принципы Энергетической Хартии можно было бы интегрировать в новое СПС. Другая возможность заключается в разработке новых правовых норм, например, таких как мировой энергетический кодекс.[29] Наконец, возможно также, что Россия ратифицирует модифицированную версию Энергетической Хартии. Разногласия относительно различных подходов для определения правовой основы сотрудничества усложняют разработку нового соглашения и сдерживают развитие отношений в энергетической сфере.

Разработка юридически обязывающего соглашения для энергетического сотрудничества позволило бы расширить кооперацию, укрепить солидарность между акторами и повысить прозрачность энергетических рынков, а также способствовало бы гармонизации интересов и росту энергетической безопасности. При этом возможно было бы также избежать максимизации индивидуальных интересов в рамках дилеммы кооперации, что способствовало бы уменьшению диапазона для некооперативных действий. В данном случае издержки некооперативного поведения и возможные санкции за нарушения правил приведут к тому, что win-win принцип взаимодействия будет доминирующим. Отсутствие институциональных рамок и недостаточная институциализация отношений повышают трансакционные издержки и снижают эффективность кооперации.

5. Восприимчивость и уязвимость акторов

Взаимозависимость между акторами обуславливается не только тем, что Россия выступает в качестве одного из главного поставщика энергоресурсов в ЕС, а ЕС в свою очередь является основным покупателем, инвестором и поставщиком технологий для России, но также и тем, что обе стороны связаны сетью магистральных трубопроводов. Строительство новых нефте- и газопроводов осложняется финансовыми и инвестиционными проблемами, а также наличием неподтвержденных запасов углеводородного сырья в новых потенциальных странах-экспортерах. К примеру, страны Каспийского региона часто пересматривают свои запасы в сторону их повышения. Манипулирование прогнозными оценками является к тому же одним из инструментов

29 Conceptual approach to the new legal framework for energy cooperation (goals and principles). Moscow, 21 April 2009, http://eng.kremlin.ru/text/docs/2009/04/215305.shtml

их внешней энергетической политики. Данная стратегия объясняется тем фактом, что «от этого зависят объемы иностранных инвестиций, ход переговоров по трубопроводным проектам, что напрямую затрагивает вопросы социально-политической стабильности в прикаспийских странах и сохранения власти политическими элитами».[30] Таким образом, трубопроводы обуславливают долгосрочные экономические отношения между поставщиком и потребителями. Трубопроводная политика подразумевает также долгосрочные контрактные обязательства и взаимную координацию. Диверсификационная политика акторов с целью уменьшения степени зависимости требует значительных финансовых расходов и определенных временных затрат на разработку новых проектов как конвенциональных, так и нетрадиционных источников энергии. При этом во взаимозависимых отношениях с небольшой степенью институционализации вероятность возникновения конфликта выше, чем в отношениях, фундаментом которых служит юридически обязывающая договорно-правовая база, предусматривающая механизм контроля и санкций.

Высокая степень восприимчивости ЕС отчетливо проявилась в ходе газовых конфликтов между Россией и Украиной в 2005-2006гг., а затем в 2008 – 2009гг.[31] Основной причиной обоих конфликтов были разногласия по поводу цены на газ и относительно погашения долга за поставки российского газа. Кроме того, определенную роль сыграло прекращение Россией политики субсидирования Украины, а также деятельность посреднических фирм негативно сказалась на взаимоотношениях между поставщиком и транзитной страной. При этом Россия стремилась максимизировать прибыль с помощью отказа от льготных тарифов для Украины и предпринимала попытки взять под контроль транзит энергоресурсов. В течение кратковременного отключения и сбоя поставок в ЕС некоторые европейские страны столкнулись с

30 Жильцов, Сергей: Каспийская энергетическая игра, НГ – Энергия, 14.01.2014, http://www.ng.ru/energy/2014-01-14/11_kaspiy.html

31 Более подробно о газовых конфликтах: Stern, Jonathan: The Russian-Ukrainian gas crisis of January 2006. Oxford Institute for Energy Studies, 2006; Pirani, Simon/Stern, Jonathan/ Yafimava, Katja: The Russo-Ukrainian gas dispute of January 2009: a comprehensive assessment. Oxford Institute for Energy Studies, February 2009; Hafner, Manfred/Andrea Bigano: Russia-Ukraine-Europe gas crisis of January 2009: Causes, Lessons Learned and Strategies for Europe. 2009.03 PolicyBriefs.

трудностями в обеспечении бытовых и промышленных потребителей газом. В зависимости от того обладает ли та или иная страна ЕС подземными хранилищами газа (ПХГ) или возможностью получения газа из других источников (СПГ, альтернативные газовые трубопроводы), степень восприимчивости к кратковременным приостановкам газовых поставок различается от страны к стране в ЕС.

К примеру, в ходе газового конфликта в 2009 году отключение затронуло 18 стран Европы. Больше всего пострадали Словакия (получает 100% потребляемого газа из РФ), Босния (100%), Болгария (96%), Сербия (87%), Греция (82%), Чехия (80%), Венгрия (60%) Австрия (51%), Польша (47%).[32] По окончании газового кризиса со стороны Словакии был предъявлен иск Газпрому, в котором она потребовала от монополии возмещения убытков от недопоставок. Несмотря на то, что сумма требований не раскрывалась, иск был предъявлен примерно на $100 млн. Однако спор был разрешен в несудебном порядке и Газпром в обмен на отзыв иска мог предложить Словакии скидку на поставки сверхлимитных объемов газа. Болгария же оценила свои потери в размере в €86 млн.[33]

Болгария оказалась одной из наиболее уязвимых стран во время сбоя поставок, так как на ее территории действует единственное подземное хранилище газа Chiren объемом 0,35 млрд. куб. м. С. Мельникова отмечает, что данное ПХГ «расположено на ответвлении основного маршрута транспортировки газа вблизи границ страны, поэтому возможности реверсного режима для поставок газа в основные регионы потребления ограничены. Кроме того, максимальный объем отбора газа из ПХГ Chiren составляет 3,3 млн. куб. метров газа в день, что соответствует 0,1 млрд. куб. метров в месяц. Для компенсации этого явно недостаточно. Так что, даже будучи заполненным, ПХГ не смогло в достаточной степени обеспечить страну зимой 2009 года».[34] По ее мнению, проблема заключается не только в нехватке объемов по хранению, но и в неравномерности их расположения. Она также отмечает,

32 Как срывались поставки российского газа в Европу, Коммерсант, 09.11.2011, http://www.kommersant.ru/doc/1271552

33 Мордюшенко, Ольга/Хвостик, Евгений: Словакия отозвала претензии к «Газпрому», Коммерсант, 07.04.2010, http://www.kommersant.ru/doc/1349882

34 Мельникова, Светлана: Европейский ПХГ-бум, ТЭК стратегия развития, №6 ноябрь-декабрь 2010, http://www.tek-russia.ru/issue/articles/articles_109.html

что «Швеция, Португалия, Ирландия и Бельгия не дотягивают даже до пятипроцентного порога, Великобритания обеспечена ПХГ лишь на 5% от своего потребления, Польша, Испания, Нидерланды и Болгария имеют у себя хранилищ объемом не выше 14% от годового потребления».[35]

Страны, на территории которых находятся ПХГ большей мощностью или существует возможность увеличения поставок по альтернативным маршрутам, наименее восприимчивы, но их степень восприимчивости будет возрастать с уменьшением их запасов в газовых хранилищах. Так, у Германии было в первую неделю конфликта 2009 около 69% газа от максимального объема. Затем данный показатель снизился до 59%, и в случае дальнейшего сокращения поставок в газовых хранилищах оставалось бы менее 50%, что соответствовало показателям на конец отопительного сезона.[36] Помимо этого Газпром увеличил поставки газа по другим маршрутам в 2009 году, в частности через Белоруссию. К тому же в отличие от восприимчивости той или иной страны ЕС, их уязвимость зависит от наличия альтернативных источников поставок, которые могли бы компенсировать в полной мере недостающие объемы поставок. Например, если Россия прекратит поставки энергоресурсов в Чехию, то Чехия не сможет компенсировать весь объем поставок из России, если сбой поставок будет превышать 90 дней.[37]

Однако длительные отключения газа также невыгодны для России, так как страна наиболее восприимчива к прерыванию финансовых потоков от экспорта энергоресурсов. При этом Россия несет репутационные риски и финансовые издержки. Помимо этого, вследствие газовых конфликтов доля России на европейских газовых рынках будет сокращаться, так как курс ЕС направлен на диверсификацию рынка поставок и снижения зависимости от российских поставок.

При этом как страны-импортеры, так и поставщики энергоресурсов восприимчивы к сбою поставок со стороны транзитных стран. Зависимость России проявляется в том, что экспортные трубопроводы России в Европу проходят через транзитные страны, которые находятся

35 Ibid.

36 Der Gasprinz ist da, http://www.tagesschau.de/wirtschaft/gasstreit194.html

37 Binhack, P./Tichý, L.: Asymmetric interdependence in Czech-Russian energy relations, in: Energy Policy, 2012 (vol. 45), pp. 54–63, here p. 57.

вне ее контроля. Другим аспектом зависимости являются подземные газовые хранилища, расположенные также на территории транзитных стран, которые необходимы для надежного обеспечения экспорта, особенно в зимний период. Наиболее острые проблемы между поставщиком энергоресурсов и транзитной страной проявляются во взаимоотношениях между Россией и Украиной. Объектом их взаимодействия являются транзитные тарифы для России и цены на газ для Украины. К примеру, К. Хиршхаузен, Б. Мейнхарт и Ф. Павел[38] анализируют данные отношения в рамках теории игр. При этом они отмечают, что некооперативная стратегия в данном случае предусматривает определение транзитных тарифов и цен на газ без учета позиций другого актора. В своем исследовании они также приводят различные сценарии отношений. Их сравнение указывает на то, что пока Украина была эксклюзивной транзитной страной, ее стратегия в большинстве случаев не подразумевала кооперативное поведение. В то время как усилия России относительно диверсификации маршрутов поставок начали приносить плоды, Украина изменила свою стратегию, которая стала ориентироваться на сотрудничество с Россией. По мнению авторов, объяснение тому факту, почему Украина не вступила в переговоры с Россией с целью повлиять на ее диверсификационную политику, может служить уверенность Украины в своем монопольном положении, а также недальновидность украинских политиков, их недоверие по отношению к России и их убеждение относительно невозможности установления кооперативных взаимоотношений. Дилемма кооперации между Россией и Украиной выглядит в данном случае следующим образом: если Украина предпочитает некооперативную стратегию и не выполняет своих обязанностей по платежам и транзиту, то она должна ожидать финансовые и репутационные последствия. В данном случае финансовые потери будут выражаться в снижении дохода от транзита энергоресурсов в случае переориентирования маршрутов российских поставок. К примеру, посредством строительства обходных трубопроводов – Северный и Южный поток или в случае ЕС посредством стро-

38 von Hirschhausen, Christian/Meinhart, Berit/Pavel, Ferdinand: Transporting Russian Gas to Western Europe – A Simulation Analysis, in: TheEnergyJournal, 2005 (vol. 26), no. 2, pp. 49–68.

ительства одного из трубопровода в рамках Южного Коридора[39]. Последствия и издержки некооперативного поведения России в отношении транзитных стран связаны с невыполнением своих обязательств перед покупателями (финансовые риски) и также репутационные потери. Некооперативное поведение как поставщика, так и транзитных стран не отвечает их долгосрочным интересам и приводит к тому, что страны-импортеры стремятся снизить зависимость от обеих сторон цепочки поставок.

Восприимчивость европейских стран может также проявиться при недостаточном инвестировании Россией в разработку новых газовых и нефтяных месторождений и в модернизацию устаревшей транспортной инфраструктуры. В данном случае существует угроза, что Россия не сможет удовлетворить растущий спрос на нефть и газ ЕС.[40] Помимо этого угроза может возникнуть, если Россия не сможет найти баланс между поставками на европейском и азиатском направлении и перенаправит часть предназначенного объема энергоресурсов для ЕС на азиатские энергетические рынки.

Уязвимость России связана в первую очередь со вступлением в действие Третьего энергетического пакета. Данный энергопакет предполагает либерализацию рынка электроэнергии и газа и предусматривает разделение бизнеса по продаже и транспортировке газа. Преимущества для ЕС заключаются в повышении безопасности энергетических поставок и в развитии конкуренции на европейском рынке. Однако с точки зрения России, Газпром может потерять свои активы в газотранспортных мощностях и перейти от контрактной схемы поставок газа на спотовую. По мнению Газпрома, долгосрочные контракты слу жат надежной гарантией стабильности поставок и загрузки транспортных мощностей, так как они служат основой для инвестирования в разработку новых месторождений. Переход на спотовую систему тор-

39 Южный газовый коридор – инициатива Европейской Комиссии относительно поставок газа из Каспийского региона и Ближнего Востока в Европу. В рамках данной инициативы ЕС определил ряд стран – партнеров, которые являются производители энергоресурсов, среди них Азербайджан, Турция, Туркменистан, Казахстан, Ирак, Египет и страны Ближнего Востока. При благоприятных политических условиях Иран и Узбекистан также могут рассматриваться в качестве потенциальных источников поставок.

40 Binhack, P./Tichý, L.: Asymmetric interdependence in Czech-Russian energy relations, in: Energy Policy, 2012 (vol. 45), pp. 54–63, here p. 57.

говли предполагает риски для Газпрома относительно безопасности (гарантированности) спроса. Кроме того, энергетическая политика России направлена при этом на укрепление своей роли поставщика и сохранении своего присутствия на европейском энергетическом рынке. Таким образом, высокая степень восприимчивости России объясняет конфликтующий характер энергетических отношений между акторами.[41]

Осознавая свою высокую степень восприимчивости и ее возможные последствия, государства стремятся принять меры по уменьшению зависимости от другого актора и выработать альтернативные схемы сотрудничества. Усилия ЕС направлены на диверсификацию источников энергии и маршрутов поставок, а также на использование альтернативной энергии в целях уменьшения роли России как основного поставщика и уменьшения зависимости ЕС от России. Внешняя энергетическая стратегия России предполагает «диверсификацию экспортных энергетических рынков и товарной структуры экспорта, а также обеспечение стабильных условий на энергетических рынках, включая гарантированность спроса и обоснованные цены на основные продукты российского экспорта энергоресурсов».[42]

Однако изменение энергетической стратегии и трансформация отношений в результате снижения взаимной зависимости требуют значительного времени, финансовых затрат и изменения бизнес - стратегий компаний поставщиков и импортеров. Так, развитие возобновляемой энергетики в ЕС связано с множеством трудностей, что в свою очередь затягивает переход к менее энергоемкой и эффективной экономике. Среди таких трудностей стоит выделить уменьшение государственной поддержки возобновляемых источников энергии после финансового кризиса 2008 года, их высокая себестоимость и различные подходы стран-членов ЕС к развитию альтернативной энергетики. Помимо этого, важным фактором является также смена приоритетов Евросоюза. При этом, как отмечает Н. Кавешников, вместо «устойчивой энергии» на первый план была выдвинута «конкурентоспособная энергия». Он также обращает внимание, что в Сообщении Европейской Комиссии от

41 Proedrou, Filippos: The EU-Russia Approach under the Prism of Interdependence, in: European Security, 2007 (vol. 16), no. 3, pp. 329–255, here p. 336.

42 Энергетическая стратегия России на период до 2030 года, стр.31.

27 марта 2013[43] фиксируется «снижение внимания к климатическим аспектам энергетики и констатируют пересмотр стратегии форсированного развития ВИЭ. Отныне главным предметом озабоченности ЕС в сфере энергетики становится цена энергоресурсов».[44] Увеличение СПГ - поставок также невозможно нарастить в краткосрочный период из-за его высокой стоимости и в силу того, что большая часть данных поставок также регулируются долгосрочными контрактами, что исключает краткосрочные изменения направления поставок. Также маловероятно, что американский СПГ сможет вытеснить российские энергоресурсы с европейского рынка, так как американские энергетические компании не являются государственными и прежде всего ориентированы на получение максимально возможной прибыли и не являются инструментом внешней энергетической политики США. Перспективы добычи сланцевого газа в Европе также не выглядят перспективно в силу строгого законодательства в области окружающей среды, потому что его добыча связана с проведением большого количества гидроразрывов пласта с использованием смеси воды, песка и химикатов.

Стратегия России относительно уменьшения своей зависимости от ЕС и развитие азиатского направления поставок газа обусловлена определенными рисками. К примеру, кредиты китайских банков позволили Роснефти построить в 2009 году нефтепровод Восточная Сибирь – Тихий Океан, что способствовало в дальнейшем закреплению российской нефтяной компании на китайском энергетическом рынке. В 2014 году был подписан контракт на поставки российского газа в Китай и строительства газопровода «Сила Сибири». Несмотря на то, что детали соглашения не разглашаются в силу коммерческой тайны, данный договор может предусматривать авансовые платежи со стороны Китая.

Получение кредитов у Китая под гарантированные поставки энергоресурсов может привести к увеличению зависимости от китайского партнера. Н. Пусенкова отмечает, что «в долгосрочной перспективе России придется усвоить: у покупателя (и кредитора) больше власти, чем у

43 Renewable energy progress report. Report from the Commission to the European Parliament, the Council, the European Economic and Social Committee and the Committee of the Regions. COM (2013) 175, Brussel.

44 Кавешников, Николай: Возобновляемая энергетика в ЕС: смена приоритетов, http://russiancouncil.ru/inner/?id_4=3482#top

продавца (и заемщика). В итоге условия энергетического сотрудничества РФ и КНР будет диктовать именно Пекин».[45]

6. Основные выводы

Взаимозависимость между ЕС и Россией обусловлена тем, что ЕС зависит от поставок российских энергоресурсов, а зависимость России основывается на том, что ЕС является крупнейшим рынком сбыта и обладает платежеспособным спросом. Несмотря на то, что существуют необходимые предпосылки для взаимовыгодного сотрудничества в сфере энергетики, их отношения носят конфронтационный характер и преобладает логика «игры с нулевой суммой», когда проигрыш одного актора воспринимается как выигрыш другой стороной. Однако, учитывая, что стороны вовлечены в повторяющееся взаимодействие и уменьшение взаимной зависимости требует определенного времени, политика акторов в отношении друг к другу подразумевает также кооперативное поведение.

Согласно неолиберальному институционализму, взаимозависимость акторов способствует созданию институтов, которые позволяют сократить трансакционные издержки, увеличить цену в случае нарушения правил и тем самым повысить эффективность сотрудничества. Институционализация отношения содействует установлению win-win стратегии у взаимозависимых акторов, приверженности кооперативного поведения и доминировании группового, коллективного успеха и благополучия над преследованием частных, эгоистичных интересов. При этом под институтами в широком смысле понимаются «правила игры» (англ.: «rules of the game»)[46], а также принципы, нормы, правила и процедуры принятия решений[47], которые среди прочего служат механизмами контроля и санкций. Таким образом, эффективное сотрудничество и позитивная взаимозависимость заключается в установленных институтах и закрепленных в них юридически обязывающих норм и

---

45 Пусенкова, Н.Н.:Российская энергетическая политика на востоке: китайские головоломки Роснефти, Russie.Nei.Visions, Париж: ИФРИ, апрель 2013, № 70, стр. 22.

46 North, Douglass C.: Institutions, Institutional Change and Economic Performance. New York: Cambridge University Press, 1990, p. 3.

47 Krasner, Stephen D.: Structural causes and regime consequences: regimes as intervening variables, in: International Organization, 1982 (vol. 36), no. 2, p. 186.

правил. Однако взаимозависимые отношения между ЕС и Россией в энергетике носят формальных характер (как было отмечено выше, юридически обязывающей базой являются в данной случае двусторонние договоры на поставки энергоресурсов между Россией и странами-членами ЕС), что предопределяет преимущественно некооперативное поведение акторов. В этом случае неолиберальный институционализм не может объяснить, почему во взаимозависимых отношениях не происходит формирование институтов.

С точки зрения теории либерализма, институциализация отношений возникает, когда внитругосударственные политические институты (разделение властей, верховенство закона) и ценности взаимодействующих акторов совпадают, которые при этом способствуют созданию транспарентности и доверия в отношениях. В случае если взаимодействуют акторы с различными внутриполитическими системами, то достижение взаимовыгодного сотрудничества и его стабилизация будет связано с определенными трудностями. Шансы становления институтов возрастают, если преференции и приоритеты акторов согласовываются друг с другом. При этом, как отмечает Моравчик, решающую роль играет «гармония».[48] Гармония проявляется в том, что цели акторов совпадают или цели одного государства не нарушают интересы другого. Одним из условий для эффективного сотрудничества является также наличие демократической политической системы. Центральная гипотеза либерализма предполагает, что распространение либерально-демократических ценностей (права человека, либеральная рыночная экономика) увеличивает вероятность согласия и международного сотрудничества.

Внешняя энергетическая политика ЕС предусматривает применение нормативной силы, которая заключается в распространение европейского законодательства, принципов и норм на страны – партнеры.[49] Концепция Aquis communautaire («Общее достояние») способствует гармонизации и сближении законодательства третьих стран с правовыми нормами ЕС. К тому же следует отметить, что «нормы и правила

48 Moravcsik, Andrew: Taking Preferences Seriously: A Liberal Theory of International Politics, in: International Organization, 1997 (vol. 51), no. 4, pp. 513–53.

49 См. подробнее: Konoplyanik, A.: A Common Russia-EU Energy Space, in: Oil, Gas & Energy Law Intelligence (OGEL), Special Issue on EU-Russia relations. 2009 (vol. 7), no. 2.

в данном случае являются не целью, а именно средством достижения конкретных политических и экономических целей Евросоюза».[50] Примером может служить политика расширения ЕС, программа Восточного партнерства, режимы ассоциаций с третьими странами и т.д. Однако Россия настороженно воспринимает идею инкорпорирования концепции Aquis communautaire в свое законодательство, так как Россия не участвовала в ее разработке, и она может не отвечает ее интересам. Таким образом, выработка и установление юридически обязывающей базы отношений сопряжено с определенными трудностями. Это выражается в доминировании некооперативного поведения акторов и проявлении их восприимчивости и уязвимости, что в конечном счете предопределяет их политику снижения взаимозависимости и диверсификации.

50 Россия и ЕС: партнерство или соперничество? http://www.hse.ru/news/8385679.html

Европейский Союз и его оценка демократии в странах Восточного партнерства: Роль политической и экономической взаимозависимости [1]

Лусинэ Бадалян (Lusine Badalyan)

1. Введение

Большое внимание в научной литературе уделяется анализу реакций со стороны Европейского Союза по отношению к дефициту демократии в странах Восточного партнерства.[2] Но лишь незначительное количество исследований посвящено до сих пор вопросу, почему реакции со стороны ЕС на дефицит демократии разнятся от страны к стране Восточного партнерства.[3] На данный момент нет систематических исследований относительно того, в какой степени и при каких условиях ЕС по-разному реагирует на состояние демократии в странах Восточного партнерства.

Распространенным является суждение, что всякий раз, когда действия ЕС, направленные на демократизацию, шли вразрез с его собственными интересами или интересами его государств-членов в международной политике, ЕС отдавал предпочтение защите собственных ин-

---

1 Данное исследование является частью диссертации. Исследование финансируется Фондом Фольксвагена (VolkswagenStiftung).

2 Подробнее: Crawford, G.: The European Union and democracy promotion in Africa: the case of Ghana, in: The European Journal of Development Research vol. 17, no.4, 2005, pp. 571–600; Olsen, G. R.: Promotion of Democracy as a Foreign Policy Instrument of "Europe": Limits to International Idealism, in: Democratization, 2000 (vol. 7), no. 1, pp. 142–67; Knodt, M./Jünemann A.: EU External Democracy Promotion Approaching Governments and Civil Societies, in: Opening EU-Governance to Civil Society: 259, 2008; Warkotsch, A.: Non-compliance and instrumental variation in EU democracy promotion, in: Journal of European Public Policy, 2008 (vol. 15), no. 2, pp. 227–245; Del Biondo, K.: EU Aid Conditionality in ACP Countries: Explaining Inconsistency in EU Sanctions Practice, in: Journal of Contemporary European Research, 2011 (vol. 7), no. 3, pp. 380–395; Brummer, K.: Imposing sanctions. The not so „normative power" Europe, in: European Foreign Affairs Review, 2009 (vol. 14), no. 2, pp. 191–207.

3 Knodt, M./Jünemann A.: EU External Democracy Promotion Approaching Governments and Civil Societies, in: Opening EU-Governance to Civil Society: 259, 2008; Warkotsch, A.: Non-compliance and instrumental variation in EU democracy promotion, in: Journal of European Public Policy, 2008 (vol. 15), no. 2, pp. 227–245.

тересов, а не продвижению демократии.[4] Очевидно, что это суждение не всегда совпадает с реальностью. Так, в некоторых ситуациях нет конфликта между внешнеполитическими целями ЕС и продвижением демократии в странах Восточного партнерства, но оценки дефицита демократии, сделанные Европейским Союзом, разнятся от страны к стране. Цель данного главы – ответить на следующие вопросы: при каких условиях и насколько Европейский Союз последователен в своих оценках развития демократии в странах Восточного партнерства? Почему оценки дефицита демократии, сделанные Европейским Союзом, не всегда последовательны? Какие факторы объясняют разницу в оценке дефицита демократии в отношении конкретных стран и в изменении этой оценки в течение времени?

Аргумент данного исследования состоит в том, что степень политической и экономической взаимозависимости (так называемые «linkages», т. е. взаимосвязи) между странами ЕС и странами Восточного партнерства являются ключевым фактором, объясняющим различные оценки дефицита демократии, сделанные Европейским Союзом по отношению к этим странам. Несмотря на то, что ряд других факторов, таких как количество и качество внешнеполитических связей ЕС, благоприятные условия в странах Восточного партнерства для проведения поддерживаемых ЕС реформ, а также наличие возможностей проведения альтернативных реформ определенно оказывают влияние на европейские оценки дефицита демократии, это исследование подтверждает, что только высокая политическая и экономическая взаимозависимость двух сторон является ключевым фактором последовательной оценки развития демократии в странах Восточного партнерства со стороны ЕС.

4 Crawford, G.: The European Union and democracy promotion in Africa: the case of Ghana, in: The European Journal of Development Research vol. 17, no. 4, 2005, pp. 571–600; Emerson, M./Aydin, S./Noutcheva, G./Tocci, N./Vahi, M. and Youngs, R.: The EU as a promoter of democracy in its neighbourhood, in: M. Emerson (ed.): Democratisation in the European Neighbourhood, Brussels: Centre for European, Policy Research, 2005, pp. 169–230; Knodt, M./Jünemann A.: EU External Democracy Promotion Approaching Governments and Civil Societies, in: Opening EU-Governance to Civil Society: 259, 2008; Wetzel, A.: The promotion of participatory governance in the EU‘s external policies: compromised by sectoral economic interests?, in: Democratization, 2011 (vol. 18), no. 4, pp. 978–1000.

Структура данной главы выглядит следующим образом. В первой части проводится анализ научной литературы и выдвигается гипотеза относительно взаимосвязи политической и экономической взаимозависимости двух стран и последовательности суждений со стороны ЕС по отношению к дефициту демократии в странах-партнерах. Далее разъясняется, что имеется в виду под последовательностью суждений со стороны ЕС по отношению к странам Восточного партнерства и как измерить степень последовательности этой оценки. После этого проводится регрессионный анализ с целью показать позитивное соотношение политической и экономической взаимозависимости между странами и последовательной оценки развития демократии в странах Восточного партнерства, сделанные со стороны ЕС. В заключении на основе результатов исследования делаются соответствующие выводы.

2. Соотношение оценок дефицита демократии со стороны ЕС в странах Восточного партнерства и политической и экономической взаимозависимости: концептуальная основа

В научной литературе относительно внешнеполитических действий ЕС в сфере демократизации и защиты прав человека есть суждение, что ЕС выступает нормативным актором, в основе внешней политики которого лежит распространение принятых демократических норм и принципов. Именно последовательность продвижения этих норм и принципов является ключевым фактором успешной внешнеполитической стратегии ЕС.[5] Таким образом, говоря словами Шимельфеннинга[6], последовательность внешнеполитической стратегии ЕС объясняется только «уровнем прогресса в странах-партнерах по продвижению

5 Johnson, J.: The remains of conditionality: the faltering enlargement of the euro zone, in: Journal of European Public Policy, 2008 (vol. 15), no. 6, pp. 826–841; Crawford, G.: The EU and Democracy Promotion in Africa: High on Rhetoric, Low on Delivery, in: EU development policy in a changing world: challenges for the 21st century: 169, 2007; Cremona, M./Witte, B.: EU Foreign Relations Law, Constitutional Fundamentals, 2008; Schimmelfennig, F.: EU political accession conditionality after the 2004 enlargement: consistency and effectiveness, in: Journal of European Public Policy vol. 15, no. 6, 2008, pp. 918–937.

6 Schimmelfennig, F.: EU political accession conditionality after the 2004 enlargement: consistency and effectiveness, in: Journal of European Public Policy vol. 15, no. 6, 2008, pp. 918–937, here p. 920.

демократии и обеспечению уважения прав человека, а не внешнеполитическими и (или) внешнеэкономическими интересами ЕС, либо его членов». Как следствие, «реакция ЕС на нарушения прав человека в любой третьей стране должна быть одинаковая, независимо от того, в какой стране они происходят»[7], так что внешнеполитические и внешнеэкономические цели ЕС либо его членов не должны оказывать влияния на соответствующие решения ЕС. Непоследовательность продвижения демократических норм и принципов ставит под сомнение нормативную стратегию ЕС, а также подрывает доверие к этой политике в странах Восточного партнерства, негативно влияет на демократические процессы в этих странах и в некоторой мере оправдывает наличие недемократических режимов.[8]

Цель данного исследования – определить, насколько последовательно в соответствующих докладах ЕС идет анализ продвижения заявленных демократических норм и принципов в третьих странах.

Как было сказано выше, непоследовательность ЕС в оценках продвижения демократических норм и принципов объясняется в значительной мере тем фактом, что всякий раз, когда действия ЕС, направленные на демократизацию, идут вразрез с его собственными интересами или интересами его государств-членов в международной политике, ЕС отдает предпочтение защите собственных интересов, а не продвижению демократии. В научной литературе этот феномен известен как «logic of consequences» или политика логических последствий. Таким образом, ЕС проводит нормативную политику, направленную на про-

---

7 Smith, K. E.: European Union foreign policy in a changing world, John Wiley & Sons, 2008, p. 73.

8 Kelley, J.: D-Minus Elections: The Politics and Norms of International Election Observation, in: International Organization, 2009 (vol. 63), no. 4, pp. 765–778, here p. 766; См. также: Crawford, G.: Foreign aid and political conditionality: Issues of effectiveness and consistency, in: Democratization, 1997 (vol. 4), no. 3, pp. 69–108; Crawford, G.: The EU and Democracy Promotion in Africa: High on Rhetoric, Low on Delivery, in: EU development policy in a changing world: challenges for the 21st century: 169, 2007; Johnson, J.: The remains of conditionality: the faltering enlargement of the euro Zone, in: Journal of European Public Policy, 2008 (vol. 15), no.6, pp. 826–41; Schimmelfennig, F.: EU political accession conditionality after the 2004 enlargement: consistency and effectiveness, Journal of European Public Policy vol. 15, no. 6, 2008, pp. 918–937; Richter, S.: Two at one blow? The EU and its quest for security and democracy by political conditionality in the Western Balkans, in: Democratization, 2012 (vol. 19), no. 3, pp. 507–534; Smith, K. E.: European Union foreign policy in a changing world, John Wiley & Sons, 2008.

движение демократии до тех пор, пока она не начинает идти в разрез с его внешнеполитическими и внешнеэкономическими целями.[9] Ф. Шимельфеннинг[10] описывает эту политику логических последствий так: «несмотря на то, что ЕС декларирует принципы демократизации и защиты прав человека основой своей внешней политики, в реальности ЕС придерживается этих принципов ровно до тех пор, пока такая политика не начинает вредить ряду его геополитических и экономических интересов, а также его безопасности».

Данное исследование ставит своей целью доказать, что чем выше политическая и экономическая взаимозависимость двух сторон, тем ниже вероятность проведения политики логических последствий и выше вероятность последовательной оценки развития демократии в странах Восточного партнерства со стороны ЕС.

В научной литературе есть ряд исследований о влиянии взаимозависимости двух стран на проведение политических и экономических реформ.[11] В широком понимании взаимозависимость – понятие многогранное, включающее в себя как политический, так и экономический аспекты.[12] В узком понимании этим понятием пользуются, например, Левитский и Вей[13], подразумевая под ним «количество и качество экономических, географических, политических, дипломатических, социальных связей, а также характер трансграничного перемещения капи-

9 Wolff, J. and I. Wurm: Towards a theory of external democracy promotion. A proposal for theoretical classification, in: Security Dialogue, 2011 (vol. 42), no. 1, pp. 77–96.

10 Schimmelfennig, F.: Europeanization beyond Europe, in: Living Reviews in European Governance, 2009 (vol. 4), no. 3, p. 15.

11 Kopstein, J. and D. Reilly: Geographic diffusion and the transformation of the post-communist world, in: World politics, 2000 (vol. 53), no. 1, pp. 1–37; Keohane, R./Nye, J.S.: Power and interdependence. New York: Longman, 2001; Levitsky, S./Way, L.:Linkage versus leverage. Rethinking the international dimension of regime change, in: Comparative Politics, 2006, pp. 379–400; Levitsky, S./Way, L.: International linkage and democratization, in: Journal of democracy, 2005 (vol. 16), no. 3, pp. 20–34; Brinkerhoff, D.: Democratic governance and sectoral policy reform: tracing linkages and exploring synergies, in: World Development, 2000 (vol. 28), no. 4, pp. 601–615.

12 Keohane, R./Nye, J.S.: Power and interdependence. New York: Longman, 2001.

13 Way, L./Levitsky, S.: Linkage, leverage, and the post-communist divide, in: East European Politics & Societies, 2007 (vol. 21), no. 1, pp. 48–66, here p. 53.

тала, товаров, сервиса, людей и информации». Левитский и Вей[14] отмечают, что уровень этих связей оказывает существенное влияние на прогресс в отношении продвижения демократических реформ. Так, чем выше взаимозависимость, тем выше уровень прогресса в странах-партнерах по продвижению демократии и обеспечению уважения прав человека. И наоборот, чем ниже количество и качество таких связей, тем ниже вероятность продвижения демократических реформ. Более того, высокая взаимозависимость оказывает влияние на интересы правительств и общества, порождая в них осознание необходимости демократизации.

Таким образом, чем выше взаимозависимость, тем выше вероятность последовательной оценки развития демократии в странах Восточного партнерства со стороны ЕС и тем благоприятнее условия для проведения поддерживаемых ЕС реформ в этих странах.

В тоже время необходимо подчеркнуть, что развитие политической и экономической взаимозависимости между странами, а также их соуправление в ряде областей и отраслей (обозначаемое в англоязычной литературе как «governance») не являются для ЕС основными механизмами по продвижению демократии.[15] Но именно в политике добрососедства ЕС они зарекомендовали себя как эффективный механизм по продвижению демократических принципов.[16] Это происходит потому, что чем активнее страны развивают международные контакты, тем рьянее они реагируют на наличие недемократических тенденций в определенных государствах, воспринимая их как угрозу. По словам Риссе и Зиккинка[17], развитие политической и экономической взаимоза-

---

14 Levitsky, S./Way, L.: International linkage and democratization, in: Journal of democracy, 2005 (vol. 16), no. 3, pp. 20–34, here p. 34.

15 Risse, T./Sikkink, K.: The socialization of international human rights norms into domestic practices: introduction, in: Risse, T./Ropp, Stephen C./Sikkink, K. (eds.): The Power of human Rights. International Norms and Domestic Change. Cambridge University Press, 1999, pp. 1–38; Freyburg, M.: Transnational Influences and Democratic Socialization in Authoritarian Contexts, Doctoral Dissertation No. 19189, ETH Zurich, 2010; Lavenex, S./Schimmelfennig, F.: EU democracy promotion in the neighbourhood: from leverage to governance?, in: Democratization, 2011 (vol. 18), no. 4, pp. 885–909.

16 Freyburg, M.: Transnational Influences and Democratic Socialization in Authoritarian Contexts, Doctoral Dissertation No. 19189, ETH Zurich, 2010.

17 Risse, T./Ropp, Stephen C./Sikkink, K. (eds.): The Power of human Rights. International Norms and Domestic Change. Cambridge University Press, 1999, p. 235.

висимости между странами, а также их соуправление в ряде областей и отраслей способствуют тому, что «в случае появления недемократических институтов в определенных государствах, демократические государства начинают чувствовать себя под угрозой и предпринимать определенные шаги, чтобы эту угрозу ликвидировать». По мнению Левитского и Вея, особенно активные и последовательные действия против недемократичных тенденций демократические государства проявляют по отношению к тем странам, с которыми они больше связаны экономически и политически, «способствуя, тем самым, развитию демократических прав и свобод даже в тех странах, в которых предпосылок для демократических преобразований было мало».[18]

В следующей главе разъясняется, что имеется в виду под последовательностью оценок развития демократии со стороны ЕС по отношению к странам Восточного партнерства и как измерить степень последовательности этих оценок.

3. Операционализация последовательной оценки развития демократии в странах Восточного партнерства со стороны ЕС

Зависимая переменная данного исследования (другими словами, объект исследования) – степень последовательной оценки развития демократии в странах Восточного партнерства со стороны ЕС за один год. В своих годовых страновых докладах, стратегических документах, меморандумах, заявлениях и т. д. Европейский Союз дает оценку уровню развития демократии в странах Восточного партнерства. Чтобы измерить степень последовательности этой оценки, данное исследование сравнивает аналитические доклады Freedom House [19] «Nations in Transit» (с англ.: «страны переходного периода»)[20], которые дают оценку уровню развития демократии в странах Восточного партнерства, с оценкой развития демократии в странах Восточного партнер-

18 Levitsky, S./Way, L.: Linkage versus leverage. Rethinking the international dimension of regime change, in: Comparative Politics, 2006, pp. 379–400, here p. 380.

19 FreedomHouse – неправительственная организация со штаб-квартирой в Вашингтоне (США). Основана в 1941 г. Известна исследованиями состояния политических и гражданских свобод в мире. Сайт организации: http://www.freedomhouse.org/.

20 http://www.freedomhouse.org/report-types/nations-transit

ства со стороны ЕС.[21] В докладах Freedom House проводится ежегодный анализ развития демократии в странах постсоветского пространства по семи категориям: избирательный процесс; уровень развития гражданского общества; уровень независимости средств массовой информации; уровень демократичности национального правительства; уровень демократичности местных властей; уровень эффективности и независимости судебной власти; уровень коррупции. Начиная с 2005 года, организация Freedom House ввела числовую шкалу рейтингов по семи вышеуказанным категориям. Шкала содержит числа от 1 до 7, где 1 обозначает наивысший уровень демократического прогресса, а 7 – самый низкий (Таблица 1).

Таблица 1: Категории оценки демократического прогресса Freedom House

Категории Freedom House	Определение
1. Демократичность правления национального правительства	Здесь учитывается степень демократичности и стабильности системы органов власти, независимости, эффективности и подотчетности законодательной и исполнительной ветвей власти, а также степень демократического надзора за военными службами и службами безопасности
2. Избирательный процесс	Здесь изучаются вопросы выборов в исполнительные и законодательные органы власти, рассматривается процесс выборов, развитие многопартийных систем, а также учитывается участие населения в политическом процессе
3. Гражданское общество	Изучается рост числа неправительственных организаций (НПО), их организационные и финансовые возможности, а также правовая и политическая среда, в которой неправительственные организации функционируют; рассматривается вопрос развития профсоюзов, а также степень участия гражданского общества в политическом процессе

21 На дальнейших этапах исследования планируется провести сравнительный анализ годовых страновых докладов ЕС по уровню развития демократии в странах Восточного партнерства и докладов по оценке развития демократии в этих же странах, сделанных другими международными неправительственными организациями, такими как HumanRightWatch, Transparency International и т. д.

4. Независимые СМИ	Здесь изучается степень свободы печати, в том числе рассматриваются вопросы применения законов о клевете, вопросы преследования журналистов и независимости редакций, учитывается наличие независимых в финансовом плане частных СМИ, а также возможность доступа к Интернету для частных лиц
5. Демократичность правления местных властей	Здесь рассматривается вопрос децентрализации власти, изучаются обязанности, порядок избрания и полномочия органов местного самоуправления, учитывается степень прозрачности и подотчетности местных властей
6. Независимость и эффективность судебной системы	Здесь внимание уделяется конституционной реформе, защите прав человека, реформе уголовного законодательства, независимости судебных органов власти, защитс прав этнических меньшинств, гарантий равенства перед законом, обращению с подозреваемыми и осужденными в рамках закона, а также исполнению судебных решений
7. Коррупция	Здесь изучается общественное восприятие коррупции, деловые интересы высокопоставленных политиков, рассматриваются вопросы применения законов о предоставлении финансовой информации и законов, запрещающих госслужащим одновременно занимать посты в частных компаниях, а также анализируется эффективность антикоррупционных инициатив
Рейтинг	Средний показатель рейтингов по семи вышеуказанным категориям

Источник: Freedom House, Nations in Transit,
http:www.freedomhouse.org/report/nations-transit-2013/nations-transit-2013-methodology

Далее в исследовании проводится количественный контент-анализ (англ.: QCA, Quantitative Content Analysis). Для этой цели категории оценки демократического прогресса, имеющие место быть в документах ЕС, и категории оценки демократического прогресса Freedom House должны быть соизмеримыми. Анализ проводится по семи категориям оценки демократического прогресса: избирательный процесс; уровень развития гражданского общества; уровень независимости средств массовой информации; уровень демократичности национального правительства; уровень демократичности местных властей; уровень эффективности и независимости судебной власти; уровень коррупции. В своих годовых страновых докладах Европейский Союз дает оценку уровню развития демократии в странах Восточного партнерства, однако ЕС не использует числовую шкалу рейтингов. Тем не менее, для того, чтобы провести количественный контент-анализ, необходимо ввести и в случае ЕС числовую шкалу рейтингов, что в данном исследовании делается автором самостоятельно (см. Таблицу 2). При определении оценки используются шаги в четверть пункта. Изменения, характеризуемые как незначительные или умеренные, обычно обуславливают положительное или отрицательное изменение рейтинга на четверть пункта (0,25), а значительные изменения влекут за собой движение по шкале на половину пункта (0,50).

Таблица 2: Определение оценки уровня развития демократии в странах Восточного партнерства, сделанные ЕС

Шкала	Оценка ЕС
- 0.50	«Хороший прогресс», «Значительный прогресс»
-0.25	«Прогресс есть», «Позитивные шаги», «Некоторый прогресс», «Некоторые позитивные изменения», «Шаг вперед»
0	«Прогресса не выявлено», «Нет позитивных изменений»
+ 0.25	«Вызывает беспокойство», «Некоторое ухудшение показателей»
+0.50	«Вызывает серьезное беспокойство»

Источник: данные автора

Таким образом, опираясь на данные годовых страновых докладов Европейского Союза и его оценку уровня развития демократии в странах Восточного партнерства, автор ввел числовую шкалу рейтингов по семи вышеуказанным категориям. Средний показатель годовых рейтингов по семи вышеуказанным категориям – это и есть общая оценка уровня развития демократии, сделанная ЕС по отношению к соответствующей стране Восточного партнерства в соответствующем году.

Сравнение средних годовых показателей рейтингов, сделанные ЕС и Freedom House за несколько лет, показывает тенденции их изменения, а также возможные несоответствия между ними.

В последнюю очередь необходимо отметить, что несмотря на то, что рейтинги демократического прогресса, выпускаемые Freedom House, широко используются в научной литературе, их достоверность часто критикуется в связи с используемой методикой.[22] Организация привлекает экспертов, которые выставляют оценки по разноплановым вопросам в области политических прав и гражданских свобод. Так что рей-

22 Landman, T./Häusermann, J.: Map-making and analysis of the main international initiatives on developing indicators on democracy and good governance. Unpublished manuscript, University of Essex, 2003.

тинги Freedom House – это выражение общего мнения группы авторитетных в своей области исследователей, но в то же время это мнение не является универсальным. Критикуются также трактовки некоторых понятий, ненадежность числовых шкал рейтингов, а также необъективность в оценке ситуации экспертом с его собственными политическими установками и системой ценностей.[23]

Для данного исследования в первую очередь важны независимые рейтинги демократического прогресса, на которые не оказывает влияние конфликт между защитой собственных интересов и объективной оценкой демократии. В данном исследовании рейтинги Freedom House считаются таковыми, чего нельзя сказать о рейтингах ЕС. Отклонения рейтингов ЕС от рейтингов Freedom House свидетельствуют, таким образом, о степени последовательности в оценках развития демократии, сделанные ЕС по отношению к отдельным странам Восточного партнерства (в данном исследовании – Армения, Азербайджан, Грузия, Украина и Молдова) за несколько лет (в данном исследовании – за 2007 – 2012 годы). Чем выше эти отклонения, тем менее последовательной является политика ЕС по продвижению демократии в этих странах.

На рисунке 1 приводится сравнение средних годовых показателей рейтингов развития демократии, сделанных ЕС и Freedom House по отношению к отдельным странам Восточного партнерства за 2007 – 2012 годы. Сплошная линия характеризует средние годовые показатели рейтингов ЕС и тенденции их изменения за несколько лет, а прерывистая линия - средние годовые показатели рейтингов Freedom House. Так как организации публикуют свои рейтинги независимо друг от друга, то является возможным сделать объективные выводы на основе сравнения этих показателей.

---

23 Bollen, K./Paxton, P.: Subjective measures of liberal democracy, in: Comparative Political Studies, 2000 (vol. 33), no. 1, pp. 58–86; Diamond, J.: Thinking about hybrid regimes, in: Journal of democracy, 2002 (vol. 13), no. 2, pp. 21–35; Giannone, D.: Political and ideological aspects in the measurement of democracy: the Freedom House case, in: Democratization , 2010 (vol. 17), no. 1, pp. 68–97; Munck, G. L./ Verkuilen, J.: Conceptualizing and measuring democracy Evaluating alternative indices, in: Comparative political studies, 2002 (vol. 35), no.1, pp. 5–34.

Рис.1: Средние годовые показатели рейтингов развития демократии ЕС и Freedom House

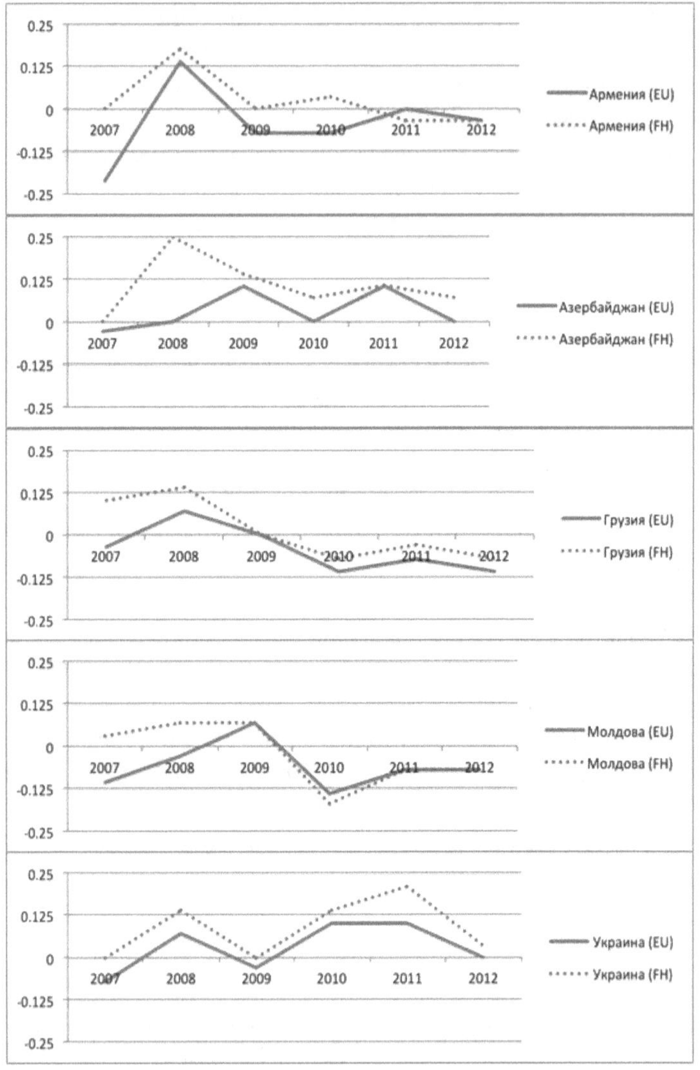

Источник: данные автора

4. Количественный анализ: структура внешней торговли и последовательность оценок ЕС в отношении демократического прогресса

Как видно из Рисунка 1, в подавляющем большинстве случаев (73,3%) ЕС более лояльно оценивает прогресс демократизации в странах Восточного Партнерства, нежели Freedom House.[24] Только в случае Армении и Молдовы (6,7% от всех случаев) ЕС в своих оценках более критичен. В трех случаях по отношению к Молдове (в 2009, 2011 и 2012 годах) и в одном случае по отношению к республикам Южного Кавказа оценки ЕС и Freedom House совпадают (20% от всех случаев). Таким образом, мы можем говорить о трех вариантах оценки развития демократии в странах Восточного Партнерства, сделанные ЕС: более лояльные рейтинги демократического прогресса, нежели в случае Freedom House, более критичные оценки развития демократии и одинаковые оценки развития демократии как со стороны ЕС, так и со стороны Freedom House.

Для того чтобы подтвердить аргумент данного исследования, а именно, что чем выше взаимозависимость, тем выше вероятность последовательной оценки развития демократии в странах Восточного партнерства со стороны ЕС, мы обратим свое внимание на структуру торговли между ЕС и отдельными странами Восточного партнерства.

Ряд исследований[25] подтверждают, что двусторонние договора о торговле играют ключевую роль в межгосударственной производственной кооперации и ее институционализации и, таким образом, косвенно способствуют продвижению принципов демократии в странах-

---

24 Для статистической достоверности идентичный анализ был проведен другим исследователем (полученный результат совпал на 89%). К тому же, идентичный анализ был проведен автором через 8 месяцев (совпал на 93% с предыдущим анализом).

25 Kubicek, P.: The European Union and democratization in Ukraine, in: Communist and Post-Communist Studies, 2005 (vol. 38), no. 2, pp. 269–292; Youngs, R.: The European Union and democracy promotion in the Mediterranean: a new or disingenuous strategy?, in: Democratization, 2002 (vol. 9), no. 1, pp. 40–62; Schimmelfennig, F./Scholtz, H.: EU Democracy Promotion in the European Neighbourhood Political Conditionality, Economic Development and Transnational Exchange, in: European Union Politics, 2008 (vol. 9), no. 2, pp. 187–215.

партнерах ЕС. Одним из показателей высокой торговой взаимозависимости является структура экспорта из стран-парнеров ЕС.[26]

Если в 90-е годы основным торговым партнером стран Восточного партнерства была Российская Федерация[27], то в 2000-е годы на первый план в структуре экспорта этих стран вышел ЕС (кроме Республики Беларусь): на сегодняшний день Молдова экспортирует 54% всех своих товаров и услуг в ЕС, Азербайджан – 45,6%, Украина – 39,9%, Армения – 27,3% и Грузия – 26,6%.[28]

Высокая торговая взаимозависимость двух стран определяется динамикой изменения диверсификации и концентрации экспорта. Так, 45,6% всего объема экспорта Азербайджана идет в ЕС. Однако в данном случае наблюдается высокая концентрация экспорта Азербайджана в одной экспортной статье – 99% всего экспорта страны приходится на энергоресурсы (Таблица 4). Азербайджан стал стратегическим торговым партнером ЕС после запуска нефтепровода Баку - Тбилиси - Джейхан в 2005г. и газопровода Баку -Тбилиси -Эрзурум в 2007 г. И хотя доля импорта энергоресурсов из Азербайджана в ЕС составляет всего лишь 4,2% всех импортных потребностей ЕС (в сравнении с Российской Федерацией, чья доля импорта энергоресурсов в ЕС – 34,5%[29]), поставки из Азербайджана играют важную роль в диверсификации поставок энергоресурсов в ЕС, который будет вынужден к 2030 году импортировать 70% всех необходимых энергоресурсов. Однако помимо поставок энергоресурсов межгосударственная производственная кооперация ЕС и Азербайджана находится на низком уровне развития, чего нельзя сказать о торговом сотрудничестве ЕС и Молдовы, основанном на развитой диверсификации структуры экспорта Молдовы в ЕС по категориям товаров и услуг (Таблица 3).

---

26 В настоящем исследовании проводится анализ структуры экспорта из стран-парнеров ЕС в ЕС. При этом учитывается динамика изменения диверсификации и концентрации экспорта.

27 Manoli, P.: PoliticalEconomyaspectsofDeepandComprehensiveFreeTradeAgreements, in: EasternJournalofEuropeanStudies, 2013 (vol. 4), pp. 51–73, herep. 59.

28 Данные статистики ЕС, http://ec.europa.eu/trade/policy/countries-and-regions/regions/

29 Данные Eurostat, http://epp. eurostat.ec.europa.eu/statistics_explained/index.php?title=File:Main_origin_of_primary_energy_imports,_EU-27,_2002-2010_(%25_of_extra_EU-27_imports).png&filetimestamp=20121012131852

Таким образом, следует ожидать, что развитая диверсификация структуры экспорта косвенным образом способствует продвижению принципов демократии в странах-партнерах ЕС и повышает вероятность последовательной оценки развития демократии в странах Восточного партнерства со стороны ЕС. В свою очередь высокая концентрация экспорта страны-партнера ЕС в одной экспортной статье не способствует активной и последовательной политике ЕС по продвижению демократических принципов в странах-партнерах (Гипотеза 1).

Исходя из этой гипотезы, следует ожидать более последовательную оценку развития демократии со стороны ЕС по отношению к Молдове и менее последовательную по отношению к Азербайджану.

Таблица3: Диверсификация структуры экспорта из Молдовы в ЕС по категориям товаров и услуг в 2013 году

Разные промышленные товары	32,8%
Машины и транспортное оборудование	20,5%
Пищевые продукты и живые животные	17,3%
Промышленные товары, классифицированные главным образом по виду материала	0,5%
Сырье непродовольственное, кроме топлива	3,0%
Животные и растительные масла, жиры и воски	7,0%
Минеральное топливо, смазочные масла и аналогичные материалы	1,8%
Напитки и табак	17,3%
Химические вещества и другая продукция, не включенные в другие категории	0,5%
Товары и операции, не включенные в другие категории	0,2%
Другие категории	0,2%

Источник: Eurostat

Таблица 4: Диверсификация структуры экспорта из Азербайджана в ЕС по категориям товаров и услуг в 2013 году

Минеральное топливо, смазочные масла и аналогичные материалы	98,9%
Машины и транспортное оборудование	0,5%
Сырье непродовольственное, кроме топлива	0,1%
Химические вещества и другая продукция, не включенные в другие категории	0,2%
Промышленные товары	0,1%
Пищевые продукты и живые животные	0,2%
Разные промышленные товары	0%
Товары и операции, не включенные в другие категории	0%
Напитки и табак	0%
Животные и растительные масла, жиры и воски	0%
Другие категории	0%

Источник: Eurostat

Чтобы подтвердить эту гипотезу, мы обратимся к еще одному показателю сближения ЕС и стран Восточного партнерства, а именно Индексу европейской интеграции для стран Восточного партнерства (англ.: EaP Index). Индекс отслеживает ежегодный прогресс в странах Восточного партнерства и представляет сравнительную картину процессов европейской интеграции в различных секторах сотрудничества. Индекс включает два направления - взаимосвязь и степень сближения. Первое направление отражает глубину и интенсивность контактов и связей между странами Восточного партнерства и ЕС. Важным показателем второго направления является степень интеграции стран в различных секторах сотрудничества.

4.1 Данные

Для проведения регрессионного анализа берутся данные Индексов европейской интеграции, которые отслеживают ежегодный демократический прогресс в странах Восточного партнерства. Пять стран Восточного партнерства – Армения, Азербайджан, Грузия, Молдова и Украина – включены в исследование.[30] Временные рамки анализа – 2007–2012 годы. Анализ проводится на основе семи категорий оценки демократического прогресса, о которых говорилось ранее. Данные

30 Республика Беларусь, формально являющаяся страной-членом Восточного партнерства, в анализ не включена, так как ЕС не публикует годовые страновые доклады с оценкой развития демократии в отношении Беларуси.

структуры торговли между ЕС и странами Восточного партнерства берутся из статистической базы данных ЕС.[31]

4.2 Анализ

Для проведения регрессионного анализа в данном исследовании используется метод наименьших квадратов (англ.: OLS, Ordinary Least Squares) с уравнением вида:

$$EUConsistency_{i,t,h}=\alpha + \beta_1 Linkages_{i,t} + \beta_2 TradeVolume_{i,t} + \beta_3 FragibilityIndex_{i,t} + \beta_4 ElectionDummy_{i,t} + \beta_5 FHDemocracyIndex_{i,t,h} + \beta_6 GDP_{i,t} + \beta_7 Population_{i,t} + \mu_i + \varepsilon_{i,t,h}$$

В данном уравнении зависимая переменная *EU Consistency* показывает степень отклонения оценок развития демократизации в странах Восточного партнерства, сделанные ЕС, от оценок Freedom House по семи категориям; оценки демократического прогресса h в каждой из пяти стран *i* и в разных годах выпусков анализов *t*. Положительный результат переменной *EU Consistency* говорит о более лояльных рейтингах демократического прогресса, сделанных ЕС в данном году по сравнению с предыдущим годом, а отрицательный результат переменной *EU Consistency* о более критичных оценках развития демократии со стороны ЕС, нежели в случае Freedom House. Результат переменной *EU Consistency* близкий к нулю свидетельствует об одинаковых оценках развития демократии как со стороны ЕС, так и со стороны Freedom House, а значит и об их последовательных рейтингах. Уравнение содержит семь параметров: *Linkages, TradeVolume, FragibilityIndex, ElectionDummy, FHDemocracyIndex, GDP* и *Population*. Параметр *Linkages* включает в себя четыре индикатора: концентрация импорта и экспорта (сумма квадратов долей экспорта/импорта товарных групп в общем экспорте/импорте) (*Export and Import Concentration*), уровень связей в различных секторах сотрудничества (*Sectoral Cooperation*) и уровень экономической интеграции (*Economic Integration*). Два последних индикатора – уровень связей в различных секторах сотрудничества *(Sectoral Cooperation)* и уровень экономической интеграции (*Economic Integration*) – измеряются по шкале от 0 до 1, где 0 свидетельствует об отсутствии таких связей, а 1 – об их достаточном нали-

31 См.: http://epp. eurostat.ec.europa.eu

чии. В анализ включены следующие контрольные переменные: *TradeVolume* – объем двусторонней торговли (экспорта и импорта) между ЕС и странами-членами Восточного партнерства; *FragibilityIndex* указывает на степень эффективности и легитимности государственных структур и их функций в экономической, политической, социальной сферах и сфере безопасности. *FragibilityIndex* измеряется по шкале от 0 до 25, где 0 свидетельствует об эффективности государственных структур, а 0 – об ее отсутствии. *FHDemocracyIndex* - это рейтинги демократизации стран Восточного партнерства по семи показателям *h*, опубликованные Freedom House. Параметр *ElectionDummy* задается либо значением 1 в те годы, когда в странах-членах Восточного партнерства проходили парламентские или президентские выборы, либо значением 0, если выборов не было. Параметр *GDP* – это валовой внутренний продукт стран-членов Восточного партнерства, а *population* – численность населения. *EaP Dummy* задается либо значением 1 во все последующие годы после учредительного саммита Восточного партнерства, либо значением 0 во все годы перед учреждением Восточного партнерства.

В регрессионный анализ также включены параметр μ_i для учета такого неконтролируемого фактора, как неоднородность стран, включенных в анализ, а также параметр $\varepsilon_{i,t,h}$ для учета случайных ошибок, которые неизбежно сопровождают измерение значений переменных.

5. Результаты Регрессионного Анализа

В Таблице 5 представлены результаты регрессионного анализа с использованием метода наименьших квадратов. В базовой регрессионной модели (Модель 1) и в Моделях 2 и 3, которые показывают взаимосвязь переменной *EU Consistency* ииндикаторов *Export and Import Concentration,* существует статистически значимая положительная взаимосвязь между зависимой и независимыми переменными. Это значит, что высокая концентрация экспорта страны-партнера ЕС в одной экспортной статье ведет к более лояльным рейтингам демократического прогресса, сделанные ЕС. Результатом Модели 4, которая тестирует взаимосвязь переменной *EU Consistency* и уровня экономической интеграции *Economic Integration*, является позитивная связь зависимой и независимой переменной. Этот результат также подтверждает

Гипотезу 1, представленную в данном исследовании, так как значением переменной *Economic Integration* является объем торговли, а не диверсификация структуры торговли. Таким образом, увеличение объема торговли между странами-партнерами ЕС и Европейским Союзом ведет к более лояльным рейтингам демократического прогресса, сделанные ЕС и не способствует активной и последовательной политике ЕС по продвижению демократических принципов в странах-партнерах. В Модели 5, которая тестирует взаимосвязь переменной *EU Consistency* и уровня связей в различных секторах сотрудничества *Sectoral Cooperation*, коэффициенты корреляции принимают негативные значения. Это значит, что чем выше уровень связей между странами-партнерами ЕС и ЕС в различных секторах сотрудничества, тем выше вероятность последовательной политики ЕС по продвижению демократических принципов в странах-партнерах. Этот результат также подтверждает Гипотезу 1, представленную в данном исследовании. Для тестирования устойчивости полученных результатов далее проводится бинарная логистическая регрессия (Модели 6, 7 и 8). С помощью метода бинарной логистической регрессии можно исследовать зависимость дихотомических (бинарных, имеющих только два категориальных значения) переменных от независимых переменных, имеющих любой вид шкалы. В данном исследовании исследуются такие два значения переменной *EU Consistency,* как последовательная и непоследовательная оценка развития демократии в странах Восточного партнерства со стороны ЕС (в моделях 1 – 5 мы использовали значения переменной *EU Consistency* по шкале от более лояльных рейтингов демократического прогресса до более критичных оценок развития демократии со стороны ЕС). Для этого мы вводим фиктивную переменную, которая задается либо значением 1 в случае одинаковых оценок развития демократии как со стороны ЕС, так и со стороны Freedom House, либо значением 0 в случае разных оценок. В результате, модель, которая тестирует взаимосвязь переменной *EU Consistency* и уровня связей в различных секторах сотрудничества *Sectoral Cooperation,* подтверждает предыдущие результаты, в то время как модели, тестирующие взаимосвязь переменной *EU Consistency* с одной стороны и уровня экономической интеграции *Economic Integration*, а также индикаторов *Export and Import Concentration* с другой стороны, не выявляют значительной взаимосвязи.

Модели 9 и 10 представляют собой статистические тесты на гетероскедастичность. Гетероскедастичность возникает, если анализируемые объекты неоднородны. В нашем случае неоднородными являются как исследуемые страны, так и категории демократического прогресса. Результаты Моделей 9 и 10 почти идентичны результатам Модели 2, что говорит об устойчивости полученных результатов.

В конце концов, в Модели 11 проводится статистический анализ с целью, чтобы определить, стали ли оценки развития демократии, сделанные ЕС по отношению к странам-членам Восточного партнерства, более последовательными после учредительного саммита Восточного партнерства. Результаты анализа подтвердили данное утверждение.

Таблица 5: Результаты регрессионного анализа с использованием метода наименьших квадратов

Column1	(1)	(2)	(3)	(4)	(5)	(6)	(7)	(8)	(9)	(10)	(11)
	OLS: baseline	OLS	OLS	OLS	OLS	Logit	Logit	Logit	OLS: robust	OLS: robust	OLS
VARIABLES	Consistency	Consisten cy	Consisten cy	Consisten cy	Consisten cy	Cons dummy	Cons dummy	Cons dummy	Consisten cy	Consisten cy	Consisten cy
Export concentration	0.705**	0.844**				-3.471			0.844*	0.844**	
	0.292	0.352				3.771			0.368	0.352	
Import concentration			2.026*								
			1.143								
Economic integration				1.029**			-0.495				
				0.502			4.817				
Sectoral cooperation					-0.874**			12.42**			
					0.416			5.595			
Eastern partnership											-0.0753**
											0.0323
Log Trade		0.141	0.0743	0.147	0.247**	-0.741	-0.545	-2.778*	0.141	0.141	0.168*
		0.0864	0.0826	0.0937	0.115	1.109	1.116	1.502	0.0949	0.0864	0.0969
Freedom house score		0.0566	0.116	0.0974	0.116	-0.0778	-0.134	-0.748	0.0566	0.0566	0.0891
		0.0663	0.0713	0.0726	0.0753	0.774	0.784	0.831	0.0796	0.0663	0.0627
Fragility index		0.0218	0.00522	0.0173	0.00656	-0.0807	-0.00300	-0.119	0.0218	0.0218	-0.00298
		0.0273	0.0269	0.0281	0.0265	0.336	0.334	0.329	0.0218	0.0273	0.0274
Election		-0.000157	0.00909	-0.00930	0.0119	-0.205	-0.214	-0.398	-0.000157	-0.000157	-0.00740
		0.0272	0.0263	0.0278	0.0287	0.316	0.319	0.336	0.0303	0.0272	0.0270
Log GDP		-0.511	-0.213	-0.130	-0.670	2.079	0.729	7.528	-0.511	-0.511	-0.225
		0.398	0.377	0.374	0.459	4.560	4.359	5.339	0.458	0.398	0.373
Log population		0.140	-0.554	-2.152	0.0744	-1.445	6.332	-22.39	0.140	0.140	-1.280
		1.705	1.712	1.605	1.739	21.92	20.50	24.70	1.471	1.705	1.553

Constant	-0.262*	7.495	12.12	34.50	11.84				7.495	7.495	23.62
	0.131	23.45	23.93	22.39	22.80				14.60	23.45	21.83
Cluster									country	country & cat	country & cat
Country fixed effects	Yes	Yes	Yes	Yes	Yes	Yes	Yes	Yes	Yes	Yes	Yes
Observations	210	210	210	210	210	198	198	198	210	210	210
Log Likelihood	91.92	94.88	92.66	94.63	93.39	-86.12	-86.54	-83.90	94.88	94.88	94.83
R-squared	0,0337	0,0606	0,0405	0,0583	0,0472				0,0606	0,0606	0,0602
chi2	.	.	.	.	.	1.937	1.089	6.372	.	.	.

6. Заключение

Считается, что договоры об ассоциации с ЕС не являются эффективным стимулом для продвижения демократических реформ, как, скажем, договоры о присоединении к ЕС. Успех политики ЕС по продвижению демократии и прав человека в странах-членах Восточного партнерства и стран, участвующих в политике добрососедства во многом определяется последовательной политикой ЕС в этой сфере. Хотя часто ЕС закрывает глаза на нарушения прав человека и другие противоправные действия стран-партнеров. Цель данного исследования – провести анализ, насколько последовательны оценки развития демократии в пяти странах Восточного партнерства со стороны ЕС и какие факторы влияют на последовательность этих оценок. Последовательность оценок демократии, сделанные ЕС по отношению к странам-членам Восточного партнерства, базируется в идеале на нормативной политике ЕС по продвижению демократии и прав человека. Чтобы измерить степень последовательности этих оценок здесь предлагается оригинальное исследование, которое может быть применено и к другим странам, помимо стран-членов Восточного партнерства.

Вначале в исследовании проводится количественный контент-анализ (англ.: QCA, Quantitative Content Analysis) категорий оценок демократического прогресса, имеющих место быть в годовых страновых докладах Европейского Союза по отношению к странам Восточного партнерства. В ходе этого анализа был получен результат, что оценки демократического прогресса, сделанные ЕС, отличаются в зависимости от страны и времени. Затем в исследовании сравниваются независимые аналитические доклады Freedom House, которые дают оценку уровню развития демократии в странах Восточного партнерства с оценками со стороны ЕС. Отклонения рейтингов ЕС от рейтингов Freedom House говорят о степени последовательности в оценках развития демократии, сделанные ЕС по отношению к отдельным странам Восточного партнерства. Чем выше эти отклонения, тем менее последовательной является политика ЕС по продвижению демократии в этих странах. В результате данного исследования было выявлено, что в подавляющем большинстве случаев ЕС более лояльно оценивает прогресс демократизации в странах Восточного Партнерства, нежели Freedom House.

Только по отношению к Молдове оценки ЕС и Freedom House совпадают.

Несмотря на то, что причины непоследовательных оценок ЕС могут отличаться от страны к стране, данное исследование приводит аргумент, что чем выше политическая и экономическая взаимозависимость между странами, тем выше вероятность последовательной оценки развития демократии в странах Восточного партнерства со стороны ЕС. Чтобы подтвердить этот аргумент далее проводится регрессионной анализ с использованием метода наименьших квадратов (англ.: OLS, Ordinary Least Squares). В качестве показателя взаимозависимости берется структура торговли между ЕС и отдельными странами Восточного партнерства. Кроме того, чтобы протестировать устойчивость полученных результатов, проводится анализ влияния уровня связей в различных секторах сотрудничества и уровень экономической интеграции между ЕС и странами-членами Восточного партнерства на последовательность демократических оценок.

Уровень двусторонней торговли оказывает, таким образом, влияние на продвижение демократии. Развитая диверсификация структуры экспорта косвенным образом способствует продвижению принципов демократии в странах-партнерах ЕС и повышает вероятность последовательной оценки развития демократии в странах Восточного партнерства со стороны ЕС. В свою очередь, высокая концентрация экспорта страны-партнера ЕС в одной экспортной статье не способствует активной и последовательной политике ЕС по продвижению демократических принципов в странах-партнерах.

В результате регрессионного анализа с использованием метода наименьших квадратов была найдена статистически значимая положительная взаимосвязь между диверсификационной структурой экспорта и последовательной оценкой развития демократии в странах Восточного партнерства, сделанной ЕС. В модели, которая тестировала взаимосвязь последовательности оценок ЕС иуровня связей в различных секторах сотрудничества, коэффициенты корреляции приняли негативные значения. Это значит, что чем выше уровень связей между странами-партнерами ЕС и ЕС в различных секторах сотрудничества, тем выше вероятность последовательной политики ЕС по продвижению демократических принципов в странах-партнерах. Этот результат также подтвердил аргумент, представленный в данном исследовании.

Перевод с английского Екатерины Ильющени

Часть 3
Конфликтный потенциал трубопроводной политики

Борьба за газотранспортную систему Украины сквозь призму теории секьюритизации

Катерина Боско (Katerina Bosko)

1. Введение

В течение последних двадцати лет Россия пыталась получить контроль над газотранспортной системой Украины (ГТС). В 1990-х годах в российском дискурсе Украина представлялась как ненадежный партнер, который не в состоянии платить за газовые долги, осуществляет несанкционированный отбор газа, предназначенный для европейских клиентов. В 2000-х годах ситуация изменилась, в обеих странах возобновился экономический рост. Но тема газовых поставок и их транзита не исчезла с повестки дня двухсторонних отношений. Особенно остро этот вопрос стоял во время так называемых «газовых войн» между Россией и Украиной зимой 2006 и 2009 годов, что вызвало большой интерес у исследователей.

С тех пор, много научных статей было посвящено так называемому «энергетическому оружию» России, под которым понимаются попытки России манипулировать энергетической зависимостью других стран, в том числе Украины, с целью получения экономических и политических выгод.[1] Следует, однако, отметить, что зависимость между Россией и Украиной не является односторонней, она взаимна. С одной стороны Украина зависит от поставок российского газа, с другой - Россия зависит от Украины в вопросе транзита своего газа в Европу. Тем не менее, в научной литературе вопросам управления газотранспортной системой Украины не уделялось достаточного внимания, и большинство исследований были сосредоточены либо на геополитических аспектах

1 Подробнее: Hedenskog, Jakob/Larsson, Robert L.: Russian Leverage on the CIS and the Baltic States. Stockholm: Swedish Defence Research Agency (FOI), 2007; Baran, Zeyno: EU Energy Security: Time to End Russian Leverage, in: The Washington Quarterly, 2007 (vol. 30), no. 4, pp. 131–44; Smith, Keith C.: Russia and European energy security. Divide and dominate. Washington, DC: CSIS Press/Center for Strategic & International Studies, 2008; Orttung, Robert W. and Indra Øverland: A limited toolbox: Explaining the constraints on Russia's foreign energy policy, in: Journal of Eurasian Studies, 2011 (vol. 2), no. 1, pp. 74–85.

обходных газотранспортных проектов России[2], либо на зависимости Украины от импорта газа из России.[3] Между тем, другая сторона вопроса – точка зрения Украины на транзит газа – не была достаточно исследована.

Данная глава стремится восполнить этот пробел и представляет собой исследование газотранспортного сектора Украины. Начиная с провозглашения независимости в 1991 году, украинская газотранспортная сеть находится в собственности государства, в отличие от многих других отраслей промышленности, которые контролируются украинскими олигархами. Кроме того, тот факт, что Россия не смогла получить контроль над украинской ГТС, несмотря на ее успехи в других постсоветских государствах, придает этому исследованию особый интерес.[4]

В настоящем исследовании делается попытка ответить на вопрос, каким образом Украине удалось избежать передачи контроля над своей ГТС России, несмотря на постоянное давление с ее стороны. Для ответа на поставленный вопрос в статье делается акцент на логике действий акторов в разные моменты времени. В статье используется теория секьюритизации, которая помогает рассмотреть вопрос транзита газа в более широком контексте властных отношений на Украине. Гипотеза данного исследования состоит в том, что когда украинское правительство вело переговоры о статусе ГТС с Россией, оппозиция пуб-

---

2 Victor, Nadejda M./Victor, David G.: Bypassing Ukraine: exporting Russian gas to Poland and Germany, in Victor, David G./Jaffe, Amy M./Hayes, Mark H. (eds) Natural gas and geopolitics: from 1970 to 2040. Cambridge: Cambridge University Press, 2006, pp. 122–168; Gonchar, Michael/Martynyuk, Vitalii/Chubyk, Andriy: The impact of Nord Stream, South Stream on the gas transit via Ukraine and security of gas supplies to Ukraine and the EU, in: EU-Russia gas connection: Pipes, politics and problems, ed. Kari Liuhto. Electronic Publications of Pan-European Institute, 2009, pp. 49–69.

3 Balmaceda, Margarita M.: Gas, Oil and the linkages between domestic and foreign policies: The case of Ukraine, in: Europe-Asia Studies, 1998 (vol. 50), no. 2, pp. 257–286; Balmaceda, Margarita M.: Explaining the Management of Energy Dependency in Ukraine. Possibilities and Limits of a Domestic-Centered Perspective, in: Working Paper (Arbeitspapiere), Mannheimer Zentrum für Europäische Sozialforschung (79), 2004, http://www.uni-mannheim.de/fkks/fkks30.pdf

4 Газпром купил в 1990-хгг. Часть молдавской и армянской ГТС в обмен на газовые долги. Он также приобрел 50% Белтрансгаза (газотранспортного оператора Беларусии) в 2007 и оставшиеся 50% в 2012 г. См., например: Mitrova, Tatiana/Pirani, Simon/Stern, Jonathan: Russia, the CIS and Europe: gas trade and transit, in: Russian and CIS gas markets and their impact on Europe, ed. Simon Pirani, Oxford: Oxford University Press, 2009, 395–441, herep. 411.

лично секьюритизировала этот вопрос, тем самым ограничивая свободу действий правительства и нанося огромный ущерб его имиджу. Более того, подобную инструментализацию дискурса, анализируемую в статье, следует рассматривать не как частный случай энергетических отношений на постсоветском пространстве, а как типичный случай принятия решений на Украине. Таким образом, эта статья может внести вклад не только в исследования по теме «энергетического оружия» России, но и в изучение практик государственного управления на Украине.

Глава имеет следующую структуру. В первом разделе рассматриваются различные гипотезы, которые могут дать ответ на вопрос данного исследования. Во втором разделе представлен теоретический базис исследования – основные аспекты теории секьюретизации. В третьем разделе данная теория секьюритизации рассматривается применительно к Украине. В четвертом разделе представлены дискуссии о приватизации украинской ГТС с 1990-х по 2010 год. В пятом разделе анализируется борьба за ГТС Украины сквозь призму теории секьюритизации. В последнем разделе приводятся основные выводы.

2. Теоретические рассуждения

Сразу после распада Советского Союза Россия начала проводить политику, с одной стороны, по поиску путей обхода транзитных территорий, а с другой - получения контроля над транзитными системами постсоветских стран. Используемые при этом методы хорошо документированы в научной литературе. К ним относятся предоставление субсидий, прекращение поставок газа и строительство альтернативных транзитных трубопроводов.[5] Такая политика была в целом успешна, но не всегда; пример тому – Украина, что дает повод некоторым авторам сомневаться в эффективности энергетического давления со стороны России. Так, например, Карен Смит Стеген утверждает, что применение «энергетического оружия» против определенной страны можно считать лишь тогда успешным, когда эта страна меняет свое поведение в случае давления или продолжает поддерживать Россию в слу-

5 Orttung, Robert W./Øverland, Indra: A limited toolbox: Explaining the constraints on Russia's foreign energy policy, in: Journal of Eurasian Studies, 2011 (vol. 2), no. 1, pp. 74–85.

чае вознаграждения.[6] Таким образом, пределы российского энергетического давления по Смит Стегену следует искать не в самой России, а за ее пределами. К сожалению, Смит Стеген не развивает идею дальше и не объясняет, каким образом некоторые государства смогли противостоять давлению России.

Именно этот вопрос, как уже отмечалось выше, имеет центральное значение в данной главе. Цель ее - объяснить, каким именно образом Украине удалось успешно блокировать все попытки приватизации ГТС. В теоретической литературе были предложены три основных гипотезы, способных объяснить приватизационную блокаду: гипотеза о геополитическом значении, гипотеза о получении рент и гипотеза об экономическом национализме.

2.1 Гипотеза о геополитическом значении

Согласно классической теории геополитики Украина считается частью так называемого «Хартленда», контроль над которым открывает путь к мировому господству.[7] Подобным образом Збигнев Бжезинский определил современную роль Украины на геополитической шахматной доске как одного из «геополитических центров» (англ.: geopolitical pivots), «чье значение вытекает не из их силы и мотивации, а скорее из их важного местоположения и последствий их потенциальной уязвимости для действий со стороны геостратегических акторов».[8]

Тезис о геополитической значимости Украины был сформулирован в значительной степени внешними игроками и не был полностью осмыслен внутри страны. Украинские акторы никогда не формулировали внешнеполитическую доктрину на основе этой точки зрения и никогда не пытались использовать энергетический сектор страны для геополитических целей так, как это делает Россия. И это несмотря на тот факт, что в силу своего географического положения ГТС Украины имеет важное геополитическое значение как для России в качестве крупного

---

6 Smith Stegen, Karen: Deconstructing the “energy weapon”: Russia's threat to Europe as case study, in: Energy Policy, 2011 (vol. 39), no. 10, pp. 6505–6513, here p. 6510.

7 Mackinder, Halford John: Democratic ideals and reality. A study in the politics of reconstruction, London: Constable, 1919.

8 Brzezinski, Zbigniew: The Grand chessboard. American primacy and its geostrategic imperatives, NewYork: Basicbooks, 1997, p. 41.

газового экспортера, так и для ЕС как потребителя газа.[9] Тем не менее, до или во время переговоров Украина пыталась не раз оказывать давление на Россию в вопросах объемов транзита и цен на газ. И все же, логика подобного давления была исключительно экономической, исходящей из желания улучшить условия торговли, а не для получения некоторого геополитического веса. Геополитическое значение Украины в качестве транзитной страны для газа было скорее побочным продуктом этой политики, а не его основной мотивацией. Иначе как объяснить тот факт, что Украина несколько раз в течение последних двадцати лет была готова сдать свою ГТС России?

Кроме того, в отличис от России, Украина так и не разработала стратегическое видение своего газотранспортного статуса, несмотря на то, что его значение широко признано на Украине. До 2006 года Украина не вела отдельной транзитной политики, потому что импорт газа из России и транзит газа через территорию Украины были объединены в один пакет, что также говорит в пользу экономической логики действий Украины. Энергетическая стратегия Украины до 2030 года, принятая в 2006 году, только описывала газотранспортные мощности Украины и не предусматривала каких-либо мер по ее дальнейшему развитию за исключением необходимости ее модернизации.[10] В результате, возможности и риски транзита через Украину были плохо оценены. Например, Украина никогда не учитывала энергетическую стратегию ЕС, направленную на снижение потребления энергии,[11] что имеет прямые последствия для роли Украины как транзитного государства. Кроме того, предстоящее сокращение добычи газа в России, широко обсуждаемое среди европейских исследователей,[12] на Украине тоже

9 Для более подробной информации о газотранспортной политики Украины, см., например: Malyhina, Kateryna: Die Erdgasversorgung der EU unter besonderer Berücksichtigung der Ukraine als Transitland, Bremen: Arbeitspapiere und Materialien – Forschungsstelle Osteuropa, no. 105, 2009.

10 См. подробнее: Энергетическая стратегия Украины на период до 2030 года, http://zakon4.rada.gov.ua/laws/file/text/8/f197393n9.zip

11 Более детальную информацию об энергетической политике ЕС можно найти в: Malyhina, Kateryna: Die Erdgasversorgung der EU unter besonderer Berücksichtigung der Ukraine als Transitland, Bremen: Arbeitspapiere und Materialien – ForschungsstelleOsteuropa, no. 105, 2009, herepp. 14–17.

12 См. подробнее: Orttung, Robert W./Perović, Jeronim/Pleines, Heiko/Schröder, Hans-Henning (eds): Russia's Energy Sector between Politics and Business, Bremen: Working Papers of the Research Centre for East European Studies, No. 92,

не рассматривалось. Лишь однажды Украина пыталась скоординировать свою транзитную политику с другой транзитной страной – Белоруссией, но безрезультатно. Наконец, Украина никогда серьезно не заботилась о создании привлекательного инвестиционного режима для ее газопроводов, несмотря на острую необходимость их модернизации.

Подобное отсутствие видения Украиной своей роли как транзитной страны для газа противоречит ее успешному опыту противодействия попыткам России получить контроль над украинской ГТС. Следовательно, гипотеза о геополитическом значении не может вполне ответить на поставленный в этой статье вопрос.

2.2 Гипотеза о получении рент

Вторая гипотеза, которая может помочь нам понять, как Украине удалось избежать передачи ее ГТС России, - это тезис о получении рент, основным автором которого, в частности применительно к энергетической политике Украины, является Маргарита Бальмаседа.[13] В отличие от многих других ученых, которые рассматривают энергетическую зависимость постсоветских государств от России как следствие экономического давления России, Бальмаседа сместила фокус исследования на внутриполитические процессы на Украине и рассматривает украинскую энергетическую политику как независимую переменную в украинско-российских энергетических отношениях. Бальмаседа утверждает, что Украина не хочет снижать свою энергетическую зависимость от России, потому что торговля газом приносит прибыль украинским по-

---

2008; Nies, Susanne: Oil and gas delivery to Europe: an overview of existing and planned infrastructures, Paris: IFRI, 2008, p. 61; Ahrend, Rudiger/Tompson, William: Unnatural Monopoly: The Endless Wait for Gas Sector Reform in Russia, in: Europe-Asia Studies, 2005 (vol. 57), no. 6, pp. 801–821, here p. 804.

13 Balmaceda, Margarita M.: Gas, Oil and the linkages between domestic and foreign policies: The case of Ukraine, in: Europe-Asia Studies, 1998 (vol. 50), no. 2, pp. 257–286; Balmaceda, Margarita M.: Ukraine's Persistent Energy Crisis, in: Problems of Post-Communism, 2004 (vol. 51), no. 4, pp. 40–50; Balmaceda, Margarita M.: Explaining the Management of Energy Dependency in Ukraine. Possibilities and Limits of a Domestic-Centered Perspective, Working Paper (Arbeitspapiere), Mannheimer Zentrum für Europäische Sozialforschung (79), 2004, http://www.uni-mannheim.de/fkks/fkks30.pdf; Balmaceda, Margarita M.: Energy dependency, politics and corruption in the former Soviet Union. Russia's power, oligarchs' profits and Ukraine's missing energy policy 1995 – 2006, London: Routledge, 2008.

литическим и экономическим элитам. По этой же причине украинские акторы заинтересованы в сохранении статус-кво. Желание увеличить так называемую «ренту энергетической зависимости» (англ.: rents of energy dependency)[14]приводит к неоправданной и непоследовательной газовой политике и вредит энергетической безопасности Украины. Согласно Бальмаседе, рентоориентированное поведение украинских политиков препятствует энергетической независимости Украины и способствует успеху применения Россией «энергетического оружия» против Украины.

Гипотеза о получении рент вполне может объяснить, почему ГТС не была приватизирована. Тем не менее, без ответа остается вопрос - каким образом это происходило? Более того, тезис о получении рент не отображает динамику дискуссий о статусе ГТС (см. раздел 2.4). Так, вопрос о приватизации ГТС много раз поднимался и Украина несколько раз даже была готова передать свою ГТС России, что противоречит логике рентоориентированного поведения, поскольку такой шаг означал бы отказ от доходов в будущем. Таким образом, если бы гипотеза о получении ренты была обоснованной, ни один украинский актор не был бы заинтересован в аренде ГТС или ее продаже. На основании вышесказанного сделан вывод о том, что тезис о получении ренты не достаточен для объяснения динамики дебатов о приватизации ГТС.

2.3 Гипотеза об экономическом национализме

Экономический национализм можно было бы рассматривать в качестве контраргумента против тезиса об асимметричной экономической взаимозависимости в целом и «энергетического оружия» России в частности, как его конкретной формы. Идея о том, что ассиметричнаяэкономическая взаимозависимость может быть источником власти, была сформулирована Альбертом Хиршманом еще в 1945 году. [15] Применительно к Украине, Рави Абделал использовал этот подход с целью объяснения изменений в украинской внешней политике в начале 1990-х, когда прежняя националистическая позиция украинского

14 Balmaceda, Margarita M.: Energy dependency, politics and corruption in the former Soviet Union. Russia's power, oligarchs' profits and Ukraine's missing energy policy 1995–2006, London: Routledge, 2008, p. 8.

15 Hirschman, Albert O.: National power and the structure of foreign trade. Berkeley: University of California Press, 1980.

правительства сменилась курсом на сближение с Россией из-за многочисленных проблем с энергетическими поставками.[16]

Однако, в 2000-х гг. ряд ученых, представляющих конструктивистский экономический национализм, поставил под сомнение эффективность подхода асимметричной экономической взаимозависимости.[17] Эти исследователи стремились найти ответ на вопрос, почему бывшие советские республики проводили разную экономическую политику по отношению к России, хотя все они были экономически зависимы от нее. Гипотеза об экономическом национализме объясняет эти различия разным восприятием экономической зависимости от России. В то время как Прибалтика и Украина рассматривали ее как угрозу национальной безопасности, Беларусь воспринимала ее как данность. Таким образом, дискурс о национальной идентичности определял в значительной степени внешнеэкономические предпочтения государств. Соответственно, Абделал сформулировал ограниченность доктрины «энергетического оружия» России следующим образом: «(...) попытки России использовать принуждение в связи с энергозависимостью Украины успеха не имели, главным образом потому, что украинское правитель-

16 Abdelal, Rawi/Kirshner, Jonathan: Strategy, economic relations, and the definition of national interests, in: Security Studies, 1999 (vol. 9), no. 1–2, pp. 119–156; Abdelal, Rawi: Interpreting Interdependence: National Security and the Energy Trade of Russia, Ukraine, and Belarus, in: Legvold, Robert/Wallander,Celeste A. (eds.): Swords and sustenance. The economics of security in Belarus and Ukraine, Cambridge, MA: American Academy of Arts and Sciences; MIT Press, 2004, pp. 101–127.

17 Abdelal, Rawi: National purpose in the world economy. Post-Soviet states in comparative perspective, Ithaca, N.Y, Bristol: Cornell University Press, 2005; Abdelal, Rawi: Nationalism and International Political Economy in Eurasia, in: Helleiner, Eric/Pickel,Andreas (eds.): Economic nationalism in a globalizing world, Ithaca, N.Y: Cornell University Press, 2005, pp. 21–43; Eichler, Maya: Explaining Post-Communist Transformations: Economic Nationalism in Ukraine and Russia, in: Helleiner, Eric/Pickel,Andreas (eds.): Economic nationalism in a globalizing world, Ithaca, N.Y: Cornell University Press, 2005, pp. 69–87; Shulman, Stephen: Nationalist Sources of International Economic Integration, in: International Studies Quarterly, 2000 (vol. 44), no., pp. 365–390; Tsygankov, Andrei P.: Pathways after empire. National identity and foreign economic policy in the post-Soviet world, Lanham: Rowman & Littlefield, 2001; Tsygankov, Andrei P.: The Return to Eurasia: Russia's Identitiy and Geoeconomic Choices in the Post-Soviet World, in: Helleiner, Eric/Pickel,Andreas (eds.): Economic nationalism in a globalizing world, Ithaca, N.Y: CornellUniversityPress, 2005, pp. 44–68.

ство всегда считало, что Россия представляет угрозу национальной безопасности Украины».[18]

Тем не менее, тезис об экономическом национализме не в состоянии объяснить, почему Украина подписала с Россией договор аренды базы ЧФ в Севастополе в 1997 году, а аренды или приватизации ГТС – нет, хотя в обоих случаях Россия рассматривалась как угроза национальной безопасности. Гипотеза об экономическом национализме, таким образом, не может объяснить всю сложность принятия политических решений на Украине.

2.4 Гипотеза о секьюритизации вопроса ГТС

Основная проблема вышеупомянутых гипотез – это их статическая концептуализация, в результате чего из поля зрения выпадает динамика дискуссий о приватизации ГТС. В итоге, некоторые ученые пытались объединить различные гипотезы, чтобы лучше описать динамику российско-украинских отношений. Например, Пол Д'Аниери объединил тезис об асимметричной взаимозависимости с тезисом об экономическом национализме, чтобы объяснить «украинскую дилемму» между стремлением Украины к полной политической независимости и необходимостью учитывать экономическую зависимость от России.[19]

Хотя подобная трактовка по-прежнему актуальна, в данной статье предлагается другая интерпретация отношений Украины с Россией с точки зрения внутренней борьбы за власть, рассмотренной сквозь призму теории секьюритизации. Как отметил Стефано Гуццини, секьюритизационный анализ может объяснить, почему акторы предпринимают определенные шаги, почему некоторые из них могут найти восприимчивую аудиторию и почему последствием этих шагов становится определенный комплекс мер.[20] Таким образом, сформулированная в

18 Абделал, Рави: Различное понимание взаимозависимости: национальная безопасность и торговля энергоресурсами между Россией, Украиной и Беларусью/Мечи и орала. Экономика национальной безопасности Беларуси и Украины. Под ред. Роберта Легволда и Селесты А. Уолландер. Кембридж, штат Массачусетс: Американская академия гуманитарных и точных наук; "Интердиалект+". Переводсанглийскогоиздание, 2004, стр. 133.

19 D'Anieri, Paul: Economic interdependence in Ukrainian-Russian relations, Albany, N.Y: State University of New York Press, 1999.

20 Guzzini, Stephano: Securitization as a causal mechanism, in: Security Dialogue, 2011 (vol. 42), no. 4–5, pp. 329–341, here p. 338.

данной работе гипотеза сводится к следующему: когда украинское правительство вело переговоры о статусе ГТС с Россией, оппозиция публично секьюритизировала этот вопрос, тем самым ограничивая свободу действий правительства и нанося огромный ущерб его имиджу. Теперь перейдем к изложению теории секьюритизации в качестве аналитического подхода.

3. Теория секьюритизации как аналитический подход

Теория секьюритизации была разработана Барри Бузаном и Оле Вевером, чьи работы получили в научной литературе название «копенгагенская школа». Эта теория представляет совершенно новый подход к безопасности, определяя ее не как объективную реальность, а как реальность, сконструированную в политической практике. Безопасность, таким образом, понимается как речевой акт, представляющий какое-либо развитие событий в виде угрозы определенному референтному объекту (англ.: referent object). Такая угроза включается в повестку дня и подчиняется определенной логике, продиктованной «языком безопасности».[21] Согласно авторам, секьюритизация служит для легитимизации использования чрезвычайных мер, которые не были бы применимы в «нормальных» условиях повседневной политики.[22] Таким образом, секьюритизация представляет собой политический акт и поэтому сравнима с политизацией, но эти два понятия не идентичны: когда вопрос политизируется, он становится предметом открытой дискуссии, конечный итог которой не определен, в то время как секьюритизированный вопрос должен решаться в срочном порядке.[23] Такое различие ясно показывает, что политические вопросы и вопросы безопасности имеют разную логику действий. Вследствие успешной секьюритизации можно в рамках закона изменить установленную процедуру принятия решений.[24]

---

21 Wæver, Ole: Securitization and Desecuritization, in: Lipschutz,Ronnie D. (ed.): On security, New York: Columbia University Press, 1995, pp. 46–86, here p. 55.

22 Buzan, Barry/Wæver Ole/Wilde, Jaap de: Security. A new framework for analysis, Boulder, CO: Lynne Rienner, 1998, pp. 23–24.

23 Ibid, p. 29.

24 Ibid, p. 24.

Тем не менее, не каждый вопрос, который представлен как угроза (секьюритизирован, англ.: securitization move)[25], может привести к желаемому результату - изменению процедуры принятия решений. Экзистенциальные угрозы и чрезвычайные меры – это необходимые, но не достаточные условия для успешной секьюритизации. По сути, они относятся к так называемому «интерналистскому» центру тяжести в теории секьюритизации по Штритцелю, в соответствии с которым новый смысл фиксируется при самом речевом акте и не зависит от контекста. Подобный постструктуралистский взгляд на безопасность подчеркивает перформативность речевых актов,[26] действие которых ограничено временем их произношения.[27] Штритцель различает, однако, в Копенгагенской школе также «экстерналистский» центр тяжести - понимание безопасности как «структурированного поля» (англ.: structured field), где одни акторы имеют более властные позиции, чем другие.[28] По Штритцелю, экстерналистские элементы теории секьюритизации отражены в концептуализации благоприятных условий (англ.: facilitating conditions) и отношений между спикером и аудиторией (англ.: speaker - audience relationship). Именно эти моменты помогают более точно определить успех секьюритизации.

Копенгагенская школа определяет благоприятные условия как «условия, в которых речевой акт срабатывает, в отличие от случаев, когда он дает осечку или когда им злоупотребляют».[29] Такие благоприятные условия делятся на внутренние и внешние. В то время как внутренние благоприятные условия представляют собой лингвистические условия, внешние включают в себя акторов секьюритизации и сконструированные угрозы.

---

25 Ibid, p. 25.

26 Цитата на языке оригинала (англ.): «more concrete, performative means that '[b]y saying the words, something is done'», Buzan, Barry/Wæver Ole/Wilde, Jaap de: Security. A new framework for analysis, Boulder, CO: Lynne Rienner, 1998, p. 26.

27 Stritzel, Holger: Towards a Theory of Securitization: Copenhagen and Beyond, in: European Journal of International Relations, 2007 (vol. 13), no. 3, pp. 357–383, here p. 359.

28 Ibid, p. 365; Buzan, Barry/Wæver, Ole/Wilde, Jaap de: Security. A new framework for analysis, Boulder, CO: Lynne Rienner, 1998, pp. 31–33.

29 Buzan, Barry/Wæver, Ole/Wilde, Jaap de: Security. A new framework for analysis, Boulder, CO: Lynne Rienner, 1998, p. 32.

Внутренние благоприятные условия – это «грамматика безопасности», «сюжет, который включает в себя экзистенциальную угрозу, точку невозврата, возможный выход из ситуации [...] плюс речевые особенности различных сфер деятельности».[30] Как указывают другие авторы, «язык безопасности» имеет несколько универсальных черт. Во-первых, он способствует мышлению по схеме игры с нулевой суммой, по типу «мы против них».[31] Во-вторых, фреймы безопасности[32] могут быть достаточно долгосрочными, так каких довольно сложно изменить.[33]

В тоже время, внешние благоприятные условия Копенгагенская школа представляет как властную позицию актора секьюритизиации и его уровень влияния (формальное либо неформальное), которые напрямую связаны с вероятностью того, поддастся ли аудитория секьюритизации. Копенгагенская школа также утверждает, что некоторые особенности объектов секьюритизации (т.е. объектов, которым что-то угрожает, англ.: referent objects) могут повлиять на степень правдоподобности секьюритизации. Так, шансы на успех секьюритизации выше, если акторы секьюритизации ссылаются в своих речевых актах на суверенитет государства или национальную идентичность, или когда референтные объекты каким-либо образом связаны с безопасностью государства, что дает естественное право на его защиту.[34] В этом отношении Штритцель идет еще дальше, предложив тезис о том, что успех секьюритизации зависит от ее резонанса с уже существующими дискурсами.[35] В более поздних работах Бузан и Вевер признали роль таких дискурсов - макросекьюритизаций (как, например, мировые рели-

30 Ibid, p. 33.

31 Williams, Michael C.: Words, Images, Enemies: Securitization and International Politics, in: International Studies Quarterly, 2003 (vol. 47), no. 4, pp. 511–531, here pp. 519–520.

32 Benford, Robert D./Snow, David A.: Framing Processes and Social Movements: An Overview and Assessment, in: Annual Review of Sociology, 2000 (vol. 26), no. 1, pp. 611–639.

33 Williams, Michael C.: Words, Images, Enemies: Securitization and International Politics, in: International Studies Quarterly, 2003 (vol. 47), no. 4, pp. 511–531, here p. 519.

34 Buzan, Barry/Wæver, Ole/Wilde, Jaap de: Security. A new framework for analysis, Boulder, CO: Lynne Rienner, 1998, p. 38.

35 Stritzel, Holger: Towards a Theory of Securitization: Copenhagen and Beyond, in: European Journal of International Relations, 2007 (vol. 13), no. 3, pp. 357–383, here pp. 370.

гии, политические идеологии, холодная война), которые в состоянии структурировать расклад сил и тем самым влиять на секьюритизацию более низкого уровня.[36]

Что касается отношений между спикером и аудиторией, то согласно Копенгагенской школе вопрос становится лишь тогда по - настоящему секьюритизированным, когда аудитория с ним полностью согласна. «Успех секьюритизации зависит не от актора секьюритизации, а от аудитории речевого акта: принимает ли аудитория предложенную экзистенциальную угрозу в качестве общепринятой ценности?».[37]Однако подобное утверждение многие исследователи называют одним из слабых мест в теории секьюритизации. [38] Как справедливо отмечает Штритцель, эта часть теории не согласуется с ее интерналистской частью. С одной стороны, введение понятия «аудитории» подрывает постструктуралистский подход в теории, который основывается на речевом акте, направленного на конструирование вопроса безопасности независимо от контекста путем обычной артикуляции.[39] С другой стороны, без аудитории, определяющей успех секьюритизации, более распространенными были бы риторические манипуляции, такие как, например, фашистская речь.[40] Поэтому такая дифференциация между спикером и аудиторией приобретает особый смысл. Как утверждает Уильямс, определение секьюритизации как речевого акта делает ее коммуникативным действием, требующего аргументации, представле-

---

36 Buzan, Barry/Wæver, Ole: Macrosecuritisation and security constellations: reconsidering scale in securitisation theory, in: Review of International Studies,2009 (vol. 35), no. 02, pp. 253–276.

37 Buzan, Barry/Wæver, Ole/Wilde, Jaap de: Security. A new framework for analysis, Boulder, CO: Lynne Rienner, 1998, p. 31.

38 Stritzel, Holger: Towards a Theory of Securitization: Copenhagen and Beyond, in: European Journal of International Relations, 2007 (vol. 13), no. 3, pp. 357–383; Balzacq, T.: The Three Faces of Securitization: Political Agency, Audience and Context, in: European Journal of International Relations, 2005 (vol. 11), no. 2, pp. 171–201; McDonald, Matt: Securitization and the Construction of Security, in: European Journal of International Relations, 2008 (vol. 14), no. 4, pp. 563–587.

39 McDonald, Matt: Securitization and the Construction of Security, in: European Journal of International Relations, 2008 (vol. 14), no. 4, pp. 563–587, here p. 572.

40 Williams, Michael C.: Words, Images, Enemies: Securitization and International Politics, in: International Studies Quarterly, 2003 (vol. 47), no. 4, pp. 511–531, here pp. 522–523.

ния доказательств и необходимости убеждения других в своей позиции.[41]

Понимание секьюритизации как коммуникативного действия, однако, ограничивает применимость теории секьюритизации лишь к либерально-демократическим странам, для которых открытые общественные дискуссии – это нормальное явление. Более того, проведенное в теории разграничение между «нормальной» и «экстраординарной» политикой на самом деле не имеет смысла в недемократических политических системах, где процедура принятия решений не следует жестким правилам и где принятие чрезвычайных мер и нарушение законов может быть весьма обычной практикой.[42] В результате, в теории секьюритизации существует определенная демократическая предвзятость,[43] которую следует учитывать при ее использовании для анализа недемократических стран.

4. Контекстуализация теории секьюритизации для изучения гибридных режимов

Теория секьюритизации состоит из таких элементов - акторы секьюритизации; вопросы (угрозы), которые секьюритизируются; референтный объект; условия и получаемые при этих условиях результаты.[44] Однако, для применения теории секьюритизации в отношении анализа украинской политической среды необходимо ее вначале контекстулизировать.

Несмотря на более чем двадцать лет трансформаций, украинский политический режим все еще не консолидирован. За последнее десятилетие Украина пережила два значительных политических перелома – авторитарное президентство Леонида Кучмы закончилось переходом к более демократическому президентству Виктора Ющенко в 2004 году, которое в свою очередь закончилось в 2010 году возвратом к автори-

---

41 Ibid, p. 522.

42 Vuori, J. A.: Illocutionary Logic and Strands of Securitization: Applying the Theory of Securitization to the Study of Non-Democratic Political Orders, in: European Journal of International Relations, 2008 (vol. 14), no. 1, pp. 65–99, here p. 69.

43 Ibid, p. 66; См. также: Wilkinson, C.: The Copenhagen School on Tour in Kyrgyzstan: Is Securitization Theory Useable Outside Europe?, in: Security Dialogue, 2007 (vol. 38), no. 1, pp. 5–25.

44 Buzan, Barry/Wæver, Ole/Wilde, Jaap de: Security. A new framework for analysis, Boulder, CO: Lynne Rienner, 1998, p. 32.

тарному стилю правления при Викторе Януковиче. Перефразируя Анну Гжимала-Буссе и Паулине Джонс Луонг, государство на Украине попрежнему не является унитарным, интенциональным актором, так как ни один актор не имеет одинакового влияния на все государственные органы, и действия государства не являются ни централизованными, ни последовательными.[45] Повсеместная коррупция, наличие мощных экономических игроков (олигархов), способных влиять на государственную политику, а также деление Украины на пророссийский Восток и прозападный Запад - все эти факторы препятствуют консолидации украинского политического режима. В результате, конкуренция за государственные финансовые и административные ресурсы проходит особенно ожесточенно, а сами законы становятся мощным ресурсом в борьбе за власть. В литературе, посвященной политическим режимам, такой режим определяется как «конкурентный авторитаризм» (англ.: competitive authoritarianism)[46], как тип гибридного режима (англ.: hybrid regime) между демократией и авторитаризмом, для которого выборы являются значимыми в борьбе за власть, а не просто фасадом, характерным для авторитарных режимов. Однако, в отличие от демократических режимов, правила игры в гибридных режимах постоянно меняются в пользу власти.

В таком политическом контексте изменение процедуры принятия решений (что в самой теории секьюритизации является основной логикой секьюритизации) не требует специальной легитимизации, в отличие от консолидированных либеральных демократий. Тем не менее, из-за слабого правового поля и нескольких центров власти[47], страна особенно уязвима перед любой риторической манипуляцией. Так же как и правила, дискурсы становятся важным ресурсом, поскольку любое действие или бездействие может быть определенным образом интерпретировано для одобрения и увеличения сторонников либо для дискредитации противников. До сих пор политологи исследовали только структурную составляющую этих практик - кто контролирует средства

45 Grzymala-Busse, A./Luong, P. J.: Reconceptualizing the State: Lessons from Post-Communism, in: Politics & Society, 2002 (vol. 30), no. 4, pp. 529–554, here pp. 532–533.

46 Levitsky, Steven/Way, Lucan: Competitive authoritarianism. Hybrid regimes in the post-Cold War era, Cambridge: Cambridge University Press, 2010.

47 Grzymala-Busse, A./Luong, P. J.: Reconceptualizing the State: Lessons from Post-Communism, in: Politics & Society, 2002 (vol. 30), no. 4, pp. 529–554, here p. 533.

массовой информации и как она инструментализируется в интересах власти, прежде всего с помощью цензуры.[48] Идейная сторона, а если точнее, эффективность разных фреймов и особенно секьюритизации, как одного из них, до сих пор не была изучена.

Контекстуализируя теорию секьюритизации для анализа политических реалий на Украине, необходимо вначале определить, какая именно часть теории требует уточнения. Как показано в предыдущем разделе, логика безопасности представляет собой интернационалистскую часть теории и претендует быть универсальной, т.е. независимой от контекста. Логика секьюритизации, напротив, имеет дело с намерениями акторов, которые могут использовать язык безопасности для своих собственных целей. Соответственно, она относится к экстерналистской части теории и должна рассматриваться в каждом конкретном случае.

В общем, логика секьюритизации сильно зависит от того, кто участвует в секьюритизации и какое место они занимают в общем «структурированном поле» (англ.: structured field). Стоит отметить, что теория секьюритизации определяет акторов секьюритизации довольно широко - на основе общего социального капитала, который не обязательно влечет за собой обладание формальной властью. Однако логика изменения процедуры принятия решений подразумевает, что потенциальные акторы секьюритизации скорее всего - государственные чиновники, так как в демократическом государстве трудно себе представить, что несанкционированные акторы могут хоть как-нибудь влиять на изменение процедуры принятия решения.[49] Действительно, в большинстве случаев применения теории секьюритизации изучалась секьюритизация, проводимая акторами, ответственными за принятие решений (правительства или международные организации) в демократическом контексте.[50] В закрытых авторитарных режимах, напротив, контроль

48 Dyczok, Marta: Was Kuchma's censorship effective? Mass media in Ukraine before 2004, in: Europe-Asia Studies, 2006 (vol. 58), no. 2, pp. 215–238; Ryabinska, Natalya: The Media Market and Media Ownership in Post-Communist Ukraine, in: Problems of Post-Communism, 2011 (vol. 58), no. 6, pp. 3–20.

49 Aradau, Claudia: Security and the democratic scene: desecuritization and emancipation, in: Journal of International Relations and Development, 2004 (vol. 7), no. 4, pp. 388–413, here p. 395.

50 Abrahamsen, Rita: Blair's Africa: The Politics of Securitization and Fear, in: Alternatives: Global, Local, Political, 2005 (vol. 30), no. 1, pp. 55–80; Arifianto, Alexander R.: The Securitization of Transnational Labor Migration: The Case of Malaysia and Indonesia, in: Asian Politics & Policy, 2009 (vol. 1), no. 4, pp. 613–630; Hud-

властей над СМИ приводит к тому, что альтернативные акторы имеют мало возможностей для секьюритизации. В то же время, в гибридных режимах, которые характеризуются множественными центрами влияния, возможностей для секьюритизации гораздо больше, чем в демократических или авторитарных режимах. Как показала в своем анализе Уилкинсон, в гибридном режиме акторами секьюритизации могут быть не только государственные чиновники, но и оппозиция.[51]

Предположение о том, что акторами секьюритизации могут быть не только государственные чиновники требует коррекции аналитической основы в вопросе логики секьюритизации. Как утверждает Юха Вуори, язык безопасности может быть использован и для других целей, помимо легитимации изменения процедуры принятия решений. Ширма безопасности может быть использована для воспроизведения политического режима, для восстановления дисциплины, а также для установления контроля над обществом.[52] В своем анализе китайской политики, Вуори идентифицировал пять возможных целей секьюритизации:

1) включение вопроса в повестку дня,
2) легитимизация будущих действий,
3) сдерживание,
4) легитимизация предыдущих действий или воспроизведение состояния безопасности,
5) контроль.[53]

Во всех этих случаях акторы секьюритизации могут применять язык безопасности, но при этом различаться в своих намерениях. В результате, последствия секьюритизации также будут иметь различия. Когда

---

son, Natalie F.: Securitizing Women's Rights and Gender Equality, in: Journal of Human Rights, 2009 (vol. 8), no. 1, pp. 53–70; Kamradt-Scott, Adam/McInnes, Colin: The securitisation of pandemic influenza: Framing, security and public policy, in: Global Public Health, 2012 (vol. 7), no. 2, pp. 95–110; Youde, Jeremy: Who's Afraid of a Chicken? Securitization and Avian Flu, in: Democracy and Security, 2008 (vol. 4), no. 2, pp. 148–169.

51 Wilkinson, C.: The Copenhagen School on Tour in Kyrgyzstan: Is Securitization Theory Useable Outside Europe?, in: Security Dialogue, 2007 (vol. 38), no. 1, pp. 5–25.

52 Vuori, J. A.: Illocutionary Logic and Strands of Securitization: Applying the Theory of Securitization to the Study of Non-Democratic Political Orders, in: European Journal of International Relations, 2008 (vol. 14), no. 1, pp. 65–99, here p. 69.

53 Ibid, p. 76.

задача заключается в повышении внимания общественности к тому или иному вопросу, процесс секьюритизации не обязательно должен завершиться принятием чрезвычайных мер. Точно также секьюритизация в целях сдерживания направлена на бездействие, а не на введение чрезвычайных мер. Подобным образом логика секьюритизации влияет на конструирование аудитории. Вуори утверждает, что тот, кто должен быть убежден в необходимости применения мер безопасности, зависит от культурных и политических особенностей страны, в которой вопрос секьюритизируется.[54] Аудиторией, таким образом, может быть не только широкая общественность, но и, например, элита. Важно, чтобы аудитория была способной обеспечить актора тем, чего он стремится достичь с помощью секьюритизации.[55]

Последний пункт, который здесь следует обсудить, прежде чем начать анализ, касается процесса секьюритизации. Копенгагенская школа описывает секьюритизацию как момент взаимодействия между спикером и аудиторией. Некоторые исследователи, однако, видят в этом упрощение процесса секьюритизации. Эмпирические исследования показывают, что процесс секьюритизации не является линейным и включает в себя множество акторов.[56] Более того, процесс секьюритизации может не только иметь последствия (например, изменение политики), но и сам может быть вызван чем-то еще.[57] Это означает, что речевой акт может не только предшествовать действиям, но и наобо-

54 Ibid, p. 72.

55 Ibid, p. 72.

56 Wilkinson, C.: The Copenhagen School on Tour in Kyrgyzstan: Is Securitization Theory Useable Outside Europe?, in: Security Dialogue, 2007 (vol. 38), no. 1, pp. 5–25; Salter, Mark B. and Geneviève Piché: The Securitization of the US–Canada Border in American Political Discourse, in: Canadian Journal of Political Science, 2011 (vol. 44), no. 04, pp. 929–951; Roe, P.:Actor, Audience(s) and Emergency Measures: Securitization and the UK's Decision to Invade Iraq, in: Security Dialogue, 2008 (vol. 39), no. 6, pp. 615–635; McInnes, C./Rushton S.: HIV/AIDS and securitization theory, in: European Journal of International Relations, 2013 (vol. 19), no. 1, pp. 115–138; McDonald, Matt: The Failed Securitization of Climate Change in Australia, in: Australian Journal of Political Science, 2012 (vol. 47), no. 4, pp. 579–592.

57 Guzzini, Stephano: Securitization as a causal mechanism, in: Security Dialogue, 2011 (vol. 42), no. 4–5, pp. 329–341, here p. 337.

рот действия могут предшевствовать речевому акту, и процесс может начаться в любой момент.[58]

В заключение стоит также отметить, что процесс секьюритизации является более сложным, чем предполагается теорией секьюритизации по Бузану и Веверу. Связано это с тем, что могут иметь место несколько попыток секьюритизации со стороны различных акторов, которые могут преследовать различные цели, но при этом применять язык безопасности. Разными могут быть также фреймы безопасности, сформулированные для конкретной аудитории,[59] а сама аудитория тоже может отличаться в каждом конкретном случае. Фреймы безопасности могут также конкурировать с другими фреймами по одному и тому же вопросу, выступая в качестве «аргументационного оружия» против других заявлений.[60]Все это следует учитывать при применении теории секьюритизации за пределами первоначального контекста западных демократий, и особенно для анализа отношений в гибридных режимах, где борьба за власть между различными субъектами не редкость.

5. Анализ дискуссии относительно приватизации ГТС на Украине

Прежде чем анализировать блокирование приватизации ГТС сквозь призму теории секьюритизации, следует вначале рассмотреть политический контекст и проанализировать динамику обсуждений этого вопроса, чтобы лучше понять логику секьюритизации. В этом разделе анализируются основные события вокруг приватизации ГТС с 1990-х годов по 2010 год. Поскольку основной интерес данной статьи - внутренние дебаты на Украине, действия и дискурс России практически не анализируются. По тем же причинам не рассматривается дискурс по обходным газопроводам. Для восстановления событий в их хронологической последовательности применен метод отслеживания процесса

58 Wilkinson, C.: The Copenhagen School on Tour in Kyrgyzstan: Is Securitization Theory Useable Outside Europe?, in: Security Dialogue, 2007 (vol. 38), no. 1, pp. 5–25.

59 McInnes, C./Rushton, S.: HIV/AIDS and securitization theory, in: European Journal of International Relations, 2013 (vol. 19), no. 1, pp. 115–138.

60 Rothe, Delf: Security as a Weapon: How Cataclysm Discourses Frame International Climate Negotiations, in: Scheffran, Jürgen (ed.): Climate change, human security and violent conflict. Challenges for societal stability, Berlin, New York: Springer, 2012, pp. 243–58.

(англ.: process tracing) и использованы следующие источники: правовая база данных Верховной Рады, база данных Интегрум, которая обеспечивает электронный доступ к российским и украинским СМИ, а также различные вторичные источники.

Газотранспортная система Украины является второй по величине в Европе после российской. Примерно 110 млрд. кубометров газа прокачивается через нее ежегодно из России в ЕС, что составляет около 80% экспорта российского газа в Европу или 25% от потребления газа в ЕС.[61] В дополнение к обширной сети трубопроводов, Украина имеет одну из самых мощных в Европе сетей подземных хранилищ газа. Разные эксперты оценивают стоимость украинской ГТС в 9-25 млрд. долл. США, что всегда было предметом политических и коммерческих споров.[62] Большинство трубопроводов были построены еще в 1970-х и 1980-х годах и в настоящее время требуют срочной модернизации, хотя до сих пор система работала довольно надежно и без серьезных технических сбоев.

Транзит газа на Украине всегда выполнял больше чем просто техническую функцию. До 2006 года платежи за транзит российского газа были связаны с ценами на газ для Украины, гарантируя последней относительно недорогой газ. Тем не менее, даже после устранения этого механизма из двусторонней торговли, Украина получала авансовые платежи за транзит газа из России для частичной оплаты импорта газа. Кроме того, доходы от транзита газа использовались для субсидирования низких цен на газ для населения и отопительных компаний, выполняя, таким образом, также и социальную функцию. Субсидирование стало возможными благодаря корпоративной структуре оператора ГТС «Укртрансгаза», дочерней компании национальной нефтегазовой акционерной компании Нафтогаз Украины, которая подчиняется непосредственно правительству Украины с момента ее создания в 1998 году.

Несмотря на оперативный контроль, украинское правительство не имеет неограниченных полномочий в вопросе статуса ГТС. Еще в 1995

61 Malyhina, Kateryna: Die Erdgasversorgung der EU unter besonderer Berücksichtigung der Ukraine als Transitland, Bremen: Arbeitspapiere und Materialien – Forschungsstelle Osteuropa, no. 105, 2009.

62 Pirani, Simon: Ukraine's Gas Sector, Oxford: Oxford Institute for Energy Studies, 2007, p. 74, http://www.oxfordenergy.org/pdfs/NG21.pdf

году вопрос приватизации ГТС перешел в компетенцию парламента. С тех пор вопрос о приватизации ГТС неоднократно поднимался во время политических дебатов, особенно во время попыток со стороны России получить над ней контроль. Можно выделить несколько этапов дискуссии вокруг приватизации ГТС - в 1995, 2000, 2002, и 2007 годах.

5.1 Дискуссии о приватизации ГТС в 1990-х

Российская государственная газовая компания Газпром всегда хотела получить контроль над газовой инфраструктурой Украины. В начале 1990-х гг. это желание было продиктовано в первую очередь плачевной ситуацией в нефтегазовом хозяйстве Украины. В то время Газпром не был в состоянии ни взыскать долги за газ, ни получить от Киева гарантий их будущего погашения. Стратегия Газпрома по ликвидации задолженности путем прекращения газовых поставок имела лишь частичный успех. С одной стороны, после очередного перекрытия газового крана Украина действительно возвращала часть долгов, однако не в полном размере и лишь для возобновления поставок газа. С другой стороны, она незаконно отбирала часть газа предназначенного для транзита в страны Европы для собственных нужд, что Газпром никак не мог предотвратить.[63]

Первая общественная дискуссия о приватизации ГТС состоялась в 1995 году. В марте 1995 года Газпром поставил соглашение о реструктуризации газового долга Украины[64] в зависимость от создания совместного предприятия – «Газтранзита», которое должно было быть основано на паритетных началах и включало бы крупнейшие подземные хранилища газа (ПХГ) Украины в качестве его уставного капитала.[65] Переговоры по реструктуризации газового долга проходили при по-

63 Подробнее о российско-украинских газовых отношениях в 1990-е годы: Smolansky, Oles M.: Ukraine's Quest for Independence: The Fuel Factor, in: Europe-Asia Studies, 1995 (vol. 47), no. 1, pp. 67–90; Balmaceda, M. M.: Gas, Oil and the linkages between domestic and foreign policies: The case of Ukraine, in: Europe-AsiaStudies, 1998 (vol. 50), no. 2, pp. 257–286.

64 «Угода між Урядом України і Російським акціонерним товариством Газопром про принципи врегулювання заборгованості України за поставку російського природного газу в 1994 році і забезпечення поточних платежів за поставку природного газу в 1995 році» от 18.03.1995, http://zakon4.rada.gov.ua/laws/show/643_312

65 Два ПХГ–Бильче-Волыцко-Угерское и Богородчанское– составляют 70% от общей объема хранилищ газаУкраины.

средничестве МВФ, который связал решение этого вопроса с условием предоставления кредитов как России, так и Украине.[66] Не имея достаточно средств, правительство поддержало создание «Газтранзита». Однако это решение встретило сопротивление в Верховной Раде. В сентябре 1995 года парламент добавил компании по обслуживанию газопроводов в перечень объектов, которые не подлежат приватизации в связи с их общегосударственным значением.[67] В связи с этим был также принят закон «О трубопроводном транспорте», который прямо запрещал приватизацию или любой другой тип передачи украинской газотранспортной сети в управление иностранным государствам.[68] Таким образом, к концу 1995 года создание «Газтранзита» в его первоначальном виде было полностью заблокировано.

Первые попытки приватизации украинской ГТС в 1995 году провалились из-за жесткой позиции парламента. После парламентских выборов 1994 года коммунисты сумели воспользоваться своим относительным большинством и заняли ключевые руководящие посты в парламенте.[69] Как это ни парадоксально на первый взгляд, именно коммунисты противодействовали попыткам создать совместную газовую компанию с Россией, которая бы воссоздала советские кооперационные связи. Проект, однако, стал жертвой борьбы за власть между президентом и парламентом, которые имели радикально разные взгляды на скорость и содержание экономических реформ. Так, в 1995 году президент Леонид Кучма начал политику приватизации, которая включала в себя также приватизацию ГТС. Продвигая либеральную повестку дня, Кучма занял стратегически выгодную позицию. С одной стороны,

---

66 Смирнов, Константин: Украинские облигации: продавец уже есть, осталось найти покупателя, Коммерсант Власть, №31 (142), 29.08.1995, http://www.kommersant.ru/doc/11426; См. также: Balmaceda, Margarita M.:Gas, Oil and the linkages between domestic and foreign policies: The case of Ukraine, in: Europe-AsiaStudies, 1998 (vol. 50), no. 2, pp. 257–286, herep. 262.

67 Постанова Верховної Ради України № 334а/95-вр «Про внесення змін і доповнень до переліку об'єктів, які не підлягають приватизації у зв'язку з їх загальнодержавним значенням, затвердженого Постановою Верховної Ради України від 3 березня 1995 року» від 19.09.1995, http://zakon4.rada.gov.ua/laws/show/334%D0%B0/95-%D0%B2%D1%80/ed19950919

68 Закон України №192/96-вр «Про трубопровідний транспорт» від 15.05.1996, http://zakon4.rada.gov.ua/laws/show/192/96-%D0%B2%D1%80

69 Whitmore, Sarah: State building in the Ukraine. The Ukrainian parliament, 1990–2003, London: Routledge Curzon, 2004, pp. 71–72.

Запад обещал финансовую поддержку финансово слабой Украине в обмен на проведение неолиберальных реформ. Частичная денежная стабилизация с помощью кредита МВФ не только принесла Кучме популярность среди людей, но и улучшила позиции Украины на переговорах с Россией. С другой стороны, реформаторский дискурс помог легитимизировать увеличение президентских полномочий за счет парламента, который при доминировании коммунистов проводил реакционную экономическую политику и выступал против введения частной собственности. Более того, в контексте борьбы за власть парламент наложил вето на указ президента о финансово-промышленных группах (ФПГ) и принял собственную версию закона о ФПГ, который был в интересах крупных государственных предприятий. В рамках этой общей политики, парламент заблокировал создание «Газтранзита» в 1995 году и запретил приватизацию других государственных газовых компаний, таких как «Укргазпром» и «Укрнафта».

5.2 Дискуссии о приватизации ГТС в начале 2000-х годов

Дискуссии о приватизации ГТС возобновились в 2000 году. К тому времени среди украинской политической элиты был достигнут консенсус о необходимости разгосударствления ГТС и необходимости участия третьей стороны в ее управлении помимо России и Украины. Разногласие при этом касалось конкретной формы вовлечения частного сектора. В то время как правительство Ющенко выступало за концессию,[70] которую также лоббировали западные акторы,[71] Президент Кучма выступал за частичную приватизацию ГТС, которая была более выгодна для России как наиболее вероятного покупателя.[72] Единственная парламентская фракция, которая возражала как против привати-

70 Ющенко негативно оценивает возможность приватизации газотранспортной системы Украины, УНИАН, 31.10.2000, http://press-archive.ru/unian/31-10-00/enko-negativno-ocenivaet-vozmozhnost-privatizacii-gazotransportnoy-sistemy-ukrainy_1273181.html

71 Так, например, Shell лоббировала концессию ГТС Украины. Кроме того, немецкие советники украинского правительства высказались в пользу концессии. См.: Opitz, Petra/von Hirschhausen, Christian: Ukraine as the Gas Bridge to Europe? Economic and Geopolitical Considerations, in: Institute for Economic Research and Policy Consulting, Working Papers (3), 2000, http://www.ier.com.ua/files/publications/WP/2000/wp3_eng.pdf

72 Геродот, Никита: Ющенко, принц Датский, Украинская правда, 31.10.2000, http://www.pravda.com.ua/rus/news/2000/10/31/4360499/

зации, так и концессии, была на тот момент Социалистическая партия Украины (СПУ), которая вместе с другими оппозиционными, но непарламентскими партиями в своем заявлении выразила глубокую озабоченность по этому поводу.[73] Даже Юлия Тимошенко, занимавшая в то время пост вице-министра по энергетике, предпочитала публично не высказываться по поводу статуса ГТС.

В сентябре 2000 года группа пропрезидентских депутатов внесла законопроект, в котором предлагалось приватизировать 49% ГТС.[74] Инициатива была поддержана президентом Кучмой. Встречаясь с президентом России Владимиром Путиным в Сочи в октябре 2000 года, он согласился продать России долю в украинской ГТС в обмен на реструктуризацию долга за газ и транзит туркменского газа для Украины через территорию России.[75] Однако планы так и не были реализованы из-за кассетного скандала на Украине. В этой новой политической ситуации президент Путин решил поддержать своего украинского коллегу. В декабре 2000 года Кучма подписал соглашение с Россией на выгодных для Украины условиях. Россия не только дала согласие на реструктуризацию украинского долга за газ и на транзит туркменского газа через свою территорию, но и больше не настаивала на передаче ГТС.[76]

Таким образом, в 2000 году как и в 1995, Кучма выступал за приватизацию ГТС и искал активные контакты с Россией именно тогда, когда внутриполитическая и геополитическая ситуация менялась не в его пользу. Осенью 2000 года политическая ситуация на Украине стреми-

---

73 Об угрозе экономической безопасности Украины в связи с действиями власти, Товарищ №44, 03.11.2000.

74 Проект Закону «Про особливості приватизації об'єктів газотранспортної системи України» № 6040 від 07.09.2000, http://w1.c1.rada.gov.ua/pls/zweb2/webproc4_1?pf3511=8915

75 Kuchma Comes to Terms with Putin on Partial Takeover of Gas System, in: Eurasia Daily Monitor, 2000 (vol. 6), no. 194, http://www.jamestown.org/single/?no_cache=1&tx_ttnews%5Btt_news%5D=22467

76 Есть основания полагать, что планы Кремля по отставке Рема Вяхирева, влиятельного главы Газпрома, были основной причиной отступления России в декабре 2000 года, когда переговоры о продаже ГТС не поднимались в течение некоторого времени. Так, в 2000 году Россия еще неимела полноценного государственного контроля над своим внутренним газовым сектором. После прихода Владимира Путина к власти позиции Рема Вяхирева стали ослабевать, а в мае 2001 года он и вовсе ушел в отставку с поста, который занимал почти десять лет. См.:Goldman, Marshalll: Petrostate. Putin, power, and the new Russia, Oxford, New York: Oxford University Press, 2008, pp. 100–105.

тельно ухудшалась. Так, в сентябре начало распадаться парламентское большинство, сформированное для поддержки программы реформ премьер-министра Виктора Ющенко.[77] В октябре политический кризис перерос в открытое противостояние между Ющенко и Кучмой,[78] что в конечном итоге привело к вышеупомянутым Сочинским соглашениям.

Но не только внутриполитическая, но и геополитическая ситуация также быстро менялась. Имидж Украины на Западе был испорчен после исчезновения оппозиционного журналиста Георгия Гонгадзе в сентябре 2000 года. С конца 1999 года Украина находилась в торговом конфликте с Россией, требовавшей от Украины остановить несанкционированный отбор газа и погасить долги газовых трейдеров. Переговоры с МВФ о новом кредите зашли в тупик и состоявшийся в сентябре 2000 года саммит Украина-ЕС показал, что Украина упустила возможность стать страной - кандидатом в ЕС. В то же время, отношения России с ЕС наоборот начали улучшаться. В октябре 2000 года Газпром и четыре европейские газовые компании подписали протокол о намерениях по строительству газопровода через Беларусь, Польшу и Словакию, минуя Украину.[79] Через несколько дней после этого Россия начала всеобъемлющий энергетический диалог с ЕС. Все эти события оказывали огромное давление на переговорную позицию Украины.

Переговоры по ГТС не возобновлялись до 2002 года. 9 июня 2002 года во время Санкт-Петербургского экономического форума президенты России и Украины Владимир Путин и Леонид Кучма и канцлер Германии Герхард Шредер подписали так называемую Санкт-Петербургскую

---

77 Более подробную информацию о реформах Ющенко в качестве премьер-министра в 2000-2001 годах можно найти в: Åslund, Anders: How Ukraine became a market economy and democracy. Washington, DC: Peterson Institute for International Economics, 2009, pp. 133–140.

78 Кризис был вызван положительным отчетом Юлии Тимошенко о ситуации на энергетическом рынке в День правительства в парламенте. В то время Тимошенко была вице-премьер-министром по вопросам энергетики. Ее заявление было неожиданным, потому что шло вразрез с господствующим дискурсом о плачевной ситуации в энергетическом секторе. В этой ситуации Кучма занял антиправительственную позицию и взял на себя инициативу газовых переговоров с Россией и Туркменистаном, чем ранее занималось правительство.

79 Бушуева, Юлия/Трудолюбов, Максим/Гавриш, Олег: Обходной консорциум, Ведомости, 19.10.2000.

декларацию о создании международного газотранспортного консорциума.[80] Спустя несколько месяцев, 7 октября 2002 года, российские и украинские правительства подписали соглашение о создании газотранспортного консорциума на паритетных началах. Тем не менее, решение было явно политическим, так как многие вопросы, касающиеся его работы, такие как долевая структура консорциума, конкретная форма деятельности и даже технико-экономическое обоснование, остались без ответа.[81] В результате начало работы консорциума откладывалось много раз. Незадолго до Оранжевой революции, в августе 2004 года, Украина и Россия наконец подписали межправительственное соглашение, которое ознаменовало начало работы консорциума.[82] Стороны договорились, что первый инвестиционный проект консорциума будет строительство на Украине газопровода «Богородчаны-Ужгород», который должен был увеличить транзитный потенциал страны на 30 млрд. куб. м. газа в год.[83] Это означало, что консорциум не взял под управление всю ГТС Украины, а начал работу для строительства новых трубопроводов.

Сближение Украины с Россией в 2002 году было вновь обусловлено геополитической и внутриполитической ситуацией. В 2002 году пространство для маневра для Кучмы было ограничено. Так, его имидж на Западе, пострадавший во время кассетного скандала в 2000, еще больше ухудшился из-за скандала вокруг радарных систем «Кольчуга», которые Украина якобы продала Ираку. Это привело к замораживанию отношений с НАТО и США. Более того, после террористических атак в сентябре 2001 года, США изменили свои внешнеполитические приоритеты и признали Россию как союзника в возглавляемой США «войне с терроризмом».[84] В попытке вернуть доверие Кучма возобно-

---

80 Депутаты комментируют создание международного газового консорциума, УНИАН, 10.06.2002.

81 Саприкін, Володимир: Консорціум як відображення стану України, 28.02.2002, http://www.razumkov.org.ua/ukr/article.php?news_id=248

82 Угода між Кабінетом Міністрів України та Урядом Російської Федерації про заходи щодо за безпечення стратегічного співробітництва в газовій галузі від, 18.08.2004, http://zakon4.rada.gov.ua/laws/show/643_283

83 Начата реализация первого этапа создания газотранспортного консорциума, ЛИГА онлайн, 11.02.2004.

84 Kuzio, Taras: Neither East Nor West: Ukraine's Security Policy Under Kuchma, in: Problems of Post-Communism, 2005 (vol. 52), no. 5, pp. 59–68, here p. 64.

вил прозападную политику. Наряду с программой «Европейский выбор» и первым официальным заявлением о намерении Украины вступить в НАТО, Санкт-Петербургская декларация была одним из таких шагов.

К моменту подписания Санкт-Петербургской декларации внутриполитическая ситуация на Украине тоже резко изменилась. Несмотря на то, что оппозиция набрала большое количество голосов по результатам парламентских выборов в марте 2002 года, пропрезидентская фракция «Единая Украина» начала стремительно расти за счет депутатов, прошедших в парламент по одномандатным избирательным округам.[85] Процесс завершился формированием пропрезидентского большинства буквально на следующий день после подписания соглашения о создании газотранспортного консорциума. Большинство в парламенте было, однако, только номинально пропрезидентским. Его основу составляли соперничающие между собой центристские партии, безидеологические по своей природе и представлявшие интересы олигархов. Они поддерживали президента лишь настолько, насколько он выступал их благодетелем. Таким образом, новое большинство не было надежным базисом власти для Кучмы. Центристская коалиция в парламенте была усилена в ноябре 2002 года после назначении Виктора Януковича в качестве нового премьер-министра. Янукович в свою очередь открыто представлял интересы олигархов, выступал за более тесные отношения с Россией и за создание газотранспортного консорциума.

Помимо этого, после подписания Санкт-Петербургской декларации оппозиция во главе с Юлией Тимошенко начала публичную кампанию против газотранспортного консорциума, которая, однако, не была эффективной по нескольким причинам. Во-первых, критика Тимошенко в то время не имела систематического характера. Во-вторых, в 2002 году администрация Президента усилила контроль над СМИ, начав издавать закрытые директивы для СМИ, известных как «темники».[86] Государственным чиновникам запретили публично критиковать газотранс-

85 Whitmore, Sarah: State building in the Ukraine. The Ukrainian parliament 1990–2003, London: Routledge Chapman & Hall, 2004, p. 47.

86 Dyczok, Marta: Was Kuchma's censorship effective? Mass media in Ukraine before 2004, in: Europe-AsiaStudies, 2006 (vol. 58), no. 2, pp. 215–38.

портный консорциум под угрозой увольнения.[87] В-третьих, пропрезидентское парламентское большинство, созданное в октябре 2002 года, в значительной мере контролировало законодательную деятельность. Попытки оппозиции включить вопрос о создании газотранспортного консорциума в повестку дня парламента закончились неудачей. Объявив межправительственное соглашение о газотранспортном консорциуме действительным с момента его подписания, правительству удалось обойти процесс его ратификации в парламенте.[88] Обращения оппозиции в Конституционный Суд по этому вопросу в 2002 году остались без рассмотрения и были окончательно отклонены лишь в декабре 2006 года, когда Виктор Янукович в очередной раз вступил в должность премьер-министра.[89]

5.3 Дискуссии о приватизации ГТС в 2005-2010 гг.

После Оранжевой революции и смены власти в Киеве, новое правительство изменило свою позицию относительно газотранспортного консорциума.[90]Так, Украина в одностороннем порядке пересмотрела устав компании и исключила пункт о совместной эксплуатации ГТС. Одновременно Украина возобновила переговоры с немецкими компаниями об их участии в консорциуме.[91] Тем не менее, газотранспортный консорциум не был ликвидирован и продолжал работать над новым

---

87 В сентябре 2002 Президент Леонид Кучма уволил заместителя госсекретаря Министерства Финансов, который заявил, что Украина может потерять до 1 млрд. долларов вследствие создания газотранспортного консорциума. В декабре 2003 Президент Украины также уволил вице-премьер-министра по энергетике и главу рабочей группы по ГТС Виталия Гайдука, который тоже критиковал создание ГТС консорциума.

88 Сыроватка, Сергей: Форс-мажор для консорциума, Галицкие контракты №17, 25.04.2004, http://archive.kontrakty.ua/gc/2004/17/31-fors-mazhor-dlya-konsorciuma.html

89 Решение Конституционного Суда Украины № 1-up/2006 от 12.12.2006, http://zakon4.rada.gov.ua/laws/show/v001u710-06

90 Ющенко согласен с мнением о нецелесообразности существования газового консорциума между Россией и Украиной на двусторонней основе, УНИАН, 25.01.2005.

91 Бутрин, Дмитрий: E.ON ввязался в газовый конфликт между Россией и Туркменией на стороне Украины, Коммерсант Власть, 11.03.2005, http://www.kommersant.ru/doc/553577

газопроводом даже после газового конфликта с Россией в январе 2006 года.[92]

Однако сведение работы консорциума только к одному трубопроводу не было в интересах России. К концу 2005 года газовые отношения между Украиной и Россией резко ухудшились, так как Россия требовала повышения цены на газ. Одновременно, Газпром начал говорить о газотранспортном консорциуме в его «полноформатном» режиме, который бы включал работу всей ГТС, а не только небольшого трубопровода, который еще предстояло построить.[93] 14 декабря 2005 года глава Газпрома Алексей Миллер заявил, что доля в ГТС Украины была единственно возможным компромиссом накануне «газовой войны».[94] Тем не менее, Украина отвергла ультиматум Миллера, в результате чего переговоры зашли окончательно в тупик.

Летом 2006 года после победного возвращения Виктора Януковича на пост премьер-министра у России вновь появились шансы получить контроль над ГТС Украины. В 2006 году политическая ситуация на Украине резко изменилась по сравнению с 2002 г., когда Янукович впервые был премьер-министром и настаивал на создании газотранспортного консорциума. Несмотря на давление со стороны России,[95] новое правительство публично заявило, что не будет передавать ГТС Украины России.[96] Однако, как только распределение власти измени-

92 См., например: Харцызский трубный завод победил в тендере на поставку труб для газопровода Богородчаны-Ужгород, УНИАН, 22.11.2005; Международный газотранспортный консорциум определил генподрядчика строительства газопровода Богородчаны-Ужгород, УНИАН, 19.04.2006.

93 Газпром готов решить газовую проблему с Украиной при условии создания полноценного газотранспортного консорциума, УНИАН, 08.12.2005.

94 Гриб, Наталья: Газ за провод. Россия объявила, чего она хочет от Украины, Коммерстант №235 (3319), 14.12.2005, http://www.kommersant.ru/doc/635142

95 Так, например,Газпром связал вопрос цен на газ с передачей газотранспортному консорциуму контроля над всей ГТС и начал блокировать проведение собрания участников консорциума Подробнее: Минтопенерго Украины обвиняет российскую сторону в затягивании с проведением собрания участников газового консорциума, УНИАН, 27.07.2006.

96 Газотранспортная система не станет разменной монетой в газовыкх переговоракх с Россией – Бойко, УНИАН 21.08.2006; Янукович заверяет, что Украина не отдаст России право контроля над газотранспортной системой, УНИАН, 06.09.2006.

лось в пользу Януковича[97], правительство тут же изменило свою позицию. 1 февраля 2007 года Янукович поддержал российского президента в его заявлении, что Украина готова передать ГТС в обмен на равное участие страны в добыче газа в России.[98] Это сразу же мобилизовало политическую оппозицию на Украине. Так, Блок Юлии Тимошенко (БЮТ) заблокировал работу парламента, требуя принятия законопроекта, запрещающего любое отчуждение активов государственной компании Нафтогаз Украины, будь то приватизация, концессия, лизинг или создание совместных предприятий. Хотя приватизация ГТС уже была запрещена законом в 1995 году, Верховная Рада приняла предложенный законопроект почти единогласно – 430 из 450 голосов были «за».[99] Несмотря на это, правительство Януковича продолжило непубличные переговоры с Россией. На какое-то время вопрос о приватизации ГТС исчез из общественного дискурса, но только до августа 2007 года, когда на Украине началась избирательная кампания в связи с досрочными парламентскими выборами. 22 августа 2007 года генеральный директор Нафтогаза Украины Евгений Бакулин заявил, что Украина и Россия рассматривают различные варианты обмена активами в газовой сфере.[100] Президент Украины Виктор Ющенко тут же назвал переговоры «несанкционированными» и потребовал их прекращения.[101] Заявление Бакулина также спровоцировало секьюритизационные заявления со стороны оппозиции. Так, партия Виктора Ющенко «Наша Украина - Народная самооборона» (НУНС) сделала заявление, обвинив правительство Януковича в попытке незаконной передачи России важного стратегического актива в обмен на сомнительную политическую поддержку накануне выборов. Согласно НУНС, сдача России га-

97 См. подробнее: Malygina, Katerina: Ukraine as a neo-patrimonial state: understanding political change in Ukraine in 2005-2010, in: South East Europe Review, 2010 (vol. 13), no. 1, pp. 7–27.

98 Янукович допускает передачу активов украинской ГТС в обмен на паритетное участие в газодобывающих активах России, УНИАН, 01.02.2007.

99 Закон Украины № 605-V «Провнесеннязмін до Закону України «Про трубопровідний транспорт» щодо підприємств магістрального трубопровідного транспорту» от 06.02.2007, http://zakon4.rada.gov.ua/laws/show/605-v

100 Украина и Россия обсуждают возможные варианты обмена активами в нефтегазовой сфере - глава Нафтогаза, УНИАН, 21.08.2007.

101 Президент заявляет, что не давал мандат на переговоры между РФ и Украиной в газотранспортной сфере, УНИАН, 22.08.2007.

зотранспортной системы станет первым шагом к потере государственного суверенитета и окажет негативное влияние на экономику страны и благосостояние народа.[102] Реакция Юлии Тимошенко была еще более ожесточенной: она предупредила премьер-министра Виктора Януковича, министра энергетики Юрия Бойко и генерального директора Нафтогаз Украины Евгения Бакулина, что они будут привлечены к уголовной ответственности за «предательство национальных интересов».[103] Конфликт завершился в начале сентября 2007 г. после того, как Ющенко издал президентский указ, согласно которому переговоры о поставках газа были переведены из коммерческой области на межгосударственный уровень[104] и были определены должностные лица, уполномоченные комментировать их прогресс.[105]

В 2008 году тема приватизации ГТС играла меньшую роль в украинской политике, чем когда-либо раньше. Причиной этому может быть изменение доминирующих дискурсов. После того, как премьер-министром в декабре 2007 года стала Юлия Тимошенко, она начала активную кампанию по исключению сомнительных посредников из торговли газом. Ее жесткая риторика быстро стала главным предметом обсуждений в украинских СМИ. Одновременно Тимошенко удалось пресечь все спекуляции вокруг статуса ГТС, неоднократно заявляя, что ГТС останется в государственной собственности и не станет предметом переговоров с Россией.[106] Тимошенко сдержала слово, и даже во

---

102 НУНС просит Президента и силовые ведомства недопустить передачи России правительством Януковича части ГТС Украины, УНИАН, 22.08.2007.

103 Тимошенко предупреждает Януковича, Бойко и Бауклина об уголовной ответственности за измену национальных интересов, УНИАН, 22.08.2007.

104 Соглашение от 3 января 2006 было подписано на коммерческом уровне между Газопромом и Нафтогаз Украины, в связи с чем все предыдущие межправительственные соглашения в этой сфере утратили силу.

105 Указ Президента Украины № 842/2007 «Про деякі заходи щодо забезпечення сталого функціонування і розвитку ринку природного газу» от 7.09.2007, http://www.president.gov.ua/documents/6668.html

106 На протяжении года Секретариат Президента пытался дискредитировать Тимошенко как предателя национальных интересов Украины из-за того, что она якобы пообещала Кремлю сдать ГТС Украины в обмен на поддержку во время президентских выборов. См., например: Отсутсвие единой позиции на Украине относительно ситуации в Грузии может свидетельствовать об определенных договоренностях с Россией о поддержки лидера БЮТ на выборах Президента – СП, УНИАН, 14.08.2008; В Секретариате Президента считают,

время газового конфликта в январе 2009, Украина отвергла любую идею газотранспортного консорциума, даже такого, который бы обеспечил финансирование так называемого «технического газа», необходимого для перекачки газа через украинскую ГТС.[107]

Тема газотранспортного консорциума была заменена в 2008 году относительно новым дискурсом о модернизации ГТС. Хотя вопрос о модернизации ГТС поднимался еще до 2008 года, этот дискурс не выходил за рамки технических вопросов и не был политизирован. В 2008 году ЕС инициировал новую программу «Восточное партнерство», в рамках которой вопросу энергетической безопасности уделялось особое внимание. В этом контексте ЕС начал планировать международную инвестиционную конференцию по модернизации ГТС Украины, которая изначально должна была состояться в 2008 году. Конференция, состоявшаяся в марте 2009 после очередного газового конфликта между Россией и Украиной, закончилась подписанием совместной декларации между Украиной и ЕС, заложив тем самым основу для будущих инвестиций в ГТС Украины. Хотя текст Декларации был довольно расплывчатым и не содержал никаких конкретных обязательств со стороны ЕС, реакция России на это событие была крайне негативной. Российские чиновники интерпретировали Брюссельскую декларацию как игнорирование интересов основного поставщика газа и заявили, что лучший способ модернизации украинской ГТС - это создание трехстороннего газотранспортного консорциума. Тем не менее, Россия не стала политизировать этот вопрос дальше, осознавая плохие шансы на успех в предвыборном 2009 году и начала искать другие способы давления на Украину, инициировав переговоры о новом глобальном договоре в области энергетики, в центре которого должен был находиться транзит энергоресурсов.[108] В результате, вопрос о ГТС не был

что вчерашний визит Тимошенко в москву стал унижением достоинства Украины, УНИАН, 03.10.2008.

107 Тимошенко заявляет, что не поддерживает идею создания консорциумов на базе ГТС Укkраины, УНИАН, 21.01.2009.

108 Подробнее о заявлениях министра энергетики России Сергея Шматко и главы Газпрома Алексея Миллера: Министр энергетики РФ считает, что через полгода будет возможность вернуться к идее создания газотранспортного консорциума, УНИАН, 18.05.2009; Миллер считает, что вопрос о модернизации газовой отрасли Украины возникнет после президентских выборов, УНИАН, 11.10.2009.

политизирован в избирательной кампании 2009 года по сравнению с 2007 годом.

В таблице 1 обобщены описанные выше события в виде конфронтации между властью и оппозицией. Их анализ показал, что все предложения по приватизации ГТС исходили от исполнительной власти -президента или правительства. Это неожиданно, учитывая социально-стабилизирующую функцию транзита газа на Украине. Напротив, следовало бы ожидать, что исполнительная власть, руководствуясь инстинктом самосохранения, будет пытаться любым способом избежать приватизации ГТС. Однако анализ показал, что государственные деятели и в первую очередь Леонид Кучма всегда преследовали эту политику во время изменившейся геополитической ситуации. Кроме того, анализ показал, что многовекторная внешняя политика Кучмы была средством для преодоления внутренних и внешних ограничений для его власти. В этом смысле можно говорить, что многовекторная внешняя политика представляла собой скорее попытку увеличить пространство для маневра, чем серьезную смену курса. Этот вывод подтверждается также недостаточными публичными дебатами вокруг приватизации ГТС. Так, правительство поднимало вопрос о приватизации ГТС только для расширения транзита газа и никогда не рассматривало возможные негативные экономические последствия полноценной приватизации ГТС, озвученные оппозицией. Если бы попытки приватизации ГТС были искренними, правительство занимало бы более активную позицию.

Оппозиция же реагировала на попытки исполнительной власти для того, чтобы улучшить свою позицию посредством приватизации ГТС путем инструментализации самих дискуссий. Еще в 1990-х коммунисты сформировали образ ГТС как главного стратегического актива страны и основного источника государственных доходов. В 2000-х процесс секьюритизации достиг своего пика и продвигался прежде всего лидером оппозиции Юлией Тимошенко. В следующем разделе анализируется процесс секьюритизации и показано, что он был успешным.

Таблица 1: Дискуссии о приватизации ГТС Украины в 1990-2009 гг.

	Правительство	Оппозиция
1995	В марте президент Кучма и действующий премьер-министр Евгений Марчук поддерживают создание украино-российского предприятия «Газтранзит», который Россия делает основным условием для реструктуризации долгов за газ.	В сентябре коммунисты блокируют создание «Газтранзита», включив компании в газовой сфере в список объектов, не подлежащих приватизации.
2000	Правительство Ющенко выступает за концессию ГТС, в то время как президент Кучма в пользу ее частичной приватизации. В конечном счете, президент Кучма соглашается в октябре на саммите в Сочи продать России долю в ГТС в обмен на реструктуризацию долга газа и транзит туркменского газа через территорию России.	Социалистическая партия и некоторые непарламентские партии выступают против приватизации ГТС. Сочинское соглашение так и не было реализовано из-за кассетного скандала, в разворачивании которого оппозиция сыграла главную роль.
2002	В июне президент Кучма подписывает Санкт-Петербургскую декларацию, которая предусматривает создание трехстороннего газотранспортного консорциума между Украиной, Россией и Германией. Тем не менее, в октябре правительство Кинаха создает газотранспортный консорциум на паритетных началах между Россией и Украиной. Последующее правительство Януковича сводит работу газотранспортного консорциума к строительству новых трубопроводов.	Оппозиции (в первую очередь Социалистическая партия и блок Ющенко «Наша Украина») не удается включить вопрос о газотранспортном консорциуме в повестку дня в парламенте. Юлия Тимошенко делает первую публичную попытку секьюритизации вопроса о приватизации ГТС.
2007	В феврале премьер-министр Янукович заявляет, что Украина может передать свою ГТС России. Непубличные переговоры продолжаются, несмотря на оппозиционную кампанию.	Блок Юлии Тимошенко добивается почти единогласного принятия второго законопроекта, запрещающего приватизацию ГТС. Во время досрочных парламентских выборов, БЮТ и НУНС секьюритизируют вопрос о приватизации ГТС.

Источник: данные автора

6. Борьба за ГТС Украины сквозь призму теории секьюритизации

Проведенный в предыдущем разделе анализ событий, показал, что все попытки правительства вывести ГТС Украины из-под государственного контроля провалились благодаря проведению оппозицией активной антикампании. В этом разделе рассмотрен конкретный пример секьюритизации сквозь призму теории секьюритизации.

В июне 2002 года, после подписания Санкт-Петербургской декларации, Юлия Тимошенко опубликовала статью, в котором она привела основные аргументы против создания газотранспортного консорциума. Следующий отрывок из ее статьи показывает, как происходит секьюритизация:

> «[...] Благодаря ГТС Украинское государство удовлетворяет до 50 % своих потребностей в природном газе, значительно снижает его цену для отечественных потребителей, то есть, в конечном итоге, позволяет держаться на плаву не только нашим нищим бабушкам, которые получают мизерную пенсию, но и основным отраслям промышленности. Напомню, государственный бюджет Украины ежегодно может получить от транзита почти четверть его доходной части.
>
> Никуда не денешься, сегодня газовая труба - главная кормилица Украины. Более того, при существующей системе хозяйствования страна давно бы уже «вылетела в трубу» и распалась на части, задохнувшись в петле энергетического кризиса, если бы не она, родная. Поэтому можно уверенно утверждать, что без ГТС не было бы, очевидно, и украинской независимости. И у меня есть большие сомнения, можно ли ее сохранить, согласившись на газовый консорциум.
>
> Более того, мы должны четко осознавать, что, кроме экономических дивидендов, ГТС дает и значительные политические, «размеры» которых, кстати, постоянно растут. Благодаря ей Украина занимает одну из ключевых позиций в европейской системе энергообеспечения, а, следовательно, и общей безопасности Европейского Союза.
>
> Только через стратегический характер украинской газовой «трубы» страны - мировые лидеры вынуждены постоянно поддерживать диалог с официальным Киевом, несмотря на клептократическую, глубоко антинародную по своей сути власть и экономический, извините, бардак. [...]
>
> Без всякого преувеличения - ГТС является одной из основных гарантий нашей безопасности, ведь ни ЕС, ни Россия, ни США никогда не согласятся с таким развитием событий, который поставил бы под сомнение стабильную работу главной энергетической артерии континента. [...]

Учитывая чрезмерную асимметрию украинско-российских торговых отношений, рост экспансии российского капитала в нашей экономике, сдача «старшему брату» магистральных трубопроводов - это настоящий, как я уже говорила, приговор украинской независимости: и экономической, и политической.

Как антипатриотично это звучит, но «труба» - это на сегодня единственное серьезное геоэкономическое (и геополитическое!) преимущество нашего государства в европейском регионе. Остальное мы потеряли, нового пока не создали. Поэтому потеря контроля над ней вполне сопоставима с потерей государственного суверенитета. Я убеждена, что газовый консорциум - это прямой путь к государственно-политической маргинализации Украины. [...]

Что там говорить о долгосрочных потерях - негативные экономические последствия газового консорциума Украина почувствует в ближайшее время. Выводы экспертов однозначны: нас ожидает прежде всего серьезное уменьшение доходов в бюджет. А это, никогда не лишне отметить, - пенсии, социальные выплаты, зарплата бюджетников, расходы на науку, медицину, национальную оборону, словом - все то, что в своих программах, декларациях и выступлениях Президент, правительство, депутаты обещали отныне только повышать . [...]

Во-вторых, следует ожидать повышения цен на энергоносители для отечественных потребителей. Учитывая крайнюю энергоемкость основных отраслей украинской промышленности, определяющую роль цен на энергоносители в себестоимости продукции той же металлургии - нашей экспортной надежды и опоры, в условиях газового консорциума Украина следует бояться нового промышленного обвала. Далее по цепочке - инфляция, финансовый коллапс, дефолт, социально-политический кризис, распродажа за долги остатков госсобственности - той же ГТС, но уже сейчас в счет новых долгов и т.п. [...]»[109]

В своей статье Тимошенко четко делает ход секьюритизации (англ.: securitization move), конструируя образ ГТС как неотъемлемой части независимости Украины. Используя «язык безопасности», она также рисует страшную картину, которая может наступить, если украинская ГТС попадет под контроль России. Приватизация ГТС, таким образом, представляется как «экзистенциальная угроза» и «точка невозврата». Референтный объект (англ.: reference object) здесь украинское государство, что делает секьюритизацию довольно убедительной.

109 Тимошенко, Юлия: «Труба» – українській економічній незалежності, Зеркало недели, 29.06.2002, http://gazeta.dt.ua/POLITICS/truba__ukrayinskiy_ekonomichniy_nezalezhnosti.html

Этот фрейм, созданный Тимошенко в 2002 году, стратегически эксплуатировался такими оппозиционными партиями как БЮТ и НУНС на протяжении 2000-х годов. Благодаря их активной кампании, приватизация ГТС стала запретной темой. Кроме того, правительство никогда не пыталось развенчать миф о том, что «ГТС является частью независимости Украины», что является прямым следствием секьюритизации. Кроме того, логика секьюритизации в случае украинской ГТС не касалась процедуры принятия решений, как утверждает теория секьюритизации. Опираясь на работу Вуори, случай с украинской ГТС можно отнести к попытке сдерживания, так как результат секьюритизации – это отсутствие действия, ведь ГТС в итоге так и не была приватизирована.[110] Однако логика секьюритизации здесь гораздо утонченнее. Главная идея, которую украинские оппозиционные силы пытались донести с помощью секьюритизации, состоит в том, что они в отличие от властей защищали национальные интересы страны, и они не намеревались поддаваться давлению со стороны России. Это классическая схема - «мы против них», которая способствует мобилизации во многих других областях. Конечная цель этого акта, следовательно, состоит в том, чтобы дискредитировать правительство и подорвать его легитимность. Соответственно, аудитория секьюритизации - не только Россия и внутренние элиты, но и широкая общественность. То, что секьюритизация в целом была успешной, показывают результаты опроса, проведенного социологической службой Центра Разумкова в апреле 2013 года. Согласно результатам данного опроса примерно 60% украинцев считает, что украинская ГТС должна оставаться в государственной собственности. 12% полагают, что государство могло бы сдать в аренду свою ГТС России в обмен на более низкие цены на газ. Еще 15% высказались в пользу трехстороннего газотранспортного консорциума между Украиной, Россией и ЕС и только 3% считают, что ГТС должна быть приватизирована.[111] Еще одним важным фактором в успехе секьюритизации был ее резонанс с существующей макросекь-

110 Vuori, J. A.: Illocutionary Logic and Strands of Securitization: Applying the Theory of Securitization to the Study of Non-Democratic Political Orders, in: European Journal of International Relations, 2008 (vol. 14), no. 1, pp. 65–99.

111 Социологическая служба Центра Разумкова, http://www.razumkov.org.ua/ukr/poll.php?poll_id=889. К сожалению, нет более ранних опросов, которые позволили бы сравнение за определенные периоды времени.

юритизацией, а именно с дискурсом о намерениях России лишить Украину ее независимости. Этот дискурс появился в украинской политике еще в 1990-х и стал со временем довольно стабильным.

7. Основные выводы

Анализ дискуссий о транзите газа на Украине показывает пределы энергетического оружия России. Вот уже на протяжении более двадцати лет газотранспортная сеть Украины остается под контролем государства, несмотря на многочисленные попытки изменить ее статус. Несомненно, роль парламента в блокаде приватизации ГТС была значительной. Однако, помимо парламентских методов политической борьбы, украинская оппозиция полагалась на общественный дискурс. Проведенный в этой статье анализ показал, что секьюритизация ГТС как неотъемлемой части независимости Украины создала серьезные препятствия для ее конечной приватизации и дала Украине силы успешно противостоять давлению России, несмотря на то, что иногда это приводило к иррациональными и неэффективными решениям с негативными последствиями для экономики страны.

Кроме того, борьба вокруг статуса ГТС была сложной, в ней участвовали многочисленные акторы, каждый из которых преследовал свою собственную цель. В этой главе сделан вывод, что истинным смыслом этого противостояния была борьба за власть между правительством, пытающимся улучшить свое пространство для маневра, и оппозицией, пытающейся дискредитировать правительство и улучшить свой собственный имидж. В то время как действующая власть использовала стратегию «многовекторности», оппозиция прибегала к секьюритизации в качестве своей тактики. Таким образом, данная глава показала, что существует другая логика секьюритизации в незападных контекстах, чем та, которую изначально предложили авторы теории секьюритизации, а именно секьюритизация в целях дискредитации. Эта глава также вносит вклад в литературу по гибридным режимам, показывая, что дискурс в таких политических системах может стать важным ресурсом в достижении поставленных целей, особенно когда его использует оппозиция.

Коммуникация во время конфликта и российско-украинский газовый спор 2006 года[1]

Андреас Хайнрих (Andreas Heinrich)

1. Предисловие

В прошлом на международном рынке энергоносителей неоднократно возникали конфликты, особенно в Евразии.[2] В современных промышленно развитых странах, являющихся в основном импортерами энергоресурсов, энергетическая безопасность стала необходимым параметром для обеспечения экономического благосостояния и политической стабильности. Таким образом, энергетическая политика, в том числе трубопроводная политика, тесно связана с безопасностью стран и их внешней политикой. В целом, использование экономических средств и международной торговли в качестве инструмента внешней политики не является чем-то новым и редким.[3] Транзит газа является деликатной темой, особенно в регионах, подверженных кризисам, таких как страны бывшего Советского Союза. При определении транзитных тарифов и объемов, инвестиционных проектов и других смежных вопросов политические стратегические игры и геополитические аспекты, по-видимому, доминируют над «чистой» экономической логикой.

Главным производителем и поставщиком газа в Евразии является Российская Федерация. В газовой промышленности доминирует компания Газпром, контролируемая государством. В 1989 году Газпром перенял ответственность за все предприятия, непосредственно участвующих в добыче, переработке, транспортировке и хранении природного газа. Поэтому неудивительно, что Газпром является монополистом в производстве, транспортировке и экспорте данного ресурса.

---

1 Данная глава была подготовлена в рамках проекта на тему «На пути к общей европейской энергетической политике? Дебаты по вопросам энергетической безопасности в Польше и Германии», финансируемого Германо-Польским Научным Фондом.

2 Термин «Евразия» используется в международной политике для обозначения государств бывшего Советского Союза.

3 Hirschman, Albert O.: National Power and the Structure of Foreign Trade, Expanded edition, Berkeley, CA: University of California Press, 1980 [1945].

Экспорт контролируется через экспортное подразделение Газпрома - «Газпромэкспорт» - и различные совместные маркетинговые предприятия, находящихся практически во всех странах, куда Россия экспортирует природный газ.

У Газпрома длинная история конфликтов, связанных с транзитными тарифами и ценами на газ в транзитных странах, особенно с Украиной. С начала 1990-х годов важность бывших советских республик в качестве экспортного рынка для российского газа сокращается из-за широкого использования бартера и серьезных кризисов неплатежей в большинстве этих стран. Эта ситуация со временем улучшилась. Несмотря на улучшение ситуации по оплате, бартер все еще использовался в качестве платежей. Украине удалось оплатить свои долги за газ, полученный от Газпрома, отказавшись от транзитных пошлин, которые платил бы Газпром за использование украинской газотранспортной системы. Несмотря на то, что данная бартерная схема устраивала обе стороны, она привязывала транзитные пошлины к поставкам газа, что вызывало в прошлом много споров.

Неспособность Украины своевременно оплатить поставки газа из России стала причиной накопления высокого долга и привела к сокращению поставок российского газа на Украину в 1992 – 1993гг., нацеленного на восстановление платежной дисциплины, что, в свою очередь, вызвало несанкционированный отбор газа из объемов транзита газа в европейские страны. [4] Эта ситуация продолжалась всего несколько дней; западные потребители сразу запаниковали, заставив Россию отступить и возобновить поставки газа на Украину для обеспечения гарантированных поставок в Западную Европу.[5]

Реакция Газпрома подчеркивает важность транзитных стран - особенно Украины и Беларуси - для экспорта газа в Центральную и Западную Европу, являющихся основными рынками сбыта. До сих пор российский природный газ, предназначенный для Западной Европы, а также стран Юго-Восточной Европы и Турции, в основном экспортировался через Беларусь и Украину. После распада Советского Союза условия

---

4 Stern, Jonathan: The Russian-Ukrainian gas crisis of January 2006, Oxford: Oxford Institute for Energy Studies, 2006,p. 2.

5 Guillet, Jerome: Gazprom's Got West Europeans Over a Barrel, in: The Wall Street Journal Online, 8 November 2002, http://online.wsj.com/article/0,,SB1036710495 32308148,00.html

транспортировки природного газа из России в Западную Европу в корне изменились. Новые независимые государства, Беларусь и Украина, ввели транзитные пошлины, которые привели к росту цен на экспорт российского газа. Кроме того, транзитные страны часто вынуждали Газпром пойти на компромисс в вопросах задолженности по оплате поставок природного газа. В особенности Украина попыталась использовать свое практически монопольное положение (в 2006 году около 70% экспорта Газпрома проходило через Украину) на транзит российского газа в Западную Европу, и таким образом компенсировать свою слабую позицию в качестве потребителя российского газа и должника Газпрома.[6]

Несмотря на то, что Газпром очень хорошо понимал свою зависимость от транзитных стран и их выгодную позицию при переговорах, некоторые авторы[7] отмечают только зависимость Беларуси и Украины от импорта российских энергоносителей и не учитывают их роль в качестве транзитных стран. «[...] Эти два постсоветских государства становятся все более и более зависимыми от поставок российского газа и, благодаря их растущему долгу за газ, более подверженными давлению со стороны России».[8] При этом полностью игнорируется власть, которой

6 Доля Украины в российском экспорте газа снизилась в 2004 году; она снизилась с 78% в 2004 до 68% в 2006 и до 64% в 2009 (IHS CERA, Ministry of Energy and Coal Industry of Ukraine: Natural gas and Ukraine's energy future, Washington, DC: IHS 2012, Chapter 2, p. 2–3, Figure 2–3, http://s05.static-shell.com/content/dam/shell-new/local/country/zaf/downloads/pdf/research-reports/Ukraine-Policy-Dialogue-report.pdf).

7 См. подробнее: Kalicki, Jan H./Elkind, Jonathan: Eurasian Transportation Futures, in: Kalicki, J.H./Coldwyn, D.L. (eds): Energy and Security. Towards a New Foreign Policy Strategy. Washington, D.C.: Woodrow Wilson Center Press, 2005, pp. 149–174; Walker, Martin: Russia v. Europe: the energy wars, in: World Policy Journal, 2007 (vol. 24), no. 1, pp. 1–8; Baran, Zeyno: EU energy security: time to end Russian leverage, in: Washington Quarterly, 2007 (vol. 30), no. 4, pp. 131–144; Nygren, Bertil: Putin's use of natural gas to reintegrate the CIS region, in: Problems of Post-Communism, 2008 (vol. 55), no. 4, pp. 3–15; Goldman, Marshall I.: Petrostate: Putin, power, and the new Russia, Oxford: Oxford University Press, 2008; Lucas, Edward: The new Cold War: Putin's Russia and the threat to the West, New York: Palgrave Macmillan, 2009; Bugajski, Janusz: Dismantling the West: Russia's Atlantic agenda, Washington, D.C.: Potomac Books, 2009.

8 Kalicki, Jan H./Elkind, Jonathan: Eurasian Transportation Futures, in: Kalicki, J.H./Goldwyn, D.L. (eds): Energy and Security. Towards a New Foreign Policy Strategy. Washington, D.C.: Woodrow Wilson Center Press, 2005, pp. 149–174, here p. 153.

пользуются Беларусь и Украина в качестве транзитных стран российского газа.[9]

Затянувшийся конфликт между Россией и Украиной достиг новой, драматической кульминации в январе 2006 года, когда поставки газа для внутреннего потребления Украины были временно приостановлены. Целью данной главы является описание механизмов возникновения и разрешения конфликтов в свете отношений Газпрома с транзитными странами. Акцент делается на взаимодействии между российской энергетической и внешней политикой, а также использование энергетической политики как инструмента внешней политики России. Переплетение внешней и энергетической политики Россией часто приводит к конфликтам со странами Евразии. Действия Газпрома широко осуждались как политически мотивированные, инициированные правительством России в ответ на политику нового прозападного украинского правительства. Россию неоднократно обвиняли в использовании поставок энергоносителей в качестве «оружия», направленного на подрыв независимости Украины.

По этой причине эти постоянные конфликты заслуживают более тщательного изучения не только в эмпирическом, но и в теоретическом аспекте. Традиционная теория конфликта в первую очередь фокусируется на внешних причинах возникновения и распространения конфликтов, и влияния конфликтов на социальную среду. Теория, представленная в данной главе, фокусируется на конфликте как таковом и понимании конфликта как одной из форм социальной коммуникации, исследуя тем самым коммуникационный процесс, при котором и из-за которого возникают конфликты. На основе конструктивистской перспективы и дискурсивного понимания конфликта была разработана модель стадий развития конфликта, которая включает в себя анализ

---

9 Другая группа ученых подчеркивает взаимосвязь с европейскими потребителями и транзитными странами и связанной с ними дилеммой. См. подробнее: Quester, George H.: Energy dependence and political power: some paradoxes, in: Democratizatsya, 2007 (vol. 15), no. 4, pp. 445–454; Goldthau, Andreas: Rhetoric versus reality: Russian threats to European energy supply, in: Energy Policy, 2008 (vol. 36), no. 2, pp. 686–692; Ericson, Richard E.: Eurasian natural gas pipelines: the political economy of network interdependence, in: Eurasian Geography and Economics, 2009 (vol. 50), no. 1, pp. 28–57; Kropatcheva, Elena: Playing both ends against the middle: Russia's geopolitical energy games with the EU and Ukraine, in: Geopolitics, 2011 (vol. 16), no. 3, pp. 553–573.

глубины распространения конфликтных коммуникаций в обществе для оценки соответствия и интенсивности конфликтов.

2. Теоретические основы: стадии коммуникации во время конфликтов

В этой главе конфликты и их дискурсивный характер будут проанализированы, следуя теоретическому подходу Хайнца Мессмера. Спрашивая скорее «как», чем «почему», он рассматривает внутренние структуры и динамику конфликта, которые формируют его вид и последствия, а не его внешние причины. Его методология влечет за собой понимание конфликтов как форму социальной коммуникации. В связи с этим коммуникационный процесс, в котором и из-за которого возникают конфликты, требует дальнейшего изучения.[10]

Этот дискурсивный подход дает нам новую перспективу в понимании международных конфликтов. Мессмер делает попытку открыть «черный ящик» самого конфликта, анализируя коммуникацию и ее роль в конфликте. Так как конфликты возникают практически при каждом социальном взаимодействии, Мессмер стремится развить теорию, которая была бы применима ко всем видам социальных конфликтов и в частности в научных исследованиях. Таким образом, определение конфликта должно быть достаточно широким и скорее абстрактным, чтобы охватить все возможные аспекты конфликтных ситуаций.[11]

Конфликты определяются как совмещение несоответствий (ожиданий и/или предпочтений), которые коммуницируются другой стороне вовлеченной в конфликт.[12] Это определение конфликта опирается на теории систем Никласа Лумана, особенно на его коммуникацию проти-

---

10 Messmer, Heinz: Der soziale Konflikt: Kommunikative Emergenz und systemische Reproduktion. Stuttgart: Lucius & Lucius, 2003, pp. 42, 44, 99, 277.Его подход применялся прежде в международных отношениях, например, в данном исследовании: Diez, Thomas/Stetter, Stephan/Albert, Mathias: The European Union and Border Conflicts: The Transformative Power of Integration. Paper presented at the ISA Annual Convention, Montreal, Canada, 2004, pp. 16–2; Diez, Thomas/ Stetter, Stephan/Albert, Mathias: The European Union and Border Conflicts: The Transformative Power of Integration, in: International Organization, 2006 (vol. 60), no. 3, pp. 563–593.

11 Messmer, Heinz: Der soziale Konflikt: Kommunikative Emergenz und systemische Reproduktion. Stuttgart: Lucius & Lucius, 2003, pp. 42, 44.

12 Ibid, p. 119.

воречий.[13] Согласно теории Лумана, социальный конфликт возникает в том случае, когда «коммуникация противоречива, или когда противоречие коммуницируется», то есть тогда, когда ответом на коммуникацию является ее непринятие.[14]

Конфликты по своей природе динамичны. Для того чтобы оценить их релевантность и социальное влияние, Мессмер предложил идеально-типичную процессуальную модель социальных конфликтов, состоящую из четырех разных стадий: (1) конфликтные ситуации; (2) тематические конфликты; (3) конфликты, касающиеся идентификации; (4) конфликты, касающиеся субординации.

Эти различные четыре стадии показывают увеличение частоты и интенсивности коммуникации во время конфликта и отражают эмоциональную составляющую коммуникации. Данные стадии характеризуются не только различными видами противоречий между оппонентами, но и различными путями их коммуникации.[15] Следовательно, эскалация конфликта – это скорее изменение его сущности, а не просто изменение его степени.[16]

Оппонент в конфликте все больше и больше преподносится как угроза существованию, против которого становится оправданным применение таких чрезвычайных мер, как регулируемые политические действия и, в конечном счете, физическое насилие. В связи с этим артикуляция таких несовместимостей все в большей степени связана со всеми формами общественного взаимодействия и объединяет ранее не связанные социальные коммуникации, которые станут частью дискурсивной рамки конфликта.[17]

Каждая стадия процесса включает в себя свой собственный, особенный механизм эскалации с уникальными характеристиками и триггера-

---

13 Ibid, p. 52.

14 Luhmann, Niklas: Social systems. Stanford, CA: Stanford University Press, 1995, p. 388.

15 Messmer, Heinz: Der soziale Konflikt: Kommunikative Emergenz und systemische Reproduktion. Stuttgart: Lucius & Lucius, 2003, p. 85.

16 Kriesberg, Louis: Constructive Conflicts. From Escalation to Resolution, Lanham, MD: Rowan & Littlefield, 1998, p. 152; Zartman, I. William/Faure, Guy Olivier: The Dynamics of Escalation and Negotiation, in: Zartman, I. William/Faure, Guy Olivier (eds.): Escalation and Negotiation in International Conflicts. Cambridge: Cambridge University Press, 2005, pp. 3–19, here p. 6.

17 Messmer, Heinz: Der soziale Konflikt: Kommunikative Emergenz und systemische Reproduktion. Stuttgart: Lucius & Lucius, 2003, pp. 96, 279.

ми. Однако, на самом деле, конфликты не всегда развиваются линейно, скорее циклически и реверсивно.[18] Стадии конфликта, представленные здесь, являются идеальными вариантами, которые, согласно Максу Веберу, не существуют в реальности. Оппоненты очень часто пропускают определенные стадии или циклично проходят через них по несколько раз, тем самым опровергая циклические или колоколообразные модели эскалации и деэскалации конфликта. Оппоненты могут также развить асимметричное восприятие конфликта; участники конфликта могут коммуницировать с разной степенью интенсивности и эмоционального содержания. Так как коммуникация в конфликте не обостряется симметрично, стороны воспринимают конфликт поразному.[19]

Анализ конфликтов усугубляется тем, что трудно точно определить момент в коммуникации, который определяет переход из одной стадии конфликта в другую. Для установления границы перехода из одной стадии в другую необходимо применение других теоретических концепций и подходов как, например, социальной психологии.[20]

(1) Конфликтные ситуации

Конфликтные ситуации представляют собой отдельные случаи разногласий по тому или иному вопросу. Они не обязательно приводят к стабилизации конфликтов. На данной стадии конфликта коммуникация в первую очередь направлена на обмен информацией об ожиданиях, предпочтениях и взаимных разногласиях. Главная цель артикуляции разногласий - установление границ и определение позиции, а не усиление своей позиции. Эти виды конфликтных ситуаций встречаются в, казалось бы, «вечных» соперничествах.[21]

---

18 Ibid, pp. 95, 280.

19 Miall, Hugh: Conflict Transformation: A Multi-dimensional Task, in: Austin, Alex/Fischer, Martina/Ropers, Norbert (eds.): Transforming Ethnopolitical Conflict. The Berghof Handbook. Wiesbaden: VS Verlag für Sozialwissenschaften, 2004, pp. 67–89, here p. 69; Putnam, Linda L.: Definitions and Approaches to Conflict and Communication, in: Oetzel, John G./Ting-Toomey, Stella (eds.): The Sage Handbook of Conflict Communication. Integrating Theory, Research, and Practice. Thousand Oaks, CA: Sage, 2006, pp. 1–32, here p. 14.

20 Messmer, Heinz: Der soziale Konflikt: Kommunikative Emergenz und systemische Reproduktion. Stuttgart: Lucius & Lucius, 2003, p. 98.

21 Ibid, p. 141; Risse, Thomas: "Let's Argue!": Communicative Action in World Politics, in: International Organization, 2000 (vol. 54), no. 1, pp. 1–39, here p. 8.

Мессмер предлагает считать, что конфликтные ситуации состоят из трех стадий коммуникации: (1) озвучивание разногласий стороной А (навязывание своей позиции); (2) отказ от разногласий стороной Б (опровержение позиции оппонента) и (3) встречный отказ со стороны А (непринятие), которая в данный момент уже настаивает на своей позиции. Данные ситуации служат для подтверждения реальных разногласий в ожиданиях и/или предпочтениях.[22]

(2) Тематические конфликты

Тематические конфликты возникают тогда, когда обе стороны настаивают на своей позиции, которую считают наиболее важной по тому или иному вопросу. Оппоненты конфликта пытаются убедить друг друга в оправданности и обоснованности собственной позиции.[23] Тем не менее, тематические конфликты ограничены обсуждениями по конкретному вопросу. Коммуникация в конфликте переходит от защиты собственной оппозиционной позиции к принятию конфликта как ряда споров, которые можно решить посредством убеждения и поиска компромисса. В поисках благоразумного консенсуса каждая из сторон конфликта должна быть готова к принятию точки зрения оппонента.[24] Обе стороны стремятся «рационализировать» конфликт и перевести обвинения оппонента в конкретные проблемы, которые могут быть решены путем сотрудничества и диалога между вовлеченными сторонами.[25]

Вовлеченные в обсуждение стороны проявляют уважение, при котором используются формальные правила коммуникации и обе стороны позволяют друг другу аргументировать свою точку зрения. Тем не менее, когда коммуникация становится более широкой и сложной, она также

---

22 Messmer, Heinz: Der soziale Konflikt: Kommunikative Emergenz und systemische Reproduktion. Stuttgart: Lucius&Lucius, 2003, pp. 119, 127, 137. Для упрощения, предполагается существование только двух оппонентов в конфликте (стороны А и стороны Б), в результате чего сторона А затронет вопрос о несовместимости. На самом деле возможно наличие нескольких оппонентов в конфликте.

23 Ibid, pp. 147, 150.

24 Risse, Thomas: "Let's Argue!": Communicative Action in World Politics, in: International Organization, 2000 (vol. 54), no. 1, pp. 1–39, here p. 9.

25 Messmer, Heinz: Der soziale Konflikt: Kommunikative Emergenz und systemische Reproduktion. Stuttgart: Lucius & Lucius, 2003, p. 156.

становится более интенсивной, что потенциально может привести к эскалации.[26]

Если решение не будет найдено, особенно если одна из сторон упорно придерживается своей точки зрения, конфликт обостряется. Стороны начинают колебаться между сотрудничеством и конкуренцией.[27] Попытки смягчить разногласия и совместно решить вопрос исчезают, как и уменьшается желание выслушать аргументы другой стороны.[28]

Формальные правила общения чаще всего игнорируются сторонами: сами по себе правила становятся темой обсуждения, стороны не придерживаются повестки дня оппонента, все чаще перебивается аргументация (акт коммуникации) оппонента. Правила соблюдаются только тогда, когда дело доходит до проявления межличностного уважения друг к другу.[29]

Однако, несмотря на формальное межличностное уважение, наблюдаются личностные нападки, и непринятие аргументации другой стороны становится более жестким.[30] Обе стороны знают, что у них есть общие интересы, но личные желания и форсирование собственной позиции становится более важными. Увеличивается соблазн прекратить поиск решения конфликта путем аргументации.[31]

С осознанием того, что оппонента невозможно переубедить и собственного нежелания идти на компромисс или продолжать дальше выслушивать другую сторону, тематический конфликт заходит в тупик. Признание факта, что ситуация зашла в тупик усугубляет чувство разочарования, сформировавшееся ранее. Далее проявляется агрессивное поведение в виде обвинений за создание тупиковой ситуации в решении конфликта (и, возможно, за весь конфликт). Данные обвинения являются переходом тематического конфликта в конфликт касающийся идентичности.

---

26 Ibid, pp. 154, 158, 181.

27 Noll, Douglas E.: Conflict Escalation: A Five Phase Model, 2000, http://mediate.com/articles/noll2.cfm

28 Messmer, Heinz: Der soziale Konflikt: Kommunikative Emergenz und systemische Reproduktion. Stuttgart: Lucius & Lucius, 2003, pp. 163, 169.

29 Ibid, pp. 174–176.

30 Ibid, pp. 174–176.

31 Noll, Douglas E.: Conflict Escalation: A Five Phase Model, 2000, http://mediate.com/articles/noll2.cfm

(3) Конфликты, касающиеся идентичности

При конфликтах, касающихся идентичности, несогласие по конкретному вопросу переходит в общее недоверие касательно мотивов оппонента. Несогласие приобретает конкретные личностные черты. Конфликт усугубляется, и переговоры затрудняются из-за общего чувства недоверия. Конфликты касательно идентичности характерны тем, что стороны диаметрально противоположно переживают конфликт, то есть восприятие конфликта становится очень односторонним. Ответственность за конфликт приписывается оппоненту, и обе стороны становятся «слепыми» к опасениям, восприятию и мотивам другой стороны. Коммуникация используется только в стратегическом контексте для оправдания и укрепления личностной позиции и предпочтений.[32]

В социальном аспекте коммуникации уважение к статусу и личности оппонента является важным; существует граница между проблемой и личностью, содержанием и взаимоотношениями.[33] Интенсификация обсуждения противоречий возможна в достаточно ограниченной степени без разрушения вышеупомянутых границ и, следовательно, положительного социального аспекта коммуникации. В процессе конфликтной коммуникации, вовлеченные стороны начинают воспринимать конфликт на личностном уровне. В этот момент другая сторона, а не проблема, становится лично ответственной за конфликт.[34]

Обвинение в ответственности за конфликт вызвано, как правило, «неудачным инцидентом», инициированным другой стороной.[35] «Неудачный инцидент» представляет собой пережитое неприятное событие, например, такое как разочарование или неправильное восприятие (мо-

32 Messmer, Heinz: Der soziale Konflikt: Kommunikative Emergenz und systemische Reproduktion. Stuttgart: Lucius & Lucius, 2003, p. 186; Risse, Thomas: "Let's Argue!": Communicative Action in World Politics, in: International Organization, 2000 (vol. 54), no. 1, pp. 1–39, here p. 8.

33 Систематическое различие между тематическим конфликтом и конфликтом касательно идентификации основывается на работе: Watzlawik, Paul/ Beavin, JanetH./Jackson, DonD.: PragmaticsofHumanCommunication. A Study of Interactional Patterns, Pathologies, and Paradoxes. New York: Norton & Co., 1967.

34 Messmer, Heinz: Der soziale Konflikt: Kommunikative Emergenz und systemische Reproduktion. Stuttgart: Lucius & Lucius, 2003, pp. 185–187.

35 Ibid, p. 187.

тивов и намерений), что, соответственно, приводит к агрессивному поведению или преувеличенной реакции.[36]

Моральное осуждение оппонента, что является неотъемлемой частью обвинений, угрожает личностному восприятию и заставляет быть самокритичным. Моральное осуждение лишает оппонента уважения и может вызывать чувство стыда, подрывающее самоуважение. Это устанавливает отношения между вовлеченными сторонами, которые, в свою очередь, могут стать объектом непринятия. Мотивы приписываются другой стороне, а негативная оценка приводит к усугублению конфликта. Мнимые мотивы создания конфликта увеличивают веру оппонента в его виновности и оправдывают или даже требуют его морального остракизма. Приписывание мотивов является самым важным механизмом в усилении обвинений.[37]

Стратегии ведения конфликта у обеих сторон постепенно приобретают общие черты; оправдания все больше связаны с другой стороной и напоминают сами обвинения. Отношения между сторонами конфликта становятся все более и более симметричными.[38]

В начальной стадии конфликта, затрагивающего вопросы идентичности, мышление оппонентов возвращается к базовым когнитивным структурам (так называемым рамкам), которые влияют на их восприятие реальности, чтобы осознать смысл поведения друг друга. Каждое действие оппонента оценивается через эти рамки. Когда основная причина конфликта уходит на задний план, поведение другой стороны конфликта становится центром внимания. Это приводит к укоренению конфликта в форме социального антагонизма.[39]

---

36 Glasl, Friedrich: The Process of Conflict Escalation and the Roles of Third Parties, in Bomers, Gerard B. J./Peterson, Richard B. (eds.): Conflict Management and Industrial Relations. Boston, MA: Kluwer & Nijhoff Publications, 1982, pp. 119–140, here, p. 122; Chilton, Paul A.: The Role of Language in Human Conflict: Prolegomena to the Investigation of Language as a Factor in Conflict Causation and Resolution, in: Current Issues in Language and Society, 1997 (vol. 4), no. 3, pp. 174–189, here p. 179.

37 Messmer, Heinz: Der soziale Konflikt: Kommunikative Emergenz und systemische Reproduktion. Stuttgart: Lucius & Lucius, 2003, p. 191–192, 198–199, 201, 208, 225.

38 Ibid, p. 208.

39 Ibid, pp. 209–210; См. также: Glasl, Friedrich: The Process of Conflict Escalation and the Roles of Third Parties, in Bomers, Gerard B. J./Peterson, Richard B. (eds.):

Обе стороны опасаются, что потеряна основа для принятия совместного решения. Другими словами, они теряют надежду на благоразумный исход. В связи с тем, что обвинения угрожают личностным границам, отношения между сторонами становится враждебными. В конце концов, стороны открыто угрожают с целью подчинения другой стороны.[40]

(4) Субординационные конфликты

В заключительной стадии обе стороны пытаются решить конфликт путем подчинения другой стороны. Переговоры замещаются систематическими карательными мерами (экономическими санкциями и/или военными действиями). Демонстрация превосходства оправдывает систематическое использование насилия. Только тогда, когда конфликты достигают уровня полной подчиненности, физическое насилие против «другого» рассматривается как оправданное в пределах округа или группы.[41] Физическое насилие может иметь место и на других стадиях конфликта, но отсутствие общей легитимности будет гарантировать, что они останутся на уровне единичных случаев.[42]

На данной стадии конфликта в коммуникации оппонентов преобладают обобщения и «экстремальные формулировки ситуаций» для того, чтобы преувеличить «неправильные действия» другой стороны. Стереотипы применяются для негативной идентификации оппонента, и каждая сторона считает себя в конфликте жертвой.[43] В то время как отношения с оппонентом воспринимаются как враждебные, обиды и эмоции, а также волнения начинают доминировать в восприятии «другого» и оставляют много места для проявления чрезмерной реакции.

Conflict Management and Industrial Relations. Boston, MA: Kluwer & Nijhoff Publications, 1982, pp. 119–140, here p. 127.

40 Noll, Douglas E.: Conflict Escalation: A Five Phase Model, 2000, http://mediate.com/articles/noll2.cfm

41 Messmer, Heinz: Der soziale Konflikt: Kommunikative Emergenz und systemische Reproduktion. Stuttgart: Lucius & Lucius, 2003, pp. 225–226.

42 Diez, Thomas/Stetter, Stephan/Albert, Mathias: The European Union and Border Conflicts: The Transformative Power of Integration. Paper presented at the ISA Annual Convention, Montreal, Canada, 2004, pp. 16–21, here pp. 12–13.

43 Messmer, Heinz: Der soziale Konflikt: Kommunikative Emergenz und systemische Reproduktion. Stuttgart: Lucius & Lucius, 2003, pp. 229–230, 233; См. также:Noll, Douglas E.: Conflict Escalation: A Five Phase Model, 2000, http://mediate.com/articles/noll2.cfm

Стороны конфликта возвращаются к вышеупомянутым рамкам для того, чтобы интерпретировать поведение другой стороны.[44]

Враждебность приводит к дегуманизации «другого», что дополнительно затрудняет принятие и правильность оценки перспективы другой стороны.[45] В итоге, дегуманизация «оппонента» служит оправданием насильственных действий в отношении него.[46]

Начиная со стадии конфликта касательно идентичности, мышление оппонентов возвращается к основным когнитивным структурам (так называемым рамкам), которые влияют на их восприятие и чувство реальности, чтобы понять смысл поведения друг друга. Эта рамка используется для анализа каждого действия оппонента. В то время как основная причина конфликта уходит на задний план, поведение другой стороны конфликта становится центром внимания. Это приводит к укоренению конфликта в форме социального антагонизма.[47]

Обе стороны конфликта вынуждены «играть роли», из которых не видят выхода.[48] Эмпатия разрушается, а власть становится более важной. Наконец, вся логика сосредоточена на действии, заменив бесплодные и нервные дискуссии и обвинения. Эскалация возникает в тот момент, когда одна сторона совершает действия, которые противоположная сторона принимает как оскорбление (например, не реагирует на угрозы).[49] Парадигма смещается в сторону использования власти и физического насилия;[50] это становится заметным при возникновении физических действий.

---

44 Messmer, Heinz: Der soziale Konflikt: Kommunikative Emergenz und systemische Reproduktion. Stuttgart: Lucius & Lucius, 2003, pp. 226, 235; Kriesberg, Louis: Constructive Conflicts. From Escalation to Resolution. Lanham, MD: Rowan & Littlefield, 1998, pp. 153, 169–172.

45 Kelman, Herbert C./Fisher, Ronald J.: Conflict Analysis and Resolution, in: Sears, D. O./Huddy, L./Jervis, R. (eds.): Oxford Handbook of Political Psychology. Oxford: Oxford University Press, 2003, pp. 315–353, here p. 321.

46 Messmer, Heinz: Der soziale Konflikt: Kommunikative Emergenz und systemische Reproduktion. Stuttgart: Lucius & Lucius, 2003, p. 237.

47 Ibid, pp. 240, 243, 250.

48 Ibid, p. 249; Kriesberg, Louis: Constructive Conflicts. From Escalation to Resolution. Lanham, MD: Rowan & Littlefield, 1998, p. 153.

49 Noll, Douglas E.: Conflict Escalation: A Five Phase Model, 2000, http://mediate.com/articles/noll2.cfm

50 Messmer, Heinz: Der soziale Konflikt: Kommunikative Emergenz und systemische Reproduktion. Stuttgart: Lucius & Lucius, 2003, p. 267.

Подводя итог, необходимо отметить, что данные четыре стадии показывают увеличение частоты и интенсивности (т.е. эмоциональное содержание) коммуникации во время конфликта. Оппонент в конфликте все больше представляется в качестве угрозы существованию, против которого такие чрезвычайные меры, как регулируемые политические действия и, в конечном счете, физическое насилие становятся оправданными. В связи с этим артикуляция такой несовместимости все больше и больше связана со всеми формами общественного воздействия и покрывает ранее не связанные социальные коммуникации, которые стали частью дискурсивной структуры конфликта.

Таблица 1: Стадии конфликта и его коммуникация

	Коммуникация	**Несовместимость**	**Действия**	**Намерения**	**Назначение**
Конфликтные ситуации	Отчет	Несогласие vs. Согласие	Высказать мнение	Установить границы	Символиче-ская оппозиция
Предметные конфликты	Разногласия	Смысл vs. противоположный смысл	Попытка убедить	Обменяться ожиданиями	Предметная сделка
Личностные конфликты	Обвинения	Делегирование ответственности vs. неприятие ответственности	Обвинить	Изменить поведение	Социальная сделка
Субординационные конфликты	Угрозы	Сила vs. Сопротивление	Попытка заставить	Разрушить границы	Подчинение

Источник: Messmer, Heinz: Der soziale Konflikt: Kommunikative Emergenz und systemische Reproduktion. Stuttgart: Lucius & Lucius, 2003, pp. 291, 306.

3. Методология

Выбранная теория, которая акцентирует внимание на коммуникации разногласий в развитии конфликта, требует определенного эмпирического методологического подхода. Он должен четко определять взаимосвязь между разными стадиями конфликта для идентификации доминантных форм коммуникации конфликта на разных исторических этапах.[51]

51 Ibid, p. 91.

Для определения «хроники» конфликта необходимо воссоздать отдельные стадии конфликтной ситуации. Именно на этом этапе используется качественный метод трассировки (отслеживания) хода событий (англ.: process tracing) для изучения конфликта в течение времени.[52] Отслеживание хода событий необходимо для того, чтобы доказать причинные связи не посредством корреляции в количественных исследованиях большого числа случаев, а с помощью качественных методов индивидуально в каждом случае. При этом процесс отслеживания пытается создать цепочку причинных связей от независимой к зависимой переменной. Каждое причинное звено цепи должно объяснять свое влияние и вся цепочка причинных связей должна быть проверена на наличие промежуточной или альтернативной объясняющей переменной. Анализ начинается с «повествовательной истории, представленной в виде хроники, цель которой пролить свет на то, как произошло определенное событие», а затем пытается определить «ключевые моменты принятий решений или точки ответвления в хронологическом ходе событий».[53] Основными источниками отслеживания хода событий являются официальные документы и СМИ.

Согласно Мессмеру, анализ конфликтов усугубляется тем, что трудно точно определить вид коммуникации, который влечет за собой переход из одной стадии конфликта в другую.[54] Для анализа развития конфликта, теоретическая база помогает путем дискурс-анализа определить границы отдельных стадий конфликта или поворотных точек в коммуникации во время конфликта, которая эскалирует и переводит коммуникацию в более интенсивную степень.

Начальная стадия конфликтного эпизода, при которой озвучиваются мнения, переходит в тематический конфликт, если хотя бы одна из сторон настаивает на своей позиции. Обмен аргументами во время тематического конфликта эскалируется в конфликт идентичности, как только прозвучат обвинения. Конфликт касательно идентичности да-

---

52 Druckman, Daniel: Doing Research. Methods of Inquiry for Conflict Analysis. Thousand Oaks, CA: Sage, 2005, pp. 165, 202.

53 George, Alexander/Bennett, Andrew: Case studies and theory development in the Social Sciences, Cambridge/MA. MIT Press, 2005, pp. 205–232, here p. 210 and 212; См. также: Gerring, John: Case study research. Principles and practices, Cambridge University Press, 2006, pp. 172–185.

54 Messmer, Heinz: Der soziale Konflikt: Kommunikative Emergenz und systemische Reproduktion. Stuttgart: Lucius & Lucius, 2003, p. 98.

лее переходит в субординационный конфликт, как только появляются угрозы. Субординационный конфликт, наконец, приводит к применению физической силы.

В итоге, исследователь может распознать следующие поворотные моменты: (1) настаивание на своей позиции и обмен аргументами, (2) обвинения, (3) угрозы и, наконец, (4) применение физической силы (санкции и т.д.).

Конфликты возникают при озвучивании несовместимостей. Эти несовместимости должны быть обнародованы и поэтому эмпирически заметными. «Мотивационно каждая сторона озабочена тем, чтобы «хорошо выглядеть», когда звучат обвинения в возникновении конфликтной ситуации. [...]».[55] Для этих целей стороны конфликта на международном уровне используют СМИ и другие публичные ресурсы, поэтому в этом анализе будут использоваться общедоступные информационные источники.[56]

В газетах печатают только события, «заслуживающие освещения».[57] Незначительные или посредственные события достаточно скудно освещаются средствами массовой информации.[58] Как правило, незначительные события среднего или нижнего ранга зачастую упоминают только региональные источники.[59] Поэтому в данном исследовании используется более широкий круг источников информации, а именно: (1) публикации журналистов (статьи в газетах и журналах); (2) телевизионные репортажи; (3) правительственные заявления (пресс-релизы,

55 Kelman, Herbert C./Fisher, Ronald J.: Conflict Analysis and Resolution, in: Sears, D. O./Huddy, L./Jervis, R. (eds.): Oxford Handbook of Political Psychology. Oxford: Oxford University Press, 2003, pp. 315–353, here p. 326.

56 Wæver, Ole: Securitization: taking stock of a research programme in Security Studies. Copenhagen, mimeo, 2003, p. 26.

57 Azar, Edward E.: Ten Issues in Event Research, in: Azar, E. E./Ben-Dak, J. D. (eds).: Theory and Practice of Event Research. Studies in Inter-Nation Actions and Interaction. New York: Gordon and Breach, 1975, pp. 1–17, here p. 2.

58 Koopmans, Ruud/Rucht, Dieter: Protest Event Analysis, in: Klandermans, Bett/Staggenborg, Suzanne (eds.): Methods of Social Movement Research. Minneapolis: University of Minnesota, 2002, pp. 231–259, here p. 232.

59 Для подобных проблем с другими источниками см.: Maney, Gregory M./Oliver, Pamela E.: Finding Collective Events. Sources, Searches, Timing, in: Sociological Methods & Research, 2001 (vol. 30), no. 2, pp. 131–169; Davenport, Christian/Ball, Patrick: Views to a Kill: Exploring the Implications of Source Selection in the Case of Guatemalan State Terror, 1977–1995, in: Journal of Conflict Resolution, 2002 (vol. 46), no. 3, pp. 427–450.

выступления); (4) пресс-релизы компаний; (5) публикации аналитиков бизнеса.[60]

Анализ дискурса не представлен детально из-за ограниченного размера работы.

4. Конфликт между Россией и Украиной в январе 2006 года

Газовый конфликт между Россией и Украиной, который привел к приостановке поставок газа для внутреннего потребления Украины в январе 2006 года, не возник внезапно. Напротив, газовый конфликт начался еще в марте 2005 года, когда Украина поставила под сомнение части контракта с Россией, касающиеся поставок и транзита газа.

4.1 Конфликтные ситуации

Энергетические отношения между Россией и Украиной базировались на договоре о поставке и транзите газа, подписанном в 2002 году, срок которого истекал в конце 2013 года. Согласно договору, подписанного Газпромом и украинской государственной компанией Нафтогаз Украины 21 июня 2002 года, оплата за транзит российского газа через газотранспортную систему Украины должна была происходить в форме бартерного обмена. Согласно соглашению, Украина получала до 15% газа, транспортированного через украинскую территорию, в виде оплаты за транзит. Изначально количество газа, который предназначался для Украины в качестве оплаты за транзит, должно было обсуждаться ежегодно и закрепляться подписанием межправительственных протоколов.

9 августа 2004 года обе компании ратифицировали Дополнительное Соглашение №4 к договору, согласно которому количество газа, предназначенного в качестве оплаты, было рассчитано на основе следующего тарифа: 1,09 долл. США за 1000 кубометров на каждые 100 км транспортируемого газа, а цена природного газа составила 50 долл.

60 Orpin, Debbie: Corpus Linguistics and Critical Discourse Analysis: Examining the Ideology of Sleaze, in: International Journal of Corpus Linguistics, 2005 (vol. 10), no. 1, pp. 37–61, here p. 41.

США за 1000 кубометров. В соответствии с принятым дополнением цена не подлежала изменениям до конца 2009 года.[61]

Также была организована доставка газа из Центральной Азии (в основном из Туркменистана) на Украину для урегулирования прошлых долгов. Помимо финансовых вопросов, соглашение включало в себя ряд других условий, направленных на обеспечение стабильности во взаимоотношениях в течение последующих пяти лет. Соглашением были предусмотрены поставки российского газа на Украину в объеме 21-25 млрд. кубометров в год в период с 2005 по 2009 год в качестве бартерной оплаты за транзит газа европейским потребителям Газпрома.[62]

Поэтому к концу 2004 года казалось, что необходимые элементы для регулирования торговых отношений по поставкам газа между Россией, Украиной и Туркменистаном были определены на последующие несколько лет. Дополнительно к этому был основан консорциум Газпрома и Нафтогаза Украины (с возможным участием немецкой и других европейских сторон) с целью эксплуатации и модернизации украинской транзитной сети газопроводов. Газпром уже давно выражал желание стать владельцем активов украинского транзитного газопровода. Это обеспечило бы контроль Газпрома над сетью и способствовало бы сокращению рисков и расходов на транзит.[63]

В марте 2005 года украинское правительство предложило увеличить тарифы за транзит газа до «европейского» уровня и производить их оплату в долларах США. Газпром согласился на это предложение, так как это давало возможность поднять вопрос об оплате Украиной поставок российского газа также по европейским рыночным ценам. Кроме того, это создало впечатление, что Президент Украины Виктор Ющенко заявил о «недействительности» договора 2002 года и Дополнительного Соглашения 2004.[64]

---

61 Копия соглашения была опубликована в: Украинская Правда, 22.12.2005, http://www.pravda.com.ua/news/2005/12/22/36935.htm

62 Stern, Jonathan: The Russian-Ukrainian gas crisis of January 2006. Oxford: Oxford Institute for Energy Studies, 2006, p. 2.

63 Ibid, p. 3.

64 Един, Александр: Украина против «Газпрома»: цена вопроса, Regnum, 07.01.2006, http://www.regnum.ru/news/569483.html. (Gazprom Press Release, 28 March 2005, http://www.gazprom.com/eng/news/2005/03/15777.shtml).

В мае 2005 года вспыхнула очередная волна напряженностей в энергетических отношениях между Россией и Украиной. Было обнародовано, что в период с октября 2004 года по март 2005 года из газохранилищ Украины исчезло около 7,6 миллиардов кубических метров российского газа. Украина не смогла предоставить правдоподобного объяснения по данному факту. В июле 2005 года Газпром нашел способ компенсировать потерю газа, стоимостью около 1,25 млрд. долл. США. Компания в одностороннем порядке списала стоимость этого газа в качестве оплаты украинского транзита в Европу, что является законным согласно договору,[65] заключенного между двумя сторонами, и вычла вышеупомянутый объем газа из объемов топлива, предназначенного для Украины. Украина в ответ заявила, что если Газпром принял такие меры, то для восполнения дефицита будет изъят российский газ, предназначенный для транзита в Европу. Спор, в конце концов, был решен по обоюдному соглашению сторон.[66] Тем не менее, этот инцидент поднял ряд серьезных вопросов относительно безопасности хранения российского газа на Украине в будущем и возникновении на этой почве проблем с поставками в Европу.[67]

В июне 2005 года было объявлено о крушении концепции консорциума по модернизации и эксплуатации украинской сети транзитного газопровода. Украина не была готова обсуждать перевод системы в консорциум. Вместо этого президент Ющенко предложил руководству консорциума сосредоточиться на проектах по строительству новых трубопроводов, а не на ремонте существующей сети.[68]

Начиная с марта 2005 года, когда Украина поставила под сомнение части контракта с Россией по поставкам и транзиту газа, отдельные конфликтные ситуации поставили под угрозу газовые отношения между Россией и Украиной. Тем не менее, эти ситуации не смогли полностью уничтожить энергетические отношения между двумя сторонами. Возникновение отдельных конфликтных ситуаций не привело к эска-

---

65 NewsBase, Oil & Gas Monitor, no. 23, 15June and no.26, 6July 2005; Ведомости08.06.2005и 29.06.2005.

66 Gazprom Press Release, 17July 2005.

67 Stern, Jonathan: The Russian-Ukrainian gas crisis of January 2006. Oxford: Oxford Institute for Energy Studies, 2006, p. 5.

68 Ibid, p. 4.

лации конфликта, и могут рассматриваться как выражение постоянного соперничества между Украиной и Россией.

4.2 Тематический конфликт

В июне 2005 года Газпром предпринял первые шаги по изменению цен на поставки природного газа странам бывшего Советского Союза (за исключением Беларуси) и Польши.[69] Предполагалось, что в течение трех последующих лет цены на газ достигнут «европейского» уровня. Газпром обосновал данное повышение цен ростом расходов на исследование новых месторождений, инвестициями в инфраструктуру и быстро растущими ценами на энергоносители на мировом рынке. Чтобы разрушить связь между поставками газа и платой за транзит в случае с Украиной, Газпром планировал сократить поставки российского газа на Украину, которые должны быть компенсированы поставками газа из Центральной Азии.[70]

В июле 2005 года по просьбе премьер-министра Государственная Дума России единогласно проголосовала за то, чтобы Грузия, Молдова, Украина, Эстония, Латвия и Литва платили за газ по «европейской» цене. В августе 2005 года последовало заявление Министерства Энергетики Украины, в котором сообщалось о внесении поправок к предложению от марта 2005 года, что в 2006-2007 годах торговля будет проходить на денежной основе, «если это будет соответствовать украинским интересам».[71] В то же время украинское правительство выразило протест по двум важнейшим пунктам Дополнительного Соглашения 2004 года: урегулирование задолженности за предыдущие поставки газа и создания РосУкрЭнерго.[72]

---

69 NewsBase, FSU Oil & Gas Monitor, no. 46, 23 November 2005.

70 «Газпром» планирует снизить поставки газа в СНГ и Балтии, Ведомости, 07.06.2005, http://www.vedomosti.ru/newsline/news/2005/06/07/151092

71 Interfax Oil and Gas Report, 4-10 August 2005.

72 Stern, Jonathan: The Russian-Ukrainian gas crisis of January 2006. Oxford: Oxford Institute for Energy Studies, 2006, p. 5. В январе 2005 новое СП РосУкрЭнерго стал отвечать за поставки туркменского газа на Украину. За это раньше отвечал Евралтрансгаз, а до этого Итера (Stern, Jonathan: The Russian-Ukrainian gas crisis of January 2006. Oxford: Oxford Institute for Energy Studies, 2006, p. 3–4). РосУкрЭнерго, зарегистрированное в Швейцарии, принадлежала на 50% Газпромбанку и на 50% Райфайзен Инвестмент. Райфайзен Инвестмент сначала скрывал, кому принадлежит компания. NewsBase, FSUOil&GasMonitor, no. 2, 18 January 2006.

К августу 2005 года «практически все элементы российско-украинских газовых отношений, большинство из которых, казалось, были урегулированы годом ранее, стали опять предметом спора, не имея большого шанса на успешное решение:

- не было ясно, будет ли Украина покупать туркменский газ напрямую или через Газпром;
- легитимность создания СП РосУкрЭнерго для транспортировки туркменского газа (и газа из других стран Центральной Азии) для Украины была поставлена под сомнение из-за непрозрачной структуры и деятельности компании и с существованием большой вероятности открытия уголовного дела против компании;
- международный консорциум, который был создан для решения проблем эксплуатации и модернизации украинской газотранспортной системы был расформирован без намека на замену;
- была поставлена под вопрос безопасность хранения российского газа в газохранилищах Украины (принципиально) и предназначенного для дальнейшей транспортировки в Европу зимой;
- цена, которую Россия намеревалась взимать с Украины за поставку газа, которая, в свою очередь, могла дестабилизировать торговлю с негативными последствиями для европейских импортеров российского газа».[73]

В августе 2005 года Газпром начал переговоры с Нафтогазом Украины относительно нового газового контракта, утверждая, что Дополнительное Соглашение №4 имело силу только при условии ежегодного подписания обеими странами межправительственного протокола, регулирующего условия по транзиту газа. Согласно позиции Газпрома, Дополнительное Соглашение №4 потеряло силу, так как не был подписан ежегодный протокол на 2006 год в соответствии с требуемыми условиями.[74] Кроме того, при изучении предложения Украины в марте 2005

---

73 Stern, Jonathan: The Russian-Ukrainian gas crisis of January 2006. Oxford: OxfordInstituteforEnergyStudies, 2006, p. 6.

74 См. http://www.gazprom.com/eng/news/2005/12/18443.shtml. Заместитель председателя Газпрома Александр Медведев заявил, что оба предложения Газпрома по проекту межправительственного протокола на 2006 год и по проектам двух контрактов (по транзиту газа и его поставкам) были отправлены украинскому правительству и Нафтогазу Украины. Он сослался на Статью 2 Соглашения 2002 года, заключенного между двумя странами, в котором говорилось, что объемы транзита российского газа через территорию Украины и

года у компании создалось впечатление, что Украина также заинтересована в повторных переговорах.

Россия настаивала на новом контракте, согласно которому Украина будет платить около 160 долл. США за 1000 кубометров газа. Несмотря на то, что вначале украинская сторона была решительно настроена против любого увеличения цены на газ, по истечении времени президент Ющенко согласился на некоторые уступки, согласно которым цена на газ будет постепенно увеличиваться в течение времени. Он заявил, что украинская промышленность станет нерентабельной, если цена на газ поднимется выше 90 долл. США. Он также призвал избегать политизации спора, и выразил уверенность в том, что проблема может быть решена экономическим, а не политическим путем. Со своей стороны Россия 29 ноября дала согласие на увеличение транзитного тарифа до 1,74 долл. США за 1000 куб.м./100 км.[75]

На данной стадии конфликт был сосредоточен на вопросах по контрактным условиям транзита и поставок газа. Каждый аспект российско-украинских газовых отношений был открыт для повторных переговоров. В то время как обе стороны настаивали на своей позиции и пытались убедить друг друга в разумности выдвинутых требований, на данном этапе развития событий они все еще были готовы пойти на уступки. Обе стороны добивались рационализировать собственную роль в конфликте и решить его посредством сотрудничества и диалога. Тем не менее, в конце ноября тон переговоров стал жестче, и спор с Украиной был скорее сосредоточен на обеспечении безопасности поставок российского газа в Европу.

4.3 Конфликт касательно идентичности

В ответ на колебания Украины 13 декабря Газпром пригрозил прекратить поставки природного газа на Украину[76], если соглашение о новой цене не будет достигнуто до 1 января 2006. И в конечном итоге, 14 де-

---

платежи за транзит должны были быть установлены в ежегодных межправительственных протоколах за определенный период. (RIA Novosti, 21 December 2005).

75 NewsBase, FSU Oil & Gas Monitor, no. 47, 30 November 2005.

76 RFE/RL Newsline, vol. 9, no. 232, 14 December 2005.

кабря Газпром потребовал 230 долл. США за 1000 куб.м., утверждая, что такой рост цены соответствует ценам на газ на мировом рынке.[77]

После того, как предложение Украины о постепенном переходе к более высоким ценам за газ было отклонено Газпромом, Президент Украины Виктор Ющенко пригрозил поднять арендную плату за размещение российского Черноморского флота на территории Украины. В то время Россия платила 98 миллионов долларов США в год за аренду доков в Севастополе для собственного флота.[78]

Подводя итоги, в течение последних трех месяцев 2005 года переговоры между Газпромом и Нафтогаз Украины не привели к какому-либо существенному прогрессу. Газпром сначала требовал «европейскую цену» на уровне 160 долл. США, а позднее 230 долл. США за 1000 кубометров, пока Украина не будет готова рассмотреть вопрос о предоставлении Газпрому пакета акций на сеть транзитных трубопроводов. Украина была готова платить рыночную стоимость газа, но при условии ее постепенного роста и максимальной стоимости до 80 долл. США за 1000 кубометров.[79]

Жесткая позиция Газпрома относительно повышения цены на газ до 230 долл. США за 1000 куб.м. нашла поддержку на самом высоком политическом уровне в Кремле. 8 декабря Президент России Владимир Путин резко отметил в своей речи, что бытовые потребители на Украине получают газ по гораздо более низким ценам, чем бытовые потребители в России.[80] Он отметил, что Россия предоставляет субсидии на поставку газа на Украину на сумму 1 млрд. долл. США в год. Путин также отметил, что принимая во внимание, что 25 миллионов россиян до сих пор живут за чертой бедности, такое бремя для российской экономики является более чем сомнительным. Он заявил, что Украина

77 Korrespondent.net, 23 December 2005, http://www.korrespondent.net/main/140219; NewsBase, FSU Oil & Gas Monitor, no. 50, 21 December 2005.

78 NewsBase, FSU Oil & Gas Monitor, no. 50, 21 December 2005.

79 Stern, Jonathan: The Russian-Ukrainian gas crisis of January 2006. Oxford: OxfordInstituteforEnergyStudies, 2006, p. 6.

80 Эту речь прозвучала за день до того, как началось строительство офшорной секции газопровода NEGP, начатую 9 декабря. (NewsBase, FSUOil&GasMonitor, no.49, 14December 2005).

должна располагать большими денежными резервами и способна платить за газ по рыночной цене.[81]

В телевизионном интервью 29 декабря Путин подверг критике Украину, обвиняя ее в создании кризиса, который ставит под угрозу весь спектр дипломатических отношений, а не только энергетические отношения между двумя странами. Тем не менее, Путин предложил Украине 3,6 млрд. долл. США кредита для покрытия расходов на переход к рыночным ценам на природный газ. Двумя днями позже, после того, как Украина отвергла это предложение, Путин предложил отложить повышение цен до апреля 2006 года, если Украина немедленно согласился на новые цены. При этом он утверждал, что это было последнее предложение, которое, к тому же, можно было бы расценивать как политическую уступку своему украинскому оппоненту.[82] Однако украинская сторона отвергла и это предложение.[83]

На данной стадии конфликта идентичности обе стороны настаивали на своих позициях, и никакого прогресса в ходе переговоров не было достигнуто. Более того, Газпром в переговорах даже увеличил цену на газ с 160 до 230 долл. США. Путин усугубил конфликт, заявив, что газовый спор привел к кризису, который, в свою очередь, отразится на всех отношениях между двумя странами. Обе стороны возлагали друг на друга ответственность за конфликт. Переговоры были затруднены общим чувством недоверия, которое заставило украинскую сторону отказаться от многочисленных предложений России по предоставлению кредитов и льготного периода для перехода к увеличению цены. Украинская сторона с сомнением относилась к российским предложе-

---

81 Колесников, Андрей: Владимир Путин рассчитал Украину: В ее бюджете обнаружены US$4,6 российских миллиарда, Коммерсант, 09.12.2005, http://www.kommersant.ru/doc/633921; Путин: Украина в состоянии покупать газ по рыночной цене, Vesti.ru, 08.12.2005,http://www.vesti.ru/doc.tml?id=72229&tid=32068; NewsBase, FSUOil&GasMonitor, no.49, 14December 2005. 26 декабря премьер-министр Украины Юрий Еханурова подтвердил, что бытовые потребительские цены на газ на Украине ниже, чем в России, и сказал, что необходимо это изменить. См.: Попов, Евгений: Украина не может жить с дешевым газом, Vesti.ru, 26.12.2005,http://www.vesti.ru/doc.html?id=111009&date=26.12.2005).

82 AFX News, 1 January 2006, http://www.forbes.com/work/feeds/afx/2006/01/01/afx2422361.html

83 Stern, Jonathan: The Russian-Ukrainian gas crisis of January 2006. Oxford: Oxford Institute for Energy Studies, 2006, p. 7.

ниям, воспринимая их в качестве стратегического инструмента России для оправдания своей позиции. Не исключено, что украинская интерпретация действий России может быть оправданной.

4.4 Субординационный конфликт

С 1 января 2006 года Газпром прекратил поставки газа для внутреннего потребления Украины после ее отказа от предложений России «подсластить» сделку. Прекращение поставок газа немедленно отразилось на европейских потребителях. Украинские компании начали изымать газ из трубопровода, что привело к падению давления и недопоставкам газа европейским потребителям по состоянию на 1 января. Снижение объемов газа, поставляемых в страны ЕС, которые, по данным Газпрома, составили 223,5 млн. куб.м.,[84] вызвало протесты по всей Европе. К 4 января поставки российского газа в Европу вернулись на нормальный уровень. В результате сокращения поставок российского газа ни одной стране ЕС не пришлось прерывать поставки газа клиентам в связи с тем, что была относительно теплая для этого времени года погода в Европе и тем фактом, что многие коммерческие и промышленные предприятия-потребители были закрыты на период новогодних праздников.[85]

4 января 2006 года Газпром и Нафтогаз Украины объявили о завершении спора подписанием контракта на последующие пять лет.[86] Стороны договорились поднять тариф на транзит с 1,09 долл. США до 1,60 долл. США за 1000 куб. метров/на 100 км, который касался не только транзита российского газа в Европу, но и транзита туркменского газа через Россию на Украину. Было решено, что Газпром будет продавать свой газ по 230 долл. США за 1000 куб.м. российско-швейцарской компании РосУкроЭнерго, которая после его смешивания с двумя третями более дешевых поставок из Центральной Азии, будет перепродавать

84 RIA Novosti, 3 January 2006.

85 Stern, Jonathan: The Russian-Ukrainian gas crisis of January 2006. Oxford: OxfordInstituteforEnergyStudies, 2006, pp. 8–9.

86 Полный текст документа был опубликован в: Украинская Правда, 05.01.2006, http://www2.pravda.com.ua/ru/news/2006/1/5/36448.htm

газ на Украину по цене 95 долл. США за 1000 куб.м.[87] Более того, РосУкроЭнерго и Нафтогаз Украины создадут совместное предприятие с 1 февраля 2006 года в целях сбыта газа на Украине. Транзитные платежи и цена на газ могут быть изменены только по соглашению всех сторон.[88]

Тем не менее, текст соглашения явно показывает, что многие вопросы еще не были решены. В частности, цена на газ после июня 2006 года. Эта неопределенность могла быть вызвана необходимостью быстрого достижения согласия в интересах устранения существующего кризиса.[89]

11 января 2006 года президенты Путин и Ющенко подтвердили, что конфликт был решен, обеими сторонами было сделано много компромиссов, и обе страны стремятся достигнуть более тесного сотрудничества в области науки, образования и здравоохранения. Тем не менее, в конце января 2006 года Газпром снова обвинил Украину в изъятии газа, предназначенного для Европы. Украинский премьер Юрий Ехануров заявил, что украинские потребители получают не больше российского газа, чем предусмотрено двусторонними соглашениями, но при этом признал, что суточное потребление газа может увеличиться из-за холодной погоды. Он также выразил признательность России за увеличение поставок газа.[90]

На этом заключительном этапе Газпром попытался решить конфликт через подчинение другой стороны. Переговоры были заменены систематическими силовыми играми, в данном случае - экономическими санкциями. Через несколько дней обе стороны достигли компромисса, в результате чего субординационный конфликт перешел на уровень конфликтной ситуации, но при этом конфликт не был полностью урегулирован. Тем не менее, в коммуникации сторон появились дружеские нотки и обе стороны смягчили конфликтную ситуацию, признав и объяснив увеличение потребления газа (Украина) и увеличив поставки газа для Украины в суровый зимний период (Россия).

---

87 AFX News, 4 January 2006, http://www.forbes.com/home/feeds/afx/2006/01/04/afx2426965.html; Коммерсант, 04.01.2006, http://www.kommersant.com/page.asp?id=-7864.

88 Stern, Jonathan: The Russian-Ukrainian gas crisis of January 2006. Oxford: Oxford Institute for Energy Studies, 2006, pp. 9–10.

89 Ibid, p. 10.

90 NewsBase, FSU Oil & Gas Monitor, no. 4, 1 February 2006.

5. Заключение

Длительное и медленное возрастание напряжения между Россией и Украиной вылилось в спор по поводу ценообразования и регулирование транзита, продолжавшийся большую часть 2005 года. «Поставки газа были яблоком раздора в отношениях между Москвой и Киевом в течение более чем десяти лет. Обе стороны запутались во взаимной зависимости и недоверии: Украине нужен газ, получаемый из России, ее основного поставщика, а Россия, в свою очередь, нуждается в транзитном газопроводе, проходящего через Украину; и каждую сторону возмущает ее зависимость от другой».[91]

Применяя процессуальную модель Мессмера о социальных конфликтах в российско-украинском газовом споре января 2006 года, видно, что спор прошел все четыре стадии конфликта: (1) конфликтные ситуации; (2) тематический конфликт; (3) конфликт касательно идентичности; и (4) субординационный конфликт. Частота и интенсивность коммуникации в конфликте возрастала с переходом от одной стадии конфликта к другой. Оппонент в конфликте все чаще и чаще представлял собой угрозу существованию (для безопасности поставок газа в Европу и российского государственного бюджета, а также для независимости Украины), против которого считалось оправданным принятие чрезвычайных мер, регулирующие политическое давление и, в конечном итоге, применение физических мер в виде экономических санкций.

Отказ в 2005 году нового украинского правительства от выполнения своих обязательств по принятому в 2002 году Договору и Дополнению к нему от 2004 года стало отправной точкой для возникновения конфликтных ситуаций в российско-украинских газовых отношениях. Данные конфликтные ситуации включали в себя изъятие природного газа, находящегося в украинских подземных газохранилищах, а также отказ Газпрому в приобретении части ГТС и доли в активах газохранилищ Украины.

Все страны СНГ, являющиеся клиентами Газпрома, были вынуждены быстро перейти к оплате за газ по рыночным ценам, если они не соглашались продать Газпрому значительной доли акций их газотранспортных активов. Причины принятия Газпромом такой жесткой позиции

91 DeLay, Jennifer: NEGP No Panacea for Gazprom's Ukrainian Problem, NewsBase, FSU Oil & Gas Monitor, 2006, no. 1, 11 January.

в отношении Украины (и других стран СНГ), были, прежде всего, экономически мотивированы. Ни Газпром, ни правительство России больше не готовы были осуществлять поставки газа своим бывшим союзникам по льготным ценам, если они не желают пойти на коммерческие уступки в виде предоставления равных прав собственности на инфраструктуру. Джонатан Стерн объясняет газовый конфликт как «водораздел в коммерческой стратегии Газпрома: небольшой, но весьма значительный, шаг в будущее, при котором продажи российского газа в СНГ, в том числе, и российским внутренним клиентам, будут такими же прибыльным (а с учетом более низких затрат на транспортировку даже потенциально прибыльнее), как и экспорт газа в Европу».[92]

Тем не менее, можно предположить, что выборы Ющенко в 2004-2005 годах в президенты привели, в некоторой степени, к ухудшению отношений между двумя странами. Этот факт, возможно, усложнил достижение компромисса в ценовой политике между Газпромом и Нафтогазом Украины. Тем не менее, предложение президента Путина предоставить трехмесячный льготный период при переходе на новый режим цен, который бы защитил президента Ющенко от любых отрицательных последствий повышения цен на период после выборов в марте 2006 года «можно рассматривать как примирительный политический жест».[93]

Традиционная теория конфликтов в первую очередь фокусируется на внешних причинах в развитии и возникновении конфликтов, а также на последствиях в социальной среде. Однако дискурсивный подход Мессмера дает гораздо более точное представление об эскалации конфликта, поскольку он начинает отслеживать конфликт с момента перехода конфликтных ситуаций в тематический конфликт. Как показала данная работа, данный подход обеспечивает исследователя важной информацией для анализа российско-украинского газового конфликта, чего нельзя добиться, используя традиционные подходы исследования конфликтов. Рассмотрение процесса коммуникации, в котором и из-за которого возникают конфликты, приводит к более глубокому понима-

92 Stern, Jonathan: The Russian-Ukrainian gas crisis of January 2006. Oxford: Oxford Institute for Energy Studies, 2006, p. 17.

93 Ibid, p. 13.

нию актуальности и интенсивности конфликтов, а также их роли в социальной среде.

Однако в исследовательской практике, данный подход Мессмера вызывает проблемы с операционализацией конкретных поворотных моментов между отдельными стадиями конфликта. Дискурсивные точки поворота, при котором конфликт переходит на другой уровень интенсивности, трудно определить однозначно. Например, в различных сводах информации (от той же самой стороны конфликта) поворотный момент может произойти в разное время. Более того, мнение исследователя о том, что является обвинением, а что угрозой, может быть истолковано по-разному. Данные аспекты делают операционализацию сложной и довольно субъективной.

Для того чтобы извлечь выгоду из ценной информации, используя методику Мессмера и одновременно избегая оперативных ошибок, нужен подход, который оставляет меньше возможностей для интерпретации и использует переходные моменты, основываясь на фактах. Не исследователь должен решить, когда наступил переломный момент, а сама сторона конфликта должна принять это решение. В этом случае хорошо подходит теория секьюритизации. Секьюритизация наблюдает (используя термины Мессмера) за переходом конфликта от тематического на уровень конфликта касательно идентичности, применяя рамки безопасности, т.е. подразумевая, что кто-то или что-то является угрозой для упомянутого объекта или стороны конфликта. Несмотря на то, что это упрощает исследование процесса эскалации конфликта, секьюритизация позволяет более объективную операционализацию не отказываясь при этом от преимущества использования дискурсивного подхода.[94]

Перевод с английского Лины Пляйнес

94 По поводу совместимости двух методов см.:Wæver, Ole: Securitization: taking stock of a research programme in Security Studies. Copenhagen, mimeo, 2003; Bonacker, Thorsten/Braun, Christian/Groth, Jana: The impact of civil society's human rights articulations on securitization in ethno-political conflicts. A qualitative comparative analysis. Rome: LUISS University (SHUR WP 02/09), 2009.

Об авторах[1]

Лусинэ Бадалян (Lusine Badalyan), аспирантка Исследовательского Центра Восточной Европы при университете г. Бремена, Германия (Research Centre for East European Studies at the University of Bremen, Germany).

Катерина Боско (Katerina Bosko), аспирантка и научный сотрудник Исследовательского Центра Восточной Европы при университете г. Бремена, Германия (Research Centre for East European Studies at the University of Bremen, Germany).

Ирина Кустова (Irina Kustova), аспирантка Университета г. Тренто, Италия (University of Trento, Italy).

Юлия Кушнир (Julia Kusznir), научный сотрудник Университета Якобса г. Бремена, Германия (Jacobs University Bremen, Germany).

Ирина Петрова (Irina Petrova), научный сотрудник в Левенском католическом университете, Бельгия (Leuven International and European Studies Institute (LINES) at the University of Leuven, Belgium).

Нильс Смеетс (Niels Smeets), научный сотрудник в Левенском католическом университете, Бельгия (Leuven International and European Studies Institute (LINES) at the University of Leuven, Belgium).

Инна Чувычкина (Inna Chuvychkina), аспирантка Исследовательского Центра Восточной Европы при университете г. Бремена, Германия (Research Centre for East European Studies at the University of Bremen, Germany).

Андреас Хайнрих (Andreas Heinrich), научный сотрудник Исследовательского Центра Восточной Европы при университете г. Бремена, Германия (Research Centre for East European Studies at the University of Bremen, Germany).

1 Сведения 2015 года.

SOVIET AND POST-SOVIET POLITICS AND SOCIETY

Edited by Dr. Andreas Umland

ISSN 1614-3515

1 *Андреас Умланд (ред.)*
Воплощение Европейской конвенции по правам человека в России
Философские, юридические и эмпирические исследования
ISBN 3-89821-387-0

2 *Christian Wipperfürth*
Russland – ein vertrauenswürdiger Partner?
Grundlagen, Hintergründe und Praxis gegenwärtiger russischer Außenpolitik
Mit einem Vorwort von Heinz Timmermann
ISBN 3-89821-401-X

3 *Manja Hussner*
Die Übernahme internationalen Rechts in die russische und deutsche Rechtsordnung
Eine vergleichende Analyse zur Völkerrechtsfreundlichkeit der Verfassungen der Russländischen Föderation und der Bundesrepublik Deutschland
Mit einem Vorwort von Rainer Arnold
ISBN 3-89821-438-9

4 *Matthew Tejada*
Bulgaria's Democratic Consolidation and the Kozloduy Nuclear Power Plant (KNPP)
The Unattainability of Closure
With a foreword by Richard J. Crampton
ISBN 3-89821-439-7

5 *Марк Григорьевич Меерович*
Квадратные метры, определяющие сознание
Государственная жилищная политика в СССР. 1921 – 1941 гг
ISBN 3-89821-474-5

6 *Andrei P. Tsygankov, Pavel A.Tsygankov (Eds.)*
New Directions in Russian International Studies
ISBN 3-89821-422-2

7 *Марк Григорьевич Меерович*
Как власть народ к труду приучала
Жилище в СССР – средство управления людьми. 1917 – 1941 гг.
С предисловием Елены Осокиной
ISBN 3-89821-495-8

8 *David J. Galbreath*
Nation-Building and Minority Politics in Post-Socialist States
Interests, Influence and Identities in Estonia and Latvia
With a foreword by David J. Smith
ISBN 3-89821-467-2

9 *Алексей Юрьевич Безугольный*
Народы Кавказа в Вооруженных силах СССР в годы Великой Отечественной войны 1941-1945 гг.
С предисловием Николая Бугая
ISBN 3-89821-475-3

10 *Вячеслав Лихачев и Владимир Прибыловский (ред.)*
Русское Национальное Единство, 1990-2000. В 2-х томах
ISBN 3-89821-523-7

11 *Николай Бугай (ред.)*
Народы стран Балтии в условиях сталинизма (1940-е – 1950-е годы)
Документированная история
ISBN 3-89821-525-3

12 *Ingmar Bredies (Hrsg.)*
Zur Anatomie der Orange Revolution in der Ukraine
Wechsel des Elitenregimes oder Triumph des Parlamentarismus?
ISBN 3-89821-524-5

13 *Anastasia V. Mitrofanova*
The Politicization of Russian Orthodoxy
Actors and Ideas
With a foreword by William C. Gay
ISBN 3-89821-481-8

14 *Nathan D. Larson*
Alexander Solzhenitsyn and the Russo-Jewish Question
ISBN 3-89821-483-4

15 *Guido Houben*
Kulturpolitik und Ethnizität
Staatliche Kunstförderung im Russland der neunziger Jahre
Mit einem Vorwort von Gert Weisskirchen
ISBN 3-89821-542-3

16 *Leonid Luks*
Der russische „Sonderweg"?
Aufsätze zur neuesten Geschichte Russlands im europäischen Kontext
ISBN 3-89821-496-6

17 *Евгений Мороз*
История «Мёртвой воды» – от страшной сказки к большой политике
Политическое неоязычество в постсоветской России
ISBN 3-89821-551-2

18 *Александр Верховский и Галина Кожевникова (ред.)*
Этническая и религиозная интолерантность в российских СМИ
Результаты мониторинга 2001-2004 гг.
ISBN 3-89821-569-5

19 *Christian Ganzer*
Sowjetisches Erbe und ukrainische Nation
Das Museum der Geschichte des Zaporoger Kosakentums auf der Insel Chortycja
Mit einem Vorwort von Frank Golczewski
ISBN 3-89821-504-0

20 *Эльза-Баир Гучинова*
Помнить нельзя забыть
Антропология депортационной травмы калмыков
С предисловием Кэролайн Хамфри
ISBN 3-89821-506-7

21 *Юлия Лидерман*
Мотивы «проверки» и «испытания» в постсоветской культуре
Советское прошлое в российском кинематографе 1990-х годов
С предисловием Евгения Марголита
ISBN 3-89821-511-3

22 *Tanya Lokshina, Ray Thomas, Mary Mayer (Eds.)*
The Imposition of a Fake Political Settlement in the Northern Caucasus
The 2003 Chechen Presidential Election
ISBN 3-89821-436-2

23 *Timothy McCajor Hall, Rosie Read (Eds.)*
Changes in the Heart of Europe
Recent Ethnographies of Czechs, Slovaks, Roma, and Sorbs
With an afterword by Zdeněk Salzmann
ISBN 3-89821-606-3

24 *Christian Autengruber*
Die politischen Parteien in Bulgarien und Rumänien
Eine vergleichende Analyse seit Beginn der 90er Jahre
Mit einem Vorwort von Dorothée de Nève
ISBN 3-89821-476-1

25 *Annette Freyberg-Inan with Radu Cristescu*
The Ghosts in Our Classrooms, or: John Dewey Meets Ceauşescu
The Promise and the Failures of Civic Education in Romania
ISBN 3-89821-416-8

26 *John B. Dunlop*
The 2002 Dubrovka and 2004 Beslan Hostage Crises
A Critique of Russian Counter-Terrorism
With a foreword by Donald N. Jensen
ISBN 3-89821-608-X

27 *Peter Koller*
Das touristische Potenzial von Kam''janec'–Podil's'kyj
Eine fremdenverkehrsgeographische Untersuchung der Zukunftsperspektiven und Maßnahmenplanung zur Destinationsentwicklung des „ukrainischen Rothenburg"
Mit einem Vorwort von Kristiane Klemm
ISBN 3-89821-640-3

28 *Françoise Daucé, Elisabeth Sieca-Kozlowski (Eds.)*
Dedovshchina in the Post-Soviet Military
Hazing of Russian Army Conscripts in a Comparative Perspective
With a foreword by Dale Herspring
ISBN 3-89821-616-0

29 *Florian Strasser*
Zivilgesellschaftliche Einflüsse auf die Orange Revolution
Die gewaltlose Massenbewegung und die ukrainische Wahlkrise 2004
Mit einem Vorwort von Egbert Jahn
ISBN 3-89821-648-9

30 *Rebecca S. Katz*
The Georgian Regime Crisis of 2003-2004
A Case Study in Post-Soviet Media Representation of Politics, Crime and Corruption
ISBN 3-89821-413-3

31 *Vladimir Kantor*
Willkür oder Freiheit
Beiträge zur russischen Geschichtsphilosophie
Ediert von Dagmar Herrmann sowie mit einem Vorwort versehen von Leonid Luks
ISBN 3-89821-589-X

32 *Laura A. Victoir*
The Russian Land Estate Today
A Case Study of Cultural Politics in Post-Soviet Russia
With a foreword by Priscilla Roosevelt
ISBN 3-89821-426-5

33 *Ivan Katchanovski*
Cleft Countries
Regional Political Divisions and Cultures in Post-Soviet Ukraine and Moldova
With a foreword by Francis Fukuyama
ISBN 3-89821-558-X

34 *Florian Mühlfried*
Postsowjetische Feiern
Das Georgische Bankett im Wandel
Mit einem Vorwort von Kevin Tuite
ISBN 3-89821-601-2

35 *Roger Griffin, Werner Loh, Andreas Umland (Eds.)*
Fascism Past and Present, West and East
An International Debate on Concepts and Cases in the Comparative Study of the Extreme Right
With an afterword by Walter Laqueur
ISBN 3-89821-674-8

36 *Sebastian Schlegel*
Der „Weiße Archipel"
Sowjetische Atomstädte 1945-1991
Mit einem Geleitwort von Thomas Bohn
ISBN 3-89821-679-9

37 *Vyacheslav Likhachev*
Political Anti-Semitism in Post-Soviet Russia
Actors and Ideas in 1991-2003
Edited and translated from Russian by Eugene Veklerov
ISBN 3-89821-529-6

38 *Josette Baer (Ed.)*
Preparing Liberty in Central Europe
Political Texts from the Spring of Nations 1848 to the Spring of Prague 1968
With a foreword by Zdeněk V. David
ISBN 3-89821-546-6

39 *Михаил Лукьянов*
Российский консерватизм и реформа, 1907-1914
С предисловием Марка Д. Стейнберга
ISBN 3-89821-503-2

40 *Nicola Melloni*
Market Without Economy
The 1998 Russian Financial Crisis
With a foreword by Eiji Furukawa
ISBN 3-89821-407-9

41 *Dmitrij Chmelnizki*
Die Architektur Stalins
Bd. 1: Studien zu Ideologie und Stil
Bd. 2: Bilddokumentation
Mit einem Vorwort von Bruno Flierl
ISBN 3-89821-515-6

42 *Katja Yafimava*
Post-Soviet Russian-Belarussian Relationships
The Role of Gas Transit Pipelines
With a foreword by Jonathan P. Stern
ISBN 3-89821-655-1

43 *Boris Chavkin*
Verflechtungen der deutschen und russischen Zeitgeschichte
Aufsätze und Archivfunde zu den Beziehungen Deutschlands und der Sowjetunion von 1917 bis 1991
Ediert von Markus Edlinger sowie mit einem Vorwort versehen von Leonid Luks
ISBN 3-89821-756-6

44 *Anastasija Grynenko in Zusammenarbeit mit Claudia Dathe*
Die Terminologie des Gerichtswesens der Ukraine und Deutschlands im Vergleich
Eine übersetzungswissenschaftliche Analyse juristischer Fachbegriffe im Deutschen, Ukrainischen und Russischen
Mit einem Vorwort von Ulrich Hartmann
ISBN 3-89821-691-8

45 *Anton Burkov*
The Impact of the European Convention on Human Rights on Russian Law
Legislation and Application in 1996-2006
With a foreword by Françoise Hampson
ISBN 978-3-89821-639-5

46 *Stina Torjesen, Indra Overland (Eds.)*
International Election Observers in Post-Soviet Azerbaijan
Geopolitical Pawns or Agents of Change?
ISBN 978-3-89821-743-9

47 *Taras Kuzio*
Ukraine – Crimea – Russia
Triangle of Conflict
ISBN 978-3-89821-761-3

48 *Claudia Šabić*
"Ich erinnere mich nicht, aber L'viv!"
Zur Funktion kultureller Faktoren für die Institutionalisierung und Entwicklung einer ukrainischen Region
Mit einem Vorwort von Melanie Tatur
ISBN 978-3-89821-752-1

49 *Marlies Bilz*
Tatarstan in der Transformation
Nationaler Diskurs und Politische Praxis 1988-1994
Mit einem Vorwort von Frank Golczewski
ISBN 978-3-89821-722-4

50 *Марлен Ларюэль (ред.)*
Современные интерпретации русского национализма
ISBN 978-3-89821-795-8

51 *Sonja Schüler*
Die ethnische Dimension der Armut
Roma im postsozialistischen Rumänien
Mit einem Vorwort von Anton Sterbling
ISBN 978-3-89821-776-7

52 *Галина Кожевникова*
Радикальный национализм в России и противодействие ему
Сборник докладов Центра «Сова» за 2004-2007 гг.
С предисловием Александра Верховского
ISBN 978-3-89821-721-7

53 *Галина Кожевникова и Владимир Прибыловский*
Российская власть в биографиях I
Высшие должностные лица РФ в 2004 г.
ISBN 978-3-89821-796-5

54 *Галина Кожевникова и Владимир Прибыловский*
Российская власть в биографиях II
Члены Правительства РФ в 2004 г.
ISBN 978-3-89821-797-2

55 *Галина Кожевникова и Владимир Прибыловский*
Российская власть в биографиях III
Руководители федеральных служб и агентств РФ в 2004 г.
ISBN 978-3-89821-798-9

56 *Ileana Petroniu*
Privatisierung in Transformationsökonomien
Determinanten der Restrukturierungs-Bereitschaft am Beispiel Polens, Rumäniens und der Ukraine
Mit einem Vorwort von Rainer W. Schäfer
ISBN 978-3-89821-790-3

57 *Christian Wipperfürth*
Russland und seine GUS-Nachbarn
Hintergründe, aktuelle Entwicklungen und Konflikte in einer ressourcenreichen Region
ISBN 978-3-89821-801-6

58 *Togzhan Kassenova*
From Antagonism to Partnership
The Uneasy Path of the U.S.-Russian Cooperative Threat Reduction
With a foreword by Christoph Bluth
ISBN 978-3-89821-707-1

59 *Alexander Höllwerth*
Das sakrale eurasische Imperium des Aleksandr Dugin
Eine Diskursanalyse zum postsowjetischen russischen Rechtsextremismus
Mit einem Vorwort von Dirk Uffelmann
ISBN 978-3-89821-813-9

60 *Олег Рябов*
«Россия-Матушка»
Национализм, гендер и война в России XX века
С предисловием Елены Гощило
ISBN 978-3-89821-487-2

61 *Ivan Maistrenko*
Borot'bism
A Chapter in the History of the Ukrainian Revolution
With a new introduction by Chris Ford
Translated by George S. N. Luckyj with the assistance of Ivan L. Rudnytsky
ISBN 978-3-89821-697-5

62 *Maryna Romanets*
Anamorphosic Texts and Reconfigured Visions
Improvised Traditions in Contemporary Ukrainian and Irish Literature
ISBN 978-3-89821-576-3

63 *Paul D'Anieri and Taras Kuzio (Eds.)*
Aspects of the Orange Revolution I
Democratization and Elections in Post-Communist Ukraine
ISBN 978-3-89821-698-2

64 *Bohdan Harasymiw in collaboration with Oleh S. Ilnytzkyj (Eds.)*
Aspects of the Orange Revolution II
Information and Manipulation Strategies in the 2004 Ukrainian Presidential Elections
ISBN 978-3-89821-699-9

65 *Ingmar Bredies, Andreas Umland and Valentin Yakushik (Eds.)*
Aspects of the Orange Revolution III
The Context and Dynamics of the 2004 Ukrainian Presidential Elections
ISBN 978-3-89821-803-0

66 *Ingmar Bredies, Andreas Umland and Valentin Yakushik (Eds.)*
Aspects of the Orange Revolution IV
Foreign Assistance and Civic Action in the 2004 Ukrainian Presidential Elections
ISBN 978-3-89821-808-5

67 *Ingmar Bredies, Andreas Umland and Valentin Yakushik (Eds.)*
Aspects of the Orange Revolution V
Institutional Observation Reports on the 2004 Ukrainian Presidential Elections
ISBN 978-3-89821-809-2

68 *Taras Kuzio (Ed.)*
Aspects of the Orange Revolution VI
Post-Communist Democratic Revolutions in Comparative Perspective
ISBN 978-3-89821-820-7

69 *Tim Bohse*
Autoritarismus statt Selbstverwaltung
Die Transformation der kommunalen Politik in der Stadt Kaliningrad 1990-2005
Mit einem Geleitwort von Stefan Troebst
ISBN 978-3-89821-782-8

70 *David Rupp*
Die Rußländische Föderation und die russischsprachige Minderheit in Lettland
Eine Fallstudie zur Anwaltspolitik Moskaus gegenüber den russophonen Minderheiten im „Nahen Ausland“ von 1991 bis 2002
Mit einem Vorwort von Helmut Wagner
ISBN 978-3-89821-778-1

71 *Taras Kuzio*
Theoretical and Comparative Perspectives on Nationalism
New Directions in Cross-Cultural and Post-Communist Studies
With a foreword by Paul Robert Magocsi
ISBN 978-3-89821-815-3

72 *Christine Teichmann*
Die Hochschultransformation im heutigen Osteuropa
Kontinuität und Wandel bei der Entwicklung des postkommunistischen Universitätswesens
Mit einem Vorwort von Oskar Anweiler
ISBN 978-3-89821-842-9

73 *Julia Kusznir*
Der politische Einfluss von Wirtschaftseliten in russischen Regionen
Eine Analyse am Beispiel der Erdöl- und Erdgasindustrie, 1992-2005
Mit einem Vorwort von Wolfgang Eichwede
ISBN 978-3-89821-821-4

74 *Alena Vysotskaya*
Russland, Belarus und die EU-Osterweiterung
Zur Minderheitenfrage und zum Problem der Freizügigkeit des Personenverkehrs
Mit einem Vorwort von Katlijn Malfliet
ISBN 978-3-89821-822-1

75 *Heiko Pleines (Hrsg.)*
Corporate Governance in post-sozialistischen Volkswirtschaften
ISBN 978-3-89821-766-8

76 *Stefan Ihrig*
Wer sind die Moldawier?
Rumänismus versus Moldowanismus in Historiographie und Schulbüchern der Republik Moldova, 1991-2006
Mit einem Vorwort von Holm Sundhaussen
ISBN 978-3-89821-466-7

77 *Galina Kozhevnikova in collaboration with Alexander Verkhovsky and Eugene Veklerov*
Ultra-Nationalism and Hate Crimes in Contemporary Russia
The 2004-2006 Annual Reports of Moscow's SOVA Center
With a foreword by Stephen D. Shenfield
ISBN 978-3-89821-868-9

78 *Florian Küchler*
The Role of the European Union in Moldova's Transnistria Conflict
With a foreword by Christopher Hill
ISBN 978-3-89821-850-4

79 *Bernd Rechel*
The Long Way Back to Europe
Minority Protection in Bulgaria
With a foreword by Richard Crampton
ISBN 978-3-89821-863-4

80 *Peter W. Rodgers*
Nation, Region and History in Post-Communist Transitions
Identity Politics in Ukraine, 1991-2006
With a foreword by Vera Tolz
ISBN 978-3-89821-903-7

81 *Stephanie Solywoda*
The Life and Work of Semen L. Frank
A Study of Russian Religious Philosophy
With a foreword by Philip Walters
ISBN 978-3-89821-457-5

82 *Vera Sokolova*
Cultural Politics of Ethnicity
Discourses on Roma in Communist Czechoslovakia
ISBN 978-3-89821-864-1

83 *Natalya Shevchik Ketenci*
Kazakhstani Enterprises in Transition
The Role of Historical Regional Development in Kazakhstan's Post-Soviet Economic Transformation
ISBN 978-3-89821-831-3

84 *Martin Malek, Anna Schor-Tschudnowskaja (Hrsg.)*
Europa im Tschetschenienkrieg
Zwischen politischer Ohnmacht und Gleichgültigkeit
Mit einem Vorwort von Lipchan Basajewa
ISBN 978-3-89821-676-0

85 *Stefan Meister*
Das postsowjetische Universitätswesen zwischen nationalem und internationalem Wandel
Die Entwicklung der regionalen Hochschule in Russland als Gradmesser der Systemtransformation
Mit einem Vorwort von Joan DeBardeleben
ISBN 978-3-89821-891-7

86 *Konstantin Sheiko in collaboration with Stephen Brown*
Nationalist Imaginings of the Russian Past
Anatolii Fomenko and the Rise of Alternative History in Post-Communist Russia
With a foreword by Donald Ostrowski
ISBN 978-3-89821-915-0

87 *Sabine Jenni*
Wie stark ist das „Einige Russland"?
Zur Parteibindung der Eliten und zum Wahlerfolg der Machtpartei im Dezember 2007
Mit einem Vorwort von Klaus Armingeon
ISBN 978-3-89821-961-7

88 *Thomas Borén*
Meeting-Places of Transformation
Urban Identity, Spatial Representations and Local Politics in Post-Soviet St Petersburg
ISBN 978-3-89821-739-2

89 *Aygul Ashirova*
Stalinismus und Stalin-Kult in Zentralasien
Turkmenistan 1924-1953
Mit einem Vorwort von Leonid Luks
ISBN 978-3-89821-987-7

90 *Leonid Luks*
Freiheit oder imperiale Größe?
Essays zu einem russischen Dilemma
ISBN 978-3-8382-0011-8

91 *Christopher Gilley*
The 'Change of Signposts' in the Ukrainian Emigration
A Contribution to the History of Sovietophilism in the 1920s
With a foreword by Frank Golczewski
ISBN 978-3-89821-965-5

92 *Philipp Casula, Jeronim Perovic (Eds.)*
Identities and Politics During the Putin Presidency
The Discursive Foundations of Russia's Stability
With a foreword by Heiko Haumann
ISBN 978-3-8382-0015-6

93 *Marcel Viëtor*
Europa und die Frage nach seinen Grenzen im Osten
Zur Konstruktion ‚europäischer Identität' in Geschichte und Gegenwart
Mit einem Vorwort von Albrecht Lehmann
ISBN 978-3-8382-0045-3

94 *Ben Hellman, Andrei Rogachevskii*
Filming the Unfilmable
Casper Wrede's 'One Day in the Life of Ivan Denisovich'
Second, Revised and Expanded Edition
ISBN 978-3-8382-0044-6

95 *Eva Fuchslocher*
Vaterland, Sprache, Glaube
Orthodoxie und Nationenbildung am Beispiel Georgiens
Mit einem Vorwort von Christina von Braun
ISBN 978-3-89821-884-9

96 *Vladimir Kantor*
Das Westlertum und der Weg Russlands
Zur Entwicklung der russischen Literatur und Philosophie
Ediert von Dagmar Herrmann
Mit einem Beitrag von Nikolaus Lobkowicz
ISBN 978-3-8382-0102-3

97 *Kamran Musayev*
Die postsowjetische Transformation im Baltikum und Südkaukasus
Eine vergleichende Untersuchung der politischen Entwicklung Lettlands und Aserbaidschans 1985-2009
Mit einem Vorwort von Leonid Luks
Ediert von Sandro Henschel
ISBN 978-3-8382-0103-0

98 *Tatiana Zhurzhenko*
Borderlands into Bordered Lands
Geopolitics of Identity in Post-Soviet Ukraine
With a foreword by Dieter Segert
ISBN 978-3-8382-0042-2

99 *Кирилл Галушко, Лидия Смола (ред.)*
Пределы падения – варианты украинского будущего
Аналитико-прогностические исследования
ISBN 978-3-8382-0148-1

100 *Michael Minkenberg (ed.)*
Historical Legacies and the Radical Right in Post-Cold War Central and Eastern Europe
With an afterword by Sabrina P. Ramet
ISBN 978-3-8382-0124-5

101 *David-Emil Wickström*
Rocking St. Petersburg
Transcultural Flows and Identity Politics in the St. Petersburg Popular Music Scene
With a foreword by Yngvar B. Steinholt
Second, Revised and Expanded Edition
ISBN 978-3-8382-0100-9

102 *Eva Zabka*
Eine neue „Zeit der Wirren"?
Der spät- und postsowjetische Systemwandel 1985-2000 im Spiegel russischer gesellschaftspolitischer Diskurse
Mit einem Vorwort von Margareta Mommsen
ISBN 978-3-8382-0161-0

103 *Ulrike Ziemer*
Ethnic Belonging, Gender and Cultural Practices
Youth Identitites in Contemporary Russia
With a foreword by Anoop Nayak
ISBN 978-3-8382-0152-8

104 *Ksenia Chepikova*
‚Einiges Russland' - eine zweite KPdSU?
Aspekte der Identitätskonstruktion einer postsowjetischen „Partei der Macht"
Mit einem Vorwort von Torsten Oppelland
ISBN 978-3-8382-0311-9

105 *Леонид Люкс*
Западничество или евразийство? Демократия или идеократия?
Сборник статей об исторических дилеммах России
С предисловием Владимира Кантора
ISBN 978-3-8382-0211-2

106 *Anna Dost*
Das russische Verfassungsrecht auf dem Weg zum Föderalismus und zurück
Zum Konflikt von Rechtsnormen und -wirklichkeit in der Russländischen Föderation von 1991 bis 2009
Mit einem Vorwort von Alexander Blankenagel
ISBN 978-3-8382-0292-1

107 *Philipp Herzog*
Sozialistische Völkerfreundschaft, nationaler Widerstand oder harmloser Zeitvertreib?
Zur politischen Funktion der Volkskunst im sowjetischen Estland
Mit einem Vorwort von Andreas Kappeler
ISBN 978-3 8382-0216-7

108 *Marlène Laruelle (ed.)*
Russian Nationalism, Foreign Policy, and Identity Debates in Putin's Russia
New Ideological Patterns after the Orange Revolution
ISBN 978-3 8382-0325-6

109 *Michail Logvinov*
Russlands Kampf gegen den internationalen Terrorismus
Eine kritische Bestandsaufnahme des Bekämpfungsansatzes
Mit einem Geleitwort von Hans-Henning Schröder und einem Vorwort von Eckhard Jesse
ISBN 978-3-8382-0329-4

110 *John B. Dunlop*
The Moscow Bombings of September 1999
Examinations of Russian Terrorist Attacks at the Onset of Vladimir Putin's Rule
Second, Revised and Expanded Edition
ISBN 978-3-8382-0388-1

111 *Андрей А. Ковалёв*
Свидетельство из-за кулис российской политики I
Можно ли делать добро из зла? (Воспоминания и размышления о последних советских и первых послесоветских годах)
With a foreword by Peter Reddaway
ISBN 978-3-8382-0302-7

112 *Андрей А. Ковалёв*
Свидетельство из-за кулис российской политики II
Угроза для себя и окружающих (Наблюдения и предостережения относительно происходящего после 2000 г.)
ISBN 978-3-8382-0303-4

113 *Bernd Kappenberg*
Zeichen setzen für Europa
Der Gebrauch europäischer lateinischer Sonderzeichen in der deutschen Öffentlichkeit
Mit einem Vorwort von Peter Schlobinski
ISBN 978-3-89821-749-1

114 *Ivo Mijnssen*
The Quest for an Ideal Youth in Putin's Russia I
Back to Our Future! History, Modernity, and Patriotism according to *Nashi*, 2005-2013
With a foreword by Jeronim Perović
Second, Revised and Expanded Edition
ISBN 978-3-8382-0368-3

115 *Jussi Lassila*
The Quest for an Ideal Youth in Putin's Russia II
The Search for Distinctive Conformism in the Political Communication of *Nashi*, 2005-2009
With a foreword by Kirill Postoutenko
Second, Revised and Expanded Edition
ISBN 978-3-8382-0415-4

116 *Valerio Trabandt*
Neue Nachbarn, gute Nachbarschaft?
Die EU als internationaler Akteur am Beispiel ihrer Demokratieförderung in Belarus und der Ukraine 2004-2009
Mit einem Vorwort von Jutta Joachim
ISBN 978-3-8382-0437-6

117 *Fabian Pfeiffer*
Estlands Außen- und Sicherheitspolitik I
Der estnische Atlantizismus nach der wiedererlangten Unabhängigkeit 1991-2004
Mit einem Vorwort von Helmut Hubel
ISBN 978-3-8382-0127-6

118 *Jana Podßuweit*
Estlands Außen- und Sicherheitspolitik II
Handlungsoptionen eines Kleinstaates im Rahmen seiner EU-Mitgliedschaft (2004-2008)
Mit einem Vorwort von Helmut Hubel
ISBN 978-3-8382-0440-6

119 *Karin Pointner*
Estlands Außen- und Sicherheitspolitik III
Eine gedächtnispolitische Analyse estnischer Entwicklungskooperation 2006-2010
Mit einem Vorwort von Karin Liebhart
ISBN 978-3-8382-0435-2

120 *Ruslana Vovk*
Die Offenheit der ukrainischen Verfassung für das Völkerrecht und die europäische Integration
Mit einem Vorwort von Alexander Blankenagel
ISBN 978-3-8382-0481-9

121 *Mykhaylo Banakh*
Die Relevanz der Zivilgesellschaft bei den postkommunistischen Transformationsprozessen in mittel- und osteuropäischen Ländern
Das Beispiel der spät- und postsowjetischen Ukraine 1986-2009
Mit einem Vorwort von Gerhard Simon
ISBN 978-3-8382-0499-4

122 *Michael Moser*
Language Policy and the Discourse on Languages in Ukraine under President Viktor Yanukovych (25 February 2010–28 October 2012)
ISBN 978-3-8382-0497-0 (Paperback edition)
ISBN 978-3-8382-0507-6 (Hardcover edition)

123 *Nicole Krome*
Russischer Netzwerkkapitalismus
Restrukturierungsprozesse in der Russischen Föderation am Beispiel des Luftfahrtunternehmens "Aviastar"
Mit einem Vorwort von Petra Stykow
ISBN 978-3-8382-0534-2

124 *David R. Marples*
'Our Glorious Past'
Lukashenka's Belarus and the Great Patriotic War
ISBN 978-3-8382-0574-8 (Paperback edition)
ISBN 978-3-8382-0675-2 (Hardcover edition)

125 *Ulf Walther*
Russlands "neuer Adel"
Die Macht des Geheimdienstes von Gorbatschow bis Putin
Mit einem Vorwort von Hans-Georg Wieck
ISBN 978-3-8382-0584-7

126 *Simon Geissbühler (Hrsg.)*
Kiew – Revolution 3.0
Der Euromaidan 2013/14 und die Zukunftsperspektiven der Ukraine
ISBN 978-3-8382-0581-6 (Paperback edition)
ISBN 978-3-8382-0681-3 (Hardcover edition)

127 *Andrey Makarychev*
Russia and the EU in a Multipolar World
Discourses, Identities, Norms
With a foreword by Klaus Segbers
ISBN 978-3-8382-0629-5

128 *Roland Scharff*
Kasachstan als postsowjetischer Wohlfahrtsstaat
Die Transformation des sozialen Schutzsystems
Mit einem Vorwort von Joachim Ahrens
ISBN 978-3-8382-0622-6

129 *Katja Grupp*
Bild Lücke Deutschland
Kaliningrader Studierende sprechen über Deutschland
Mit einem Vorwort von Martin Schulz
ISBN 978-3-8382-0552-6

130 *Konstantin Sheiko, Stephen Brown*
History as Therapy
Alternative History and Nationalist Imaginings in Russia, 1991-2014
ISBN 978-3-8382-0665-3

131 *Elisa Kriza*
Alexander Solzhenitsyn: Cold War Icon, Gulag Author, Russian Nationalist?
A Study of the Western Reception of his Literary Writings, Historical Interpretations, and Political Ideas
With a foreword by Andrei Rogatchevski
ISBN 978-3-8382-0589-2 (Paperback edition)
ISBN 978-3-8382-0690-5 (Hardcover edition)

132 *Serghei Golunov*
The Elephant in the Room
Corruption and Cheating in Russian Universities
ISBN 978-3-8382-0570-0

133 *Manja Hussner, Rainer Arnold (Hgg.)*
Verfassungsgerichtsbarkeit in Zentralasien I
Sammlung von Verfassungstexten
ISBN 978-3-8382-0595-3

134 *Nikolay Mitrokhin*
Die "Russische Partei"
Die Bewegung der russischen Nationalisten in der UdSSR 1953-1985
Aus dem Russischen übertragen von einem Übersetzerteam unter der Leitung von Larisa Schippel
ISBN 978-3-8382-0024-8

135 *Manja Hussner, Rainer Arnold (Hgg.)*
Verfassungsgerichtsbarkeit in Zentralasien II
Sammlung von Verfassungstexten
ISBN 978-3-8382-0597-7

136 *Manfred Zeller*
Das sowjetische Fieber
Fußballfans im poststalinistischen Vielvölkerreich
Mit einem Vorwort von Nikolaus Katzer
ISBN 978-3-8382-0757-5

137 *Kristin Schreiter*
Stellung und Entwicklungspotential zivilgesellschaftlicher Gruppen in Russland
Menschenrechtsorganisationen im Vergleich
ISBN 978-3-8382-0673-8

138 *David R. Marples, Frederick V. Mills (Eds.)*
Ukraine's Euromaidan
Analyses of a Civil Revolution
ISBN 978-3-8382-0660-8

139 *Bernd Kappenberg*
Setting Signs for Europe
Why Diacritics Matter for European Integration
With a foreword by Peter Schlobinski
ISBN 978-3-8382-0663-9

140 *René Lenz*
Internationalisierung, Kooperation und Transfer
Externe bildungspolitische Akteure in der Russischen Föderation
Mit einem Vorwort von Frank Ettrich
ISBN 978-3-8382-0751-3

141 *Juri Plusnin, Yana Zausaeva, Natalia Zhidkevich, Artemy Pozanenko*
Wandering Workers
Mores, Behavior, Way of Life, and Political Status of Domestic Russian Labor Migrants
Translated by Julia Kazantseva
ISBN 978-3-8382-0653-0

142 *Matthew Kott, David J. Smith (eds.)*
Latvia – A Work in Progress?
100 Years of State- and Nation-building
ISBN 978-3-8382-0648-6

143 Инна Чувычкина (ред.)
Экспортные нефте- и газопроводы на постсоветском пространстве
Анализ трубопроводной политики в свете теории международных отношений
ISBN 978-3-8382-0822-0

***ibidem*-Verlag**

Melchiorstr. 15

D-70439 Stuttgart

info@ibidem-verlag.de

www.ibidem-verlag.de
www.ibidem.eu
www.edition-noema.de
www.autorenbetreuung.de

Zeitfracht Medien GmbH
Ferdinand-Jühlke-Straße 7
99095 Erfurt, Deutschland
produktsicherheit@kolibri360.de